공유된 미래 만들기
지속가능발전교육과 세계시민교육

공유된 미래 만들기
지속가능발전교육과 세계시민교육

김영순 지음

한국문화사

공유된 미래 만들기
지속가능발전교육과 세계시민교육

1판1쇄 발행 2018년 9월 20일

지 은 이 　김영순
펴 낸 이 　김진수
펴 낸 곳 　**한국문화사**
등　　록 　1991년 11월 9일 제2-1276호
주　　소 　서울특별시 성동구 광나루로 130 서울숲 IT캐슬 1310호
전　　화 　02-464-7708
팩　　스 　02-499-0846
이 메 일 　hkm7708@hanmail.net
홈페이지 　www.hankookmunhwasa.co.kr

책값은 뒤표지에 있습니다.

잘못된 책은 구매처에서 바꾸어 드립니다.
이 책의 내용은 저작권법에 따라 보호받고 있습니다.

ISBN 978-89-6817-680-7　93300

이 도서의 국립중앙도서관 출판예정도서목록(CIP)은 서지정보유통지원시스템 홈페이지
(http://seoji.nl.go.kr)와 국가자료종합목록시스템(http://www.nl.go.kr/kolisnet)
에서 이용하실 수 있습니다. (CIP제어번호 : CIP2018029828)

이 저서는 인하대학교 연구비 지원에 의한 것임.

■ 서문

"우리는 사는 동안 절대 만날 수 없을 미래의 후속 세대와 얼굴을 모르는 외딴곳의 사람들에 대한 도덕적 책임을 가져야 한다는 것이다."

이 책을 집필하게 된 동기는 바로 이 한 문장이 갖는 호소력에서 비롯되었다. 이 문장은 세상을 살아가는 우리 모두에게 무척 어려운 책무를 부여하고 있다. 특히 '도덕적 책임'을 가지는 것은 소비 지향적이고 개인의 안녕에만 초점을 맞추는 현재의 우리 삶의 방식이 지속될 수 없음을 인식하고, 인류가 하나의 공동체라는 가치 전환을 이끌어내야 함을 강조한다.

도덕적 책임과 가치 전환은 우리에게 지속가능발전교육의 필요성을 강조한다. 이를 통해 미래 지향적인 사고를 지녀서 인류 공동체의 구성원으로서 미래 세대가 겪을 환경적 재앙을 최소화할 수 있는 방향으로 자신의 현재 행동을 결정해야 한다는 것을 의미한다.

우리는 나와 다른 나라에 살고 있는 그 누군가를 위하여, 또 앞으로 지구에서 살아갈 후속 세대를 위하여 나의 삶을 절제하는 방법을 터득해야 한다. 그들이 나와는 같은 사회에 살고 있지 않거나 동시대의 삶을 영위하지 않더라도, 그들을 위하여 자원을 절약하고 분배하며, 자원 개발을 유보하고, 나아가 대체 에너지를 개발하려는 노력이 필요하다. 이런 맥락에서 본 저서는 아름다운 지구를 후속 세대에게 계승하고자 하는 지속가능발전교육의 실천적 대안을 모색한 것이다. 이를 위해 세계시민교육 연계 지속가능발전교육을 실천하기 위한 교육 현장의 목소리를 기록하였다.

지속가능발전교육을 이해하기 이전에 우리는 우선 지속가능발전을 알아야 한다. '지속가능발전'이란 말 그대로 "미래 세대가 그들의 필요를 충족시킬 능력을 저해하지 않으면서 현재 세대의 필요를 충족시키는 발전"

으로 정의하고 있다. 다시 말해 지구 환경을 보호하고 빈곤을 구제하며, 장기적으로는 성장을 이유로 자연 자원을 파괴하지 않으면서 경제적인 성장을 도모하는 방법들의 집합을 의미한다.

지금 지구적으로 발생하고 있는 여러 문제를 보면 현재까지 많은 국가가 중점을 두고 있던 일반적인 교육, 즉 기초 교육만으로는 지속 불가능한 발전에서 벗어날 수 없다는 것이 뚜렷해지고 있다. 따라서 지속가능한 발전을 위해 미래 세대와 현세대가 지속가능발전의 개념을 이해하고 실천할 수 있도록 도와주는 교육의 필요성이 대두되고 있고, 이러한 교육을 '지속가능발전교육(ESD)'이라고 한다.

이 책은 지속가능발전교육이 '지속될 수 있도록' 지속가능발전교육과 세계시민교육을 연계하는 이론적 토대를 구축하고 나아가 실천적인 방향을 모색하고자 기획된 것이다. 이에 세계시민교육과 지속가능발전교육의 이론적인 연결고리를 찾아 이를 교육 실천으로 구현하기 위한 구체적인 방안을 제안하기 위해 문헌 연구, 교사 대상 설문조사 및 FGI, 전문가 심층면담, 자문위원회 등의 양적 및 질적 연구 방법을 종합적으로 수행하였다.

본 저술은 모두 7개의 장으로 이루어졌다. 1장 '새로운 지속가능발전교육 연구의 프레임'에서는 말 그대로 지속가능발전교육의 새로운 접근방법을 기술하였다. 이와 더불어 연구의 개요, 연구의 필요성과 연구 방법, 그리고 최근의 지속가능발전교육의 연구 동향을 기술하였다.

2장 '지속가능발전교육과 세계시민교육의 관계'에서는 각 교육의 등장 배경과 연구 및 실천 방향을 설명하였다. 아울러 이 두 교육 간의 개념적, 실천적 공통점을 찾아 연계가 가능할 수 있는 계기를 마련하였다.

3장 '교육과정과 지속가능발전교육'에서는 학교교육으로 편입된 지속가능발전교육의 실태를 교육과정 중심으로 살펴보았다. 아울러 교육과정을 구성하는 인재상, 이를 구현하기 위해 필요한 핵심 역량을 설명하였다. 또한, 교육과정에서 중요하게 다루는 교수학습방법과 평가 방법을 그간 지속가능발전교육 연구에 기여한 연구를 중심으로 기술하였다.

4장 '지속가능발전교육 실태 및 활용방안'에서는 초·중등 교육현장에서 활용되고 있는 지속가능발전교육의 실태와 교사들의 인식을 조사한 결과를 기술하였다. 이를 통해 학교 현장에서의 지속가능발전교육의 현주소를 확인하고, 대안으로써 세계시민교육과의 연계 가능성을 모색하였다.

5장 '세계시민교육 연계 지속가능발전교육 모색'에서는 지속가능발전교육 분야와 세계시민교육 분야의 전문가 대상 인터뷰 결과를 기술하였다. 이 두 교육의 이념, 교육과정, 교과서 및 교재 개발 등에 대한 의견을 정리하였다. 이를 통해 세계시민교육과 지속가능발전교육 간의 공통점과 차이점을 명확하게 규명하고, 두 개념을 연계해야 하는 필요성을 제시하였다.

6장 '세계시민교육 연계 지속가능발전교육 실천'에서는 전문가들이 생각하는 세계시민교육 연계 지속가능발전교육을 효율적으로 실천하기 위한 방안을 기술하였다. 특히, 어떻게 하면 이 두 가지 교육을 활성화할 수 있을 것인가에 중점을 두고 교육 관계자 연수, 관련 기관의 역할, 교육의 홍보 및 확산 방법 등을 기술하였다.

7장 '공유된 미래를 위하여'에서는 각 장의 논의 내용들을 정리하여 새로운 지속가능발전교육의 모델을 정립하고, 나아가 공유된 미래를 위한 우리들의 참여와 실천 그리고 연대를 위한 의지를 기술하였다.

본 저술을 통해 얻어낸 내용은 크게 세 가지이다. 첫째, 지속가능발전교육과 세계시민교육에 관한 국제사회의 동향, 둘째, 지속가능발전교육 및 세계시민교육에 관한 초·중등 현장교사의 인식과 두 가지 교육에 대한 학교의 실태, 셋째 세계시민교육 연계 지속가능발전교육 활성화 방안을 위한 제언 등이다. 이렇게 얻어 낸 연구 결과들은 분명히 우리의 '공유된 미래'에 기여할 것이라 판단한다.

이 저술은 2016년 한국과학창의재단의 지원으로 세계시민교육을 연계한 지속가능발전교육을 위한 중장기 정책과제를 수행하면서 얻어낸 자료들을 기초로 해서 엮은 것이다. 특히, 이 저술은 최근의 지속가능발전교육의 연구 경향과 실천 방향을 새롭게 검토하고, 보고서 내용에서 강조된 부분들을 결합한 것이다. 또한 저자의 생각을 담아 우리 모두 '공유된 미래 만들기'에 동참하자는 제안을 한 것이다.

   이 책의 기초자료 수집에 수고를 해주신 분들은, 당시 공동연구에 참여했던 오영훈 교수, 오세경 박사, 정소민 박사, 조영철 박사, 윤현희 연구원이다. 이분들은 자료 수집을 위한 설문조사와 전문가 인터뷰에 함께 참여하였다. 그리고 본 저술을 위해 연구에 헌신적으로 참여하고 연구 결과의 일부를 본 저서에 활용하는 데 동의해주신 공동연구자들께 감사함을 전한다. 또한 집필 원고를 꼼꼼히 읽어주고 교정해 주신 정경희 박사께 무어라 감사함을 전할지 모르겠다. 아울러 보고서로만 존재할 뻔한 내용들이 책으로 깁는 데 동기를 제공한 인하대학교와 기꺼이 출판을 도와주신 한국문화사 사장님께도 감사의 인사를 전하고자 한다.

   자료가 아무리 많다고 해도 이를 엮어내어 책을 깁는 것은 참으로 힘들고 고통스러운 일이다. 그리고 마침표를 찍고 서문을 쓸 때의 기쁨은 이루 말할 수 없지만 집필 과정에서 생겼던 문제들을 깔끔하게 해결하지 못한 부분들이 저술에 묻어 있어 개운치만은 않다. 그러나 기간이 정해진 저술 프로젝트이기에 책을 통해 다 하지 못한 이야기는 또 다른 열린 숙제로 남기고자 한다.

2018년 7월, 공유된 미래를 생각하며
저자 김영순

■ 차례

서문 / v

1장 새로운 지속가능발전교육 연구의 프레임   1

2장 지속가능발전교육과 세계시민교육의 관계   44

3장 교육과정과 지속가능발전교육   74

4장 지속가능발전교육 실태 및 활용방안   105

5장 세계시민교육 연계 지속가능발전교육의 모색   131

6장 세계시민교육 연계 지속가능발전교육의 실천   154

7장 공유된 미래를 위하여   178

참고문헌 / 189
찾아보기 / 207
부록 / 210

■ 그림 차례

<그림 2-1> 지속가능발전교육의 영역 ················· 47
<그림 2-2> UN 지속가능발전 17가지 목표 ················· 50
<그림 2-3> GCED와 ESD를 거의 같은 영역으로 보는 관점 ················· 69
<그림 2-4> ESD를 GCED 하위의 범주로 보는 관점 ················· 70
<그림 4-1> 교사의 ESD에 대한 인식 ················· 106
<그림 4-2> 수업모델 및 교수학습지도안 활용도 ················· 106
<그림 4-3> ESD 수업모델 및 교수학습지도안 잘 활용하는 이유 ········ 107
<그림 4-4> ESD 수업모델 및 교수학습지도안 잘 활용하지 않는 이유 ·· 107
<그림 4-5> 지속가능발전교육 관련 자료를 접하는 경로 ················· 108

■ 표 차례

<표 1-1> 교사 대상 FGI 연구 참여자 현황 ················· 11
<표 1-2> 전문가 심층인터뷰 대상 현황 ················· 12
<표 2-1> 지속가능발전교육과 세계시민교육의 차이점 ················· 71
<표 2-2> 세계시민교육의 주제와 ESD 수업모델의 주제 비교 ················· 72
<표 3-1> 창의적 체험활동의 세부 사항 ················· 78
<표 3-2> ESSD 수행평가의 채점 기준표 ················· 101
<표 3-3> 수행평가 채점 기준표 예시 ················· 102
<표 3-4> 평가 방법 예시 ················· 103
<표 4-1> 세계시민교육 인지적 영역 교육주제와 ESD의 관련성 ·········· 110
<표 4-2> 세계시민교육 정서적 영역 교육주제와 ESD의 관련성 ·········· 111
<표 4-3> 세계시민교육 행동적 영역 교육주제와 ESD의 관련성 ·········· 111
<표 4-4> 세계시민교육 인지적 영역 교육목표와 ESD의 관련성 ·········· 112
<표 4-5> 세계시민교육 정서적 영역 교육목표와 ESD의 관련성 ·········· 113
<표 4-6> 세계시민교육 행동적 영역 교육목표와 ESD의 관련성 ·········· 114
<표 4-7> 세계시민교육 교육요소와 ESD의 관련성 ················· 115
<표 7-1> 세계시민교육과 지속가능교육의 교육과정 운영안 ················· 182
<표 7-2> 단계별 사업 내용 ················· 183
<표 7-3> 각 기관의 역할 ················· 185

1장 새로운 지속가능발전교육 연구의 프레임

1. 이 연구가 필요한 이유

2000년대 들어서 교육 현장의 범교과적 측면에서 가장 자주 거론된 키워드는 바로 지속가능발전교육이다. 그냥 영어 약자 'ESD', 즉 '지속가능발전을 위한 교육(Education for Sustainable Development)'에서 활용되는 이 교육은 아름다운 지구를 다음 세대에게 물려주기 위한 현세대의 신성한 책무라고 볼 수 있다.

특히 이 책을 지으면서 1장의 제목을 구태여 '새로운 지속가능발전교육 연구의 프레임'이라고 한 것, 즉 본 장의 제목에 '새로운'을 붙인 것은 두 가지 이유에서이다. 그 하나는 수많은 연구자들이 지속가능발전교육의 경향과 이슈들, 지속가능발전교육의 프로그램 개발과 효과 등을 연구했음에도 불구하고 우리의 교육 현장에 안정적으로 착근하지 못했다. 그래서 이 연구에서는 무언가 교육 현장에 뿌리내릴 수 있는 정책적 아이디어를 제시하고자 한다.

또 다른 이유는 지속가능발전교육이 사회과에서 수행해오던 민주시민교육과 무관하지 않고 최근의 세계시민교육과 연관성을 갖고 있어서 이

두 가지 교육, 즉 지속가능발전교육과 세계시민교육을 방법론적으로 연계하고자 함이다. 이러한 두 가지 시도를 이 책에서는 다른 연구자들이 진행하지 않았다는 이유로 '새로운'을 덧붙인 것이다.

눈치가 빠른 독자들은 방금 위에서 이야기한 내용을 통해 이 저술의 목적을 가름할 수 있을 것이다. 이 저술의 목적은 바로 세계시민교육과 지속가능발전교육을 연계하는 이론적 토대를 구축함으로써 지속가능발전교육에 관한 정책적 제언을 하기 위함이다.

UN은 인류의 삶의 질을 향상시키기 위하여 2000년부터 밀레니엄 발전목표(Millennium Development Goals: MDGs)를 세우고 2015년까지 달성해야 할 8개 목표를 설정하여 사업을 추진해 왔다. 나아가 MDGs에 대한 후속 조치로 2016년부터 2030년까지 달성하여야 할 새로운 목표로서 지속가능발전목표(Sustainable Development Goals: SDGs)를 제시하였다. 이 SDGs는 개발도상국의 개발을 주요 목표로 했던 MDGs를 넘어, 전 세계가 지속가능성의 3대 축이라 할 수 있는 '사회발전-경제성장-환경보존'을 함께 발전시켜야 한다는 것이다. 이에 따라 SDGs는 기존 MDGs의 기조인 빈곤 퇴치와 함께 포용성(inclusiveness), 보편성(universality), 평등(equality) 등 새로운 기조를 강조하고 있다.

교육 분야의 세계 최대 국제회의인 UNESCO 세계교육포럼이 2015년 5월 19일부터 22일까지 4일간 우리나라 인천 송도에서 개최되었다. 이 행사 '2015 세계교육포럼(World Education Forum 2015)'은 유네스코와 한국 정부가 공동 주최하였다. 이 포럼은 전 세계 167개국의 정부 수반 및 교육장관, 교육전문가, 시민사회단체, 민간기업 등이 참여하여 미래 글로벌 사회의 교육발전 의제를 제안하였다. '세계교육포럼 2015'는 '인천선언'을 통해 세계교육의 발전을 위한 5대 주제를 선정하였다. 즉, 글로벌 의제로서 교육받을 권리에 대한 보장, 교육의 형평성, 교육의 포용성, 양질의 교육 제고, 평생학습사회 실현 등이 바로 그것이다.

세계교육포럼 2015 인천선언을 통한 글로벌 교육의제는 전 세계 국가 발전전략 및 개발협력을 총괄하는 교육 분야의 개혁적 신호탄으로 떠올랐다. 국제사회는 지구촌 발전전략으로서 '지속가능발전목표'를 설정하여 Post-2015 발전의제와 구체적인 실천계획 등을 검토하였다.

UN이 선정한 '2030년까지 글로벌 협력을 통해 달성해야 할 17대 과제'는 모든 사회의 인프라 및 산업구조, 지구촌 생태계 보호, 평화 및 국제사회 등 다양한 분야를 아우르고 있다. 이와 관련하여 제4 목표로서 "포괄적이면서도 공평하고 형평성 있는 교육, 그리고 양질의 교육을 포함한 평생학습"을 제시한 것은 2015년 5월 세계교육포럼의 '인천선언' 정신을 발전적으로 확대했을 뿐만 아니라 계승한 것이라고 할 수 있다.

결국 '인천선언'은 2030년 교육을 총괄하는 혁신협력 비전으로서 이미 '모두를 위한 평등하고 포용적인 양질의 교육과 평생학습'을 제안한 것으로 이해할 수 있다. 구체적으로 살펴보면 2030년까지 달성해야 할 교육비전으로 다음과 같은 5대 교육의제를 설정하였다.

첫째, 교육에 대한 접근성 확대를 위해 2030년까지 공적 재원을 충분히 확보하여 모든 국가에서 최소 9년의 무상의무교육을 실천한다.

둘째, 모든 이들이 교육에 접근하고 참여하며 학습을 성취할 수 있는 과정에서 차별과 격리, 불평등, 소외 문제를 해결하기 위한 형평성과 관용, 포용성 등을 강조한다.

셋째, 모든 국가에서 성적 차별 없이 교육받을 권리를 달성하기 위한 양성평등을 실현한다.

넷째, 교육을 받을 수 있는 권리 위에 양질의 교육을 제공하도록 한다. 그래서 학교교육 현장의 학습 환경과 학업성취를 개선하고, 지역 및 글로벌 사회에서 적용할 수 있는 기술, 가치, 태도 등을 발전시키기 위한 전략으로서 지속가능발전교육과 세계시민교육을 본격적으로 적용한다.

다섯째, 양질의 직업기술교육훈련과 고등교육에 대해 접근할 수 있는 형평성 있는 기회를 확대하는 등 모두를 위한 평생학습 사회를 실현한다.

우리가 주목할 것은 바로 "학교교육 현장의 학습환경과 학업성취도를 개선하고, 지역 및 글로벌 사회에서 적용할 수 있는 기술, 가치, 태도 등을 발전시키기 위한 전략으로서 지속가능발전교육과 세계시민교육을 본격적으로 적용한다"는 점이다. 이러한 두 교육의 연계 구상은 이미 2012년 UN이 이른바 글로벌 교육 우선 구상(Global Education First Initiative, GEFI)을 제안했을 때 등장한 것으로, 개발을 위해 가장 우선시되어야 하는 것이 교육이라는 것을 확고히 했다. 또한 GEFI의 3대 우선순위 중 하나인 글로벌시민성 함양은 SDGs 전체 목표 달성에 결정적인 영향을 미칠 요소로 부각되고 있다. 이와 더불어 2014년 11월 일본의 나고야 유네스코 세계대회에서는 DESD의 성과를 마무리하고 그 후속 조치로 지속가능발전교육 글로벌 액션 프로그램(Global Action Programme on ESD: GAP)을 채택했다. 이는 행동 지향적인 세계시민교육 방향을 보다 구체적으로 구현하기 위한 논의로 평가할 수 있다.

국내에서도 글로벌 시민성에 대한 논의가 다양하게 전개되었다. 예를 들어, 글로벌 시민성의 중요성과 필요성을 제안하거나(김다원, 2011; 이관춘, 2011; 한상철, 2009), 그 구성요소를 탐색하여 척도를 개발하거나(노상충 외, 2012), 한국 청소년의 글로벌 시민성에 대한 탐색(이은경 외, 2015) 등이 있었다. 그러나 지속가능발전교육의 측면에서 세계시민성을 연구하는 시도는 미흡한 것으로 평가할 수 있다. 이는 다음 3절에서 정리한 지속가능발전교육에 관한 국내의 연구 동향을 살펴보면 자세하게 확인할 수 있을 것이다. 또한 세계시민교육을 어떻게 정의하고, 학교 안 및 학교 밖에서 어떻게 실천해야 하는지에 대한 논의들이 있었으나 이와 관련된 구체적인 방향을 제시하지 못하였다.

세계가 직면한 문제는 어떤 힘이 있는 몇몇 나라에 의해 해결될 수는 없다고 본다. 이런 초국가적 문제는 전 지구적인 해결을 요구하는 것이다.

기술적인 해결, 정치적인 규제, 재정적인 수단만으로는 지속가능한 발전을 이루어낼 수는 결코 없다. 사람들이 사고하고 행동하는 방식의 변화가 반드시 수반되어야 한다고 본다. 그것이 바로 교육에 의해 일어나는 조용한 혁명이 아닐까 한다. 세계시민교육은 비판적 사고, 의사소통, 문제해결, 갈등해결과 같은 전이 가능한 기능을 필요로 한다. 지구촌 시대에 세계시민이 갖추어야 할 요소로는 지구의 문제를 자신의 문제로 인식하는 지구적 세계관, 인권에 대한 존중, 다양성에 대한 존중, 평화와 관용의 자세 등이 있다(지은림, 선광식, 2007; 채보미, 2015). 이러한 가치들이 지속가능발전교육에서 추구하는 핵심 가치와 유사하다는 점은 지속가능발전교육이 세계시민교육과 연계될 수 있는 가능성을 보여준다.

Carlos Alberto Toress는 2015년 1월 29일 파리에서 열린 제2회 세계시민성교육 유네스코 포럼에서 변혁적 세계시민교육 모델을 위해서는 세계 공동선(global common goods)이 필요하다고 주장하였다. 여기에는 행동과 정책 실행으로 나아가는 지속가능발전교육, 세계적 평화, 다원화되어 가는 사회 속에서 모든 인간이 민주적으로 함께 평등하게 살아갈 수 있는 방식의 개발이 포함되어야 함(Misiaszek, 2015)을 주장하였다. 이러한 논의는 세계시민교육에 있어서 지속가능발전교육이 중요한 역할을 할 수 있다는 것을 의미한다.

지속가능발전교육은 사회, 환경, 경제의 지속가능성을 담보하기 위한 교육이자, 인간의 발달과 공동체의 지속가능성을 지향하는 교육이다. 지속가능발전교육은 DESD를 거치면서 "모든 개인이 인도적이고, 사회적으로 정의롭게, 경제적으로 성장 가능하며, 생태적으로 지속가능한 미래에 기여할 수 있도록 가치, 능력, 지식, 기능 등을 습득할 기회를 제공"(이선경, 강상규, 2009: 42)하는 통합적인 교육 원리로 수용되기 시작하였다(허준, 윤창국, 2015). 특히 Dudziak(2007)이 주장하였듯이, 지속가능발전에는 경제적, 환경적, 사회적 논리가 내포되어 있다. 이중 사회적 논리는 삶의 조건 개선, 사회적 평등, 역사와 가치의 문화적 보존을 의미하며, 이는 Habermas(1969)를 비롯한 비판이론가들이 현대 사회의 위기가 공동체적 삶의 상실에 있다고 주장한 것과도 맥락을 같이함(문현병, 1993)을 엿볼 수 있다. 따라서 사회적 논리로서의 지속가능발전은 사회적 불평등, 공동체의 파괴, 인간 소외 등의 사회적 문제로부터 인간다운 삶의 지속가능성 회복을 의미한다(Dudziak, 2007: 43~47). 이를 구현하는 수단으로서의 지속가능발전교육은 세계시민으로서의 지식, 기능, 가치와 태도를 갖추는 일과 관계가 있음을 알 수 있다.

이 저술에서 제안하는 세계시민교육과 연계한 지속가능발전교육에 관한 연구는 크게 이론적 토대, 실천적 확산, 제도적 구축의 세 가지 영역을 중심으로 구성된다. 이 세 가지 영역은 다음과 같은 세 가지 연구과제로 설정된다.

- 과제 1: 세계시민교육과 연계한 지속가능발전교육 동향 조사
- 과제 2: 기존의 지속가능발전교육 수업모델 활용도 제고 방안
- 과제 3: 세계시민교육과 연계한 중장기 지속가능발전교육 추진 방향

첫째, 과제 1에서는 세계시민교육과 연계한 지속가능발전교육의 이론적 토대를 마련하기 위하여 기존 국내·외의 지속가능발전교육에 대한 논의, 유엔 및 유네스코 등 각종 국제 수준에서 논의된 두 가지 교육내용 등을 다각적으로 분석하였다. 이를 통해 세계시민교육이 지속가능발전교육과 관련한 국제적인 논의 속에서 다루어진 구체적인 맥락을 파악하고, 지속가능발전교육 10년(DESD) 이후의 지속가능발전교육이 나아가야 할 방향을 2016년부터 2030년까지 지속가능발전목표(SDGs) 맥락 안에서 구체화하여 쟁점을 도출하였다.

둘째, 과제 2에서는 이론적 토대를 바탕으로 한 교육 실천을 확산시키기 위하여, 기존에 개발되었던 지속가능발전교육 수업모델 활용 및 활용에 있어서의 문제점 등을 연구하고 이로부터 시사점을 도출하였다. 이를 통해 기존에 개발된 지속가능발전교육 수업모델뿐만 아니라, 추후에 개발될 정책연구, 프로그램 개발 연구, 교사 연구회 등의 연구 산출물을 보급하고 확산시킬 수 있는 전략을 구체적으로 제시하고자 했다. 이러한 시사점은 2015 개정교육과정에서 세계시민교육과 연계한 지속가능발전교육의 교육적 실천을 높일 수 있는 방안을 제시하기 위한 기초 자료로 사용될 수 있다고 본다.

셋째, 과제 3에서는 세계시민교육과 연계한 지속가능발전교육을 사회 각 영역에서 확장하고 실행하기 위한 핵심 추진 과제와 전략을 제시하였다. 지속가능발전이 사회적 에토스(ethos)로 자리 잡기 위해서는 시민 사회 전체의 노력이 필요하다는 점에서 평생교육적인 측면에서 접근할 필요가 있다. 따라서 초·중등학교를 비롯한 고등교육기관까지 포함하는 교육기관, NGO를 비롯한 시민사회, 정부 수준에서 구현 가능한 과제를 설정하고, 세계시민성을 함양한 지속가능발전 사회로 나아갈 수 있는 토대를 마련할 수 있다. 특히 SDGs에서는 국가별로 지속가능개발목표에 대한 이행률을 보고하기로 합의하였기 때문에, 각 지속가능개발목표를 이행하기 위한 구체적인 국가 아젠다의 설정이 필요하다고 본다.

이런 맥락에서 본 저술은 4차 산업혁명으로 인한 산업구조의 재편과 급변하는 사회문화적 패러다임 변화에 맞추어 세계인으로서 더불어 살아갈 수 있는 시민 양성을 염두에 두고 있다. 따라서 세계 유수의 교육선진국들에서 채택하고 있는 세계시민교육을 지속가능한 사회와 교육적 과제로 연결하고자 한다.

이를 위해 본 저술에서는 지속가능발전교육과 세계시민교육의 이론적인 연결고리를 찾고자 탐색하며, 이를 교육 실천으로 구현하기 위한 구체적인 방안을 제안함으로써 지속가능발전교육을 개념적으로, 실천적으로 확장하고자 한다.

2. 연구 방법 및 절차

이 책의 집필을 위해 활용한 연구 방법은 통합연구 방법이다. 통합연구 방법은 혼합연구 방법으로도 일컬어지고 있으며, 양적연구 방법 또는 질적연구 방법 중 그 어느 하나만을 고수하지 않고 연구의 주제나 문제에 가장 적절한 연구 방법을 찾을 수 있도록 두 가지 연구 방법을 함께 사용한다. 그럼으로써 단일접근에 따른 연구 결과와 비교했을 때 더 나은 이해를 창출할 수 있는 장점을 지닌다(김영순 외, 2018).

이렇듯 통합연구 방법은 양적연구와 질적연구의 강점을 활용한 실용주의적 관점에서 다양한 확증적, 탐구적 문제를 동시에 강조할 수 있고, 방법론적 삼각검증을 통한 연구 결과의 폭과 범위를 넓히기 위한 목적을 가지고 있다. 이런 이유로 이 책을 위한 자료수집 단계에서 통합연구 방법을 활용하였다. 특히 다양한 통합방법 설계 중에서 '순차적 통합방법(sequential mixed method)'을 채택하였다. 순차적 통합방법은 양적 접근 후에 별개의 질적 접근으로 진행되거나 혹은 그 역의 순서로 전개할 수 있다. 이 책의 집필을 위해 사용된 통합연구는 우선 양적연구 방법인 설문조사를 실시하였다. 이후 여기에서 도출된 결과를 바탕으로 질적연구 방법인 교사 대상 포커스 그룹 인터뷰를 진행하였다.

이 책에서 활용된 연구 방법은 큰 틀에서 통합연구 방법이지만 이 연구 방법의 세부적인 자료수집방법으로는 문헌 연구, 설문조사, 포커스 그룹 인터뷰, 전문가 심층면담 등을 활용하였다.

첫째, 문헌연구에 의한 연구수행의 절차를 설명하면 다음과 같다. 우선 문헌 연구를 통해 지속가능발전교육 정책 동향 및 지속가능개발목표(SDGs) 맥락에서의 지속가능발전교육과 관련한 국내외에서 출간된 각종 서적, 연구논문, 정책 보고서, 정책 토론회 자료집 등을 분석하였다. 이와 더불어 세계시민교육 현황 및 동향 관련 주제로 국내외에서 출간된 각종 서적, 학술지 논문, 정부 정책 보고서를 검토했으며 정부 문서, 국내외 지속가능발전교육과 세계시민교육의 정책 동향 및 쟁점을 제시하였다. 이와 같이 문헌 연구는 지속가능발전교육과 세계시민교육의 쟁점 및 요소를 도출하여 교사 인식 및 실태, 정책 방향을 모색할 수 있는 이론적 틀을 마련하기 위해 수행되었다. 특히 문헌 연구는 기술(description), 해석(interpretation), 병치(juxtaposition), 비교(comparison)의 네 단계로 진행하였다. 이 들 단계의 구체적인 연구 수행은 다음과 같다.

- 기술: 경험, 관찰, 문헌에 의한 자료수집
- 해석: 역사적·문화적·지리적 조건(배경)에서 자료들의 파악
- 병치: 세계시민교육과 지속가능발전교육과 관련된 현상들을 분석하고 비교하는 것에 따라 병렬적 배치
- 비교: 연구 주제와 관련된 다양한 현상들에 대한 포괄적 평가 기준 및 이론적 가설 추구

둘째, 양적 연구로 교사 대상 설문 및 인터뷰 조사 연구 방법의 적용이다. 초·중등교사의 지속가능발전교육과 세계시민교육에 관한 인식 및 실태를 파악하기 위해 교사를 대상으로 양적연구인 설문조사와 질적연구인 포커스 그룹 인터뷰를 실시하였다. 교사를 대상으로 하는 설문조사는 초·중등교사의 지속가능발전교육과 세계시민교육에 관한 인식 및 지속가능발전교육의 수업모델 활용 실태 등을 분석하여 학교 현장에서의 지속가능

발전교육 양상을 파악하였다. 교사 대상 설문조사와 포커스 그룹 인터뷰에 관련한 구체적인 사항은 다음과 같다.

설문조사는 전국의 초·중등 교사를 대상으로 2016년 2월 16일부터 2016년 3월 10일까지 약 1.5개월 동안 진행되었고, 설문지는 지속가능발전교육 관련 연수를 들은 교사를 대상으로 하였다. 설문 방법은 온라인 및 오프라인을 통해 총 225부를 배포하였으나, 총 응답자 수는 초등 98부, 중등 54부로 총 152부를 회수하였다. 설문 항목은 UNESCO(2015)에서 발간된 <Global Citizenship Education>을 근거로 지속가능발전교육 인식 및 교육 실태, 지속가능발전교육의 수업모델 활용 실태, 세계시민교육에 대한 인식, 세계시민교육의 주제·목표·내용 요소와 지속가능발전교육 간의 관련성 인식에 관한 5점 리커트 척도로 구성하였다. 본 저서 끝부분의 [별첨 1]을 참조하면 설문의 구체적인 내용을 확인할 수 있다. 설문 분석은 빈도분석(frequency analysis)을 사용하였다.

또한 교사 대상 포커스 그룹 인터뷰를 통해 초·중등 지속가능발전교육의 활용 방안 및 요구 분석을 실시하였다. 포커스 그룹 인터뷰는 초점이 맞추어진 주제를 가지고 그룹 토의를 활용하는 자료 수집 방법으로 특히 정책 개발 등의 탐색적 연구에 유용하다. 교사 대상 FGI는 초등교사 3명, 중등교사 3명을 선별하여 실시하였다. 초등교사 대상 FGI는 2016년 3월 7일에, 중등교사 대상 FGI는 2016년 3월 14일에 각각 1시간 30분에서 2시간 정도 진행되었다. 이 FGI 연구 시 앞서 수행한 교사 대상 설문에서 도출된 지속가능발전교육과 세계시민교육에 관한 교사의 인식 실태 결과를 바탕으로 질문지를 미리 준비하였다. 이를 통해 교사들이 지닌 지속가능발전교육과 세계시민교육에 관한 일반적인 인식을 바탕으로 선별된 교사 그룹 구성원들의 경험과 의견을 심도 있게 이끌어 낼 수 있었다고 본다. FGI에 참여한 교사들의 일반적 특성은 다음 <표 1-1>과 같다.

〈표 1-1〉 교사 대상 FGI 연구 참여자 현황

구분	성명	성별	소속	경력
초등	교사1	여	인천 OO초등학교	10년
	교사2	남	인천 OO학교	13년
	교사3	여	경기 OO초등학교	25년
중등	교사4	남	경기 OO고등학교	12년
	교사5	남	인천 OO중학교	14년
	교사6	남	인천 OO학교	14년

 FGI 질문 내용은 지속가능발전교육 수업 지도 경험, 지속가능발전교육 수업 설계 시 고려 사항 및 어려운 점, 수업에 대한 학생들의 반응, 수업에서의 지속가능발전교육 중점 가치, 기존에 개발된 지속가능발전교육의 수업자료 활용 정도, 지속가능발전교육의 관점에서 본 세계시민교육 내용 및 세계시민교육과 지속가능발전교육을 어떻게 연계할 것인가에 관한 방안 등을 교사들에게 심층적으로 질문하여 경험적 자료를 수집하였다. FGI 질문 내용은 [별첨 2]를 참조하면 구체적인 질문 및 논의 사항을 확인할 수 있다. FGI를 통해 교사 6명의 면담 및 토의 내용을 녹취하여 자료를 전사·분석하였다. 전사 방법은 전체 면담 내용을 있는 그대로 듣고 기록하는 방식을 취했다.
 셋째, 전문가 심층 인터뷰 부분이다. 학교장, 장학사, 교수, 시민단체 활동가 등으로 구성된 전문가 그룹으로부터 심층 인터뷰를 통해 그들이 지닌 전문성을 근거로 세계시민교육과 지속가능발전교육의 연계 가능성을 모색하였다. 전문가 심층 인터뷰는 전문가들이 가지고 있는 생각을 표현할 수 있도록 유도하는 방법을 사용하였다. 환경, 사회·문화, 경제, 시민교육 등의 영역별로 전문가 9인의 심층 인터뷰가 진행되었고 기간은 2016년 4월 15일부터 4월 20일까지 진행하였다. 구체적인 전문가 심층인터뷰 대

상과 면담일정은 다음 <표 1-2>와 같다.

<표 1-2> 전문가 심층인터뷰 대상 현황

구분	성별	소속 및 직위	전공 및 관심분야
전문가1	남	○○도교육청 장학사	교감, 환경교육, 지리학 박사
전문가2	남	○○도교육청 장학사	시민교육 담당, 일반사회 전공
전문가3	여	○○시교육청 장학사	영어교육전공, 글로벌 시민교육
전문가4	남	○○고등학교 교장	일반사회, 사회학 전공
전문가5	남	○○대학교 교수	일반사회, 세계시민성교육
전문가6	여	○○대학교 교수	과학교육, 지속가능발전교육
전문가7	남	○○대학교 교수	일반사회교육 전공
전문가8	여	○○교육원 실장	세계시민교육 전문가
전문가9	남	○○시민단체사무국장	시민단체전문가, 환경교육, 지속가능발전교육

전문가 심층 인터뷰 질문 내용은 세계시민교육과 지속가능발전교육 간의 연계 방안, 세계시민교육과 연계한 지속가능발전교육의 전파를 위한 각 주체별 노력, 세계시민교육과 연계한 지속가능발전교육의 중장기 정책 방향 등의 항목으로 구성하였다. 전문가 심층 인터뷰 소요 시간은 개인별 50분에서 90분 정도이며, 인터뷰 전에 이메일을 통해 사전 질문지를 전송하였다. 미리 질문지를 접수한 전문가들은 답변 자료를 준비할 수 있는 시간적 여유가 있어서 구체적이고도 유용한 답변을 들을 수 있었다.

3. 지속가능발전교육의 연구 동향

이번 절에서는 지속가능발전교육의 연구 동향에 대해 살펴보고자 한다.

국내 지속가능발전교육과 관련된 연구의 동향을 살펴보기 위하여 한국교육학술정보서비스(RISS)에서 제공하는 논문 검색 서비스를 통해 박사학위논문과 학술논문을 수집하였다.

박사학위논문의 경우에는 '지속가능발전교육'이라는 주제어를 사용하였다. 학술논문의 경우에는 상세정보에 동일한 '지속가능발전교육'이라는 주제어를 사용하고, KCI 등재지와 등재후보지로 제한하여 자료를 수집하여 분석 대상으로 하였다. 이때 본 연구의 분석 대상은 2005년부터 2017년 12월까지 13년간 발표된 박사학위논문 10편과 국내학술지 170편으로 총 180편이다.

이 책에서 이 180편의 논문을 유형별로 분석해 보았을 때 크게 연구 내용과 대상별로 구분하였다. 연구 내용은 세부적으로 지속가능발전교육의 실태와 현황, 프로그램 개발 및 적용, 교과서 및 교사용지도서, 교육과정 등의 내용분석, 정책에 관한 연구들을 살펴보았고, 대상은 유아, 초·중·고생, 대학생, 교사와 일반인 대상을 구분하여 살펴보았다.

첫째, 지속가능발전교육의 실태와 현황에 대한 연구들을 살펴보면 다음과 같다. 지승현, 남영숙(2007), 남영숙, 장호창, 지승현(2008), 정기섭(2010), 유영억(2010), 이선경, 주형선, 김남수, 김찬국, 장미정, 권혜선(2011), 이선경, 장미정, 김남수, 김찬국, 주형선, 권혜선(2012), 조의호(2012), 김찬국, 이선경, 김남수, 주형선, 장미정, 권혜선(2012), 조혜연(2012), 이재혁, 성정희, 김응빈(2012), 조혜연, 이상원(2013), 정미라, 백은주, 허미화, 지옥정(2013), 주형선, 이선경(2013), 백은주, 정미라, 허미화, 지옥정(2014), 손승현, 이예다나, 문주영(2014), 정은홍(2014), 황혜연(2014), 지옥정, 허미화, 백은주, 정미라(2015), 정혜연(2015), 오세경, 오영훈, 최희(2016), 김숙자, 이가경, 홍희주(2016), 김영순, 정소민, 윤현희(2016), 김찬국(2017), 이연승, 이유나, 김현정(2017), 강운선(2017), 조경준, 이수연, 이재영(2017), 김영순, 윤현희(2018) 등 27편 정도이다.

이 연구들은 21세기 지식기반사회에서의 지속가능발전교육에 관한 방향 탐색인, 다른 나라에서의 사례와 경험, 국내의 여러 주체의 인식과 태도, 실천 사례 등을 다루고 있다. 그 가운데 최근 진행되고 있는 주요 연구들에 대해 구체적으로 살펴보면 다음과 같다.

조경준, 이수연, 이재영(2017)은 지속가능발전교육이 학교 정규 교육과정에 국한된 것이 아니고, 학교나 교사 이외의 다양한 주체에 의해서도 실행될 수 있다고 보았다. 이에 학교 밖에서 학생들의 체험과 학습을 담당하고 있는 청소년수련원 지도자를 대상으로 Q방법론을 활용하여 지속가능발전교육에 대한 인식조사를 하였다. 연구 결과, 대다수 지도자가 ESD에 대해 여전히 모호하고 다소 이상적이거나, 청소년에게는 너무 복잡하고 어렵다고 생각하는 경향이 나타나고 있었다. 따라서 집단 특성을 이해하여 ESD의 특성과 적용에 관한 오해를 극복하고, 현장에서 쉽게 실천할 수 있도록 지도자 연수 프로그램을 개발, 적용의 필요성을 시사하고 있다.

임영희(2016)는 K시의 학부모 등 지역주민들의 지역교육발전 정책에 대한 요구를 분석하고, 이를 바탕으로 K시의 지속가능한 지역교육발전 방안을 탐색하였다. 연구 방법은 학생, 학부모, 교육관계자 및 지역교육 단체들에 대한 요구조사, 심층면담(FGI), 토론회 등을 통해 수집된 자료를 분석하였다. 분석 결과, 첫째 K시의 학부모 및 교육관계자들은 K지역교육발전 정책에 대하여 성적우수 학생 학력향상 집중, 진학 및 학습 컨설팅 지원, 성적우수학생 장학금 지원 등에 역점을 두어야 한다고 인식하고 있었다. 둘째 그들은 지역교육발전을 위하여 '지역교육발전협의체'가 구성되어 교육정책에 관한 토의가 정기적으로 이루어져야 함을 주장하였다. 셋째 K시의 지속가능한 지역교육발전을 위해서는 명확한 비전과 목적, 추진과제, 추진전략 등을 포함한 교육발전계획 모형이 추진되어야 함을 제시하였다. 이 연구는 지속가능한 지역교육발전 모형의 수립과 실천은 교육체제에 대한 혁신이 필요하다는 것을 시사하고 있다.

지옥정 외(2015)는 우리나라 유치원의 '지속가능발전교육' 관련 실태를 살펴보고자 하였다. 이를 위해 전국 유치원에서 지역별 3%를 집락표본 추출한 후, 유치원별 만4세 담임교사 1명이 응답하는 설문조사를 실시하여 얻은 설문지 370부를 분석하였다. 연구 결과, 첫째 운영관리의 경우 '지속가능발전교육'을 효율적으로 실시하기에 시설·설비 및 운영방침이 취약하였으며, 환경관리규정은 연구대상 유치원의 1/3 정도만 보유하고 있는 것으로 나타났다. 둘째 교육내용 및 실시정도와 관련하여 '지속가능발전교육'의 실시비율은 자연교육이나 환경교육에 비해 현저하게 그 횟수나 정도가 모두 낮게 나타났다. 이러한 결과를 바탕으로 유치원 현장에서 바람직한 지속가능발전교육이 이루어지기 위해서는 물리적 환경, 운영방침 등 기반 조건이 개선되어야 하며, 지속가능발전교육이 활성화되기 위해서 교사의 재교육 기회가 확대되어야 함을 제안하고 있다.

둘째, 지속가능발전교육 프로그램 개발 및 적용 관련 연구는 다음과 같다. 지승현, 남영숙(2007), 남유선(2009), 이주진, 최돈형(2009), 류영주, 최지연(2010), 김정은, 이상원(2010), 정하림, 정남용(2010), 한상희, 이상원(2010), 허양원, 문윤섭(2010), 지승현, 남영숙(2011), 정남용(2012), 곽노의, 박원순, 이상원(2013), 강호감, 최지연, 이상원, 이태석, 황동국(2013), 정남용(2013), 손정희 외(2013), 최지연, 이상원, 황동국, 이태석(2013), 조성화, 장은경(2014), 지옥정(2014), 서윤희, 지옥정, 강지애, 정애경, 조부경(2014), 유선영(2014), 김미경(2014), 이지선(2015), 유선영, 박은혜(2015), 이순옥, 이상원(2015), 채보미(2015), 이두현(2015), 이두현, 박희두(2015), 이수연, 성혜린, 김승인(2015), 신미순(2015), 송인숙, 천경희(2016), 이병준(2016), 유구종, 함은지, 가신현(2016), 조윤주(2016), 김은정, 유영의, 박은혜(2016), 류지선, 김지은(2016), 김봉석(2016), 하선혜, 서현아(2016), 신배은, 이상원(2016), 하선혜(2016), 하숙경(2016), 최지연, 황동국, 이태석, 유동현, 이상원(2017), 정기섭(2017), 신지연(2017), 구혜현, 김숙자(2017), 황세영, 조성화(2017), 구혜현(2017) 등 46편이다.

이상의 연구들은 사회과, 가정과, 미술과, 실과, 과학과 등 각 다양한 교과별로 그 내용을 분석하여 지속가능발전교육을 위한 프로그램이나 교수학습방법 개발 등을 다루고 있다. 그러한 프로그램을 유아, 초·중·고등학생, 교사, 부모 등을 대상으로 적용하고 그들에게 지속가능한 사회를 위한 실천, 인식, 태도 등의 변화를 도모하고자 하고 있는데, 최근 연구들 중심으로 살펴보면 다음과 같다.

신지연(2017)의 연구는 다중지능이론과 STEAM 교육방법에 근거한 지속가능발전교육 STEAM 프로그램을 개발하여 초등학생들에게 적용하였다. 그 결과 지속가능발전교육 STEAM 프로그램은 초등학생들의 환경적, 사회적, 경제적 지속가능성에 대한 인식과 음악, 신체, 논리수학, 공간, 자연탐구 등의 다중지능 영역을 통계적으로 유의미하게 향상시키는 데 기여함을 확인할 수 있었다. 즉, 지속가능발전교육 STEAM 학습활동은 융합적 특징을 심도 있게 상호 보완하는 효과적인 교육방법임을 시사하고 있다.

구혜현, 김숙자(2017)는 지속가능발전교육에 근거한 유아 원예활동 프로그램을 개발하여 유치원 현장에 적용할 수 있는 20개의 활동을 적용하고 유아의 공존 소양에 대한 변화를 평가하였다. 연구 결과, 이 프로그램은 유아들의 일상생활 속에서 지속적인 교류를 통해 자연과 사람에 대한 공생과 공존에 초점을 맞춘 것으로 의미가 있음을 시사하고 있다.

신배은, 이상원(2016)은 2007 및 2009 개정교육과정의 5학년 교과서와 지도서를 분석하여 지속가능발전교육에 기반을 둔 ADDIE 모형을 바탕으로 분석, 설계, 개발, 실행, 평가단계를 거쳐 경제교육 프로그램을 개발하였다. 이 프로그램은 일반적으로 경제적이고 합리적인 인간은 낮은 가격에 좋은 품질을 구매하는 것이나, 공정무역이나 착한 소비 운동의 등장으로 다소 낮은 품질의 물건이라도 좀 더 비싼 가격으로 구매하는 것이 합리적 선택이 될 수 있음을 알게 주는 데 효과가 있었다. 이 연구는 우리 사회가 앞으로 지속가능발전하기 위해서는 함께 공존할 수 있는 태도에 대한 경제교육이 필요함을 시사하고 있으며, 학령기 때부터 보다 체계적이고 심층적인 연구를 통해 교수·학습 활동에 관한 후속 연구가 필요함을 제언하였다.

채보미(2015)는 지속가능발전교육과 세계시민교육이 지향하는 방향성에 유사성이 있음을 주목하고 초등학교 6학년 학생들을 대상으로 지속가능발전교육 프로그램을 구안·적용하였다. 이를 위하여 사전·사후 검사 및 포트폴리오, 면담을 통하여 자료를 수집하여 세계시민의식의 변화를 살펴본 결과, 다섯 가지 세계시민의식 요소 중 인간의 보편가치와 다양성에 대한 가치 존중에서는 유의미한 효과가 없었지만, 세계문제에 대한 흥미와 관심, 세계문제해결에 대한 참여의식, 세계지향적인 태도에서는 유의미한 효과가 나타났다. 또한 지구공동체를 고려하며 지속가능성을 기준으로 의사 결정 하는 모습을 발견하였다. 따라서 이 연구는 지속가능발전교육 프로그램을 보다 적극적으로 확대하여 활용할 가치가 있음을 보여주고 있다.

지옥정(2014)은 유아기 지속가능발전교육 사례인 '종이' 프로젝트에서 지역사회와의 연계가 연계 주체들에게 미친 영향을 파악하는 데 목적을 두었다. 이를 위해 I유치원 원장과 5세반 담임 및 유아들, 지역사회 연계 대상자인 시청 직원 및 YWCA관계자를 연구참여자로 하여 교사일지 및 연구일기, 유아 포트폴리오, 관계자들과의 면담 기록 등을 통해 질적 분석하였다. 연구 결과, 유아들은 종이팩 분리배출에 대한 명확한 인식 및 실천, 지역사회기관 및 단체에 대한 관심 증가, 시민의식이 증진되었고, 시청 직원의 경우 유아기의 중요성 인식, 유아교육현장에 전문가로 참여하기 위한 계획 수립 및 시행을 위한 연계활동 확대의 변화를 확인할 수 있었다. 결론적으로 지속가능발전교육의 효과적인 적용과 확대를 위해서는 지역사회의 다양한 주체들과 적합한 연계가 이루어지도록 노력할 필요가 있음을 시사하고 있다.

셋째, 지속가능발전을 위하여 교과서, 교사용지도서, 교육과정 등의 내용을 분석한 연구는 다음과 같다. 남영숙(2005), 노희정(2006), 이건남, 정남용(2010), 강운선(2010), 오윤정, 장지영, 최경희(2010), 오윤정, 장지영, 유효숙, 김성원, 이현주, 최경희(2011), 지준호(2011), 지옥정, 허미화, 백은주, 정미라(2012), 오윤정, 최경희(2012), 윤지현(2013), 신은수, 박은혜, 김은정, 유영의(2013), 유영의, 김은정, 신은수, 박은혜(2013), 임옥기, 조성화, 김효남(2013), 김민경(2014), 최현정, 장석경(2014), 최종민(2014), 김숙자, 홍희주, 김현정, 한미선(2014), 문찬(2014), 남경희, 조의호(2014), 오영재, 염미경(2014), 김형순(2015), 김숙자, 김현정(2015), 김숙자, 변선주(2015), 김숙자, 구혜현(2015), 김숙자, 홍희주, 김현정, 송시내(2015), 유희정(2016), 유홍옥 (2016), 주수언(2016), 정대련(2017), 이지혜(2017), 임혜원, 공완욱, 최은영, 나선엽, 이주연(2017), 서현정, 조부경(2017), 현지영(2017), 신영준(2017), 이동수, 김영순, 윤현희(2017), 허미화(2017) 등 34편이다.

이동수, 김영순, 윤현희(2017)의 연구에서는 2009 개정교육과정의 중학교 <사회1>, <사회2> 교과서의 탐구활동을 중심으로 지속가능발전교육의 사회·문화적 관점에서 학습내용을 비교·분석하여 요인별 특징을 파악하고 개선방안을 모색하고자 하였다. 연구 결과, 탐구활동에 반영된 지속가능발전교육의 사회·문화적 관점의 내용이 가장 높은 비율을 차지하였고, 환경적 관점과 경제적 관점 순으로 나타났다. 또한 사회·문화적 관점에서 세부요인별 특징을 살펴보면 문화다양성, 인구, 시민참여, 세계화·국제적 책임 등이 다른 요소들에 비해 높은 비중을 차지하였고, 노동이나 양성평등, 건강, 재해·안전 관련 요소는 미흡하였다. 이 연구는 환경이나 경제적 관점에서도 시민참여와 관련한 탐구활동이 확대되어야 하고, 사회·문화적 관점 중 노동이나 양성평등과 같은 세부요인 등을 균형 있게 구성하여 학생들에게 다양한 활동을 경험하게 해주어야 한다는 것을 제언하고 있다.

정대련(2017)은 지속가능발전 유아교육을 실시함에 있어서 옛이야기 그림책의 교육적 역할을 살펴보고자 하였다. 구체적으로 우리나라 옛이야기 속에 담긴 지속가능발전 유아교육의 의미를 밝히고자 옛이야기 그림책에 나타난 비판적·배려적 사고, 상호협력적 의사결정, 창의적 문제해결과정을 찾아보며 우리나라 전통문화적 생활양식 속에 함의된 미래 삶의 지속가능성을 검토하였다. 그 결과, 옛이야기 그림책은 글과 그림을 기조로 한 도서이자 우리나라 전통 사회·문화의 면면 속에 함축된 인간 삶의 다양성과 미래 삶을 위한 지속가능발전 유아교육의 의미를 함의한 교육자료로서 교육 현장에 공헌할 수 있음이 확인되었다.

유흥옥(2016)은 누리과정의 생활주제에 지속가능발전교육의 환경적, 사회적, 경제적 관점을 의미 있게 적용할 수 있는지를 살펴보고자 하였다. 연구유치원은 구성주의에 기초를 둔 통합교육과정을 운영하고 있으며, 연구대상은 유아 29명과 담임교사 2인으로 구성된 만 5세 학급이다. 연구대상에게 적용하기 위하여 세계 여러 나라의 생활주제망을 재구성하였는데, 그 자료수집 및 분석의 범위는 생활주제교육계획안, 주간교육계획안, 일일교육계획안, 가정연계 활동결과물, 일일평가 및 반성적 사고, 동료 멘토링, 교사면담 자료 등을 내용 분석하였다. 연구 결과, 생활주제 '세계 여러 나라'에 나타난 지속가능발전교육이 세 가지 관점에서 실천적인 측면과 교사의 자기 성찰 측면에 의미가 있는 것으로 나타났다. 이를 토대로 유아교육현장에서는 누리과정 생활주제 전반에 걸쳐 지속가능발전교육의 세 가지 관점을 균형적으로 적용·시도해 볼 것을 제안하고 있다.

김형순(2015)의 연구에서는 지속가능발전교육이 2007 개정교육과정에 범교과적 학습 주제로 포함된 이후 사회 교과서 내용에 어떠한 변화가 있는지 검토하고자 하였다. 이를 위해 비교 기준점을 제7차 교육과정으로 하고 2007 및 2009 개정교육과정에 따른 초등 3~6학년 사회 교과서를 대상으로 그 관련도와 핵심역량 반영도를 분석하였다. 그 결과를 살펴보면, 사회, 정치, 문화적 관점과 관련한 내용이 균형감 있게 큰 폭으로 증가했고, 환경문제와 자연 자원 개념과 관련한 내용도 증가했다는 것을 알 수 있었다. 또한 핵심역량 반영도를 분석한 결과로는 교육과정별로 '지식'역량과 관련한 내용이 공통적으로 70% 이상을 차지하고 있는 반면, '시스템적 사고' 및 '감성'역량과 관련한 내용은 상대적으로 적었으며, '행동과 실천'역량과 관련한 내용은 제7차 교육과정에 가장 많이 반영되어 있었다. 이는 선택학습에서 관련 내용을 다루는 사회교과의 내용구성체제와 관련이 있음을 보여주는 것이다.

오영재, 염미경(2014)는 지속가능발전교육을 구성하는 환경, 사회, 경제 영역에 속하는 내용과 관련성을 많이 갖고 있는 사회과에서 지속가능발전 교육이 활성화될 필요성을 가지고 고등학교 '사회' 교과서를 중심으로 내용분석을 하였다. 특히 고등학교교육에서 가장 기본적 자료로 많이 활용되는 국민공통 기본교육과정 필수과목인 고등학교 1학년에서 배우는 '사회' 교과서를 그 대상으로 삼았다. 고등학교 '사회' 교과서 7종에 대한 분석 결과, 지속가능발전 개념의 중요성에 비해 그 개념과 내용을 다루기 위해 할애된 분량의 비율이 낮았다. 교과서별 지속가능한 발전에 대한 정의 관련에서는 대체적으로 교과서가 환경적 지속가능성을 경제적 지속가능성를 위한 도구적 측면을 강조하고 있거나, 환경문제 해결의 관점에서 정의되고 있었다. 또한 내용 영역 관점을 분석한 결과에서도 환경적 지속가능성에 치우쳐 있음을 알 수 있었다. 이와 같은 결과를 토대로 지속가능발전교육의 다양한 핵심 내용이 균형 있게 다루어질 수 있도록 학습활동이 구성되어야 하며, 교과서에서 그 비중이 낮거나 거의 다루지 않은 '지속가능발전교육'의 요소 영역들도 보완될 필요가 있음을 보여주고 있다.

넷째, 지속가능발전교육의 정책에 관련한 연구는 장호창(2012), 유영의 외(2013)가 있다. 장호창(2012)은 지역에 따른 학습자 흥미와 교육환경을 고려한 지속가능발전교육 정책 결정 방안을 제시하기 위하여 조사연구를 실시하였다. 연구대상은 A교육청 소속 초등학교 교사 56명과 학생 340명 대상으로 교사에게 유용성을 학생에게 흥미와 교육환경에 대한 설문조사를 실시하고, 초등학교 교사 6명과 장학사 1명을 대상으로 면담조사를 실시하였다. 연구 결과, 첫째 아파트 밀집형, 농촌형, 도심형의 지역에 따라 학습자 교육환경과 ESD주제에 대한 흥미의 차이가 나타났으며, 둘째 시교육청과 단위학교는 학습자의 흥미와 교육환경을 반영할 교육정책과정과 거버넌스 체계를 가지지 못한 것으로 나타났다. 이러한 결과를 바탕으로 지역에 따른 학습자 흥미는 교육환경과 상호작용을 하고 있으며, 지속가능발전교육 정책 결정 과정에는 이러한 부분을 반영하여 거시적 측면과 개인적 측면을 동시에 고려하여 현실에 적합한 교육정책을 수립해야 한다는 시사점을 제공하였다.

유영의 외(2013)의 연구에서는 지속가능발전교육에 관한 미래의 학교 교육과정의 방향을 모색하기 위하여 한국의 지속가능발전교육의 정책과 현황, 국가수준 교육과정의 현황, 학교별 국가수준 교육과정을 분석하였다. 분석 결과, 한국은 2000년 대통령자문지속가능발전위원회가 출범되고 2005년 유엔 지속가능발전교육 10년을 위한 국가추진전략과 실행방안이 확정되었으나, 지속가능발전교육이 녹색성장과 녹색환경으로 인식되는 오류를 낳게 되었다. 이에 2009 개정 초·중등 교육과정과 3~5세 누리과정은 녹색성장교육의 관점에서 개발되었으며 교육의 시스템적 사고의 전환을 가져오는 데 한계가 있었다. 이러한 분석 결과를 바탕으로 정부의 지속가능발전교육의 정책과 추진 방향의 재고, 지속가능발전교육과 환경교육 및 녹색성장교육에 대한 개념의 재인식이 필요하며, 학교교육과 지역교육과의 연계성이 필요함을 제언하고 있다.

이와 같이 지속가능발전교육 정책에 관한 연구는 균형적인 지속가능발전교육을 위해서는 개인, 사회, 정부 간의 긴밀한 연계 속에 정책을 수립해야 한다는 것과 환경적, 사회적, 경제적 관점에도 조화를 이루는 교육정책이 필요함을 시사하고 있다. 그리고 지속가능발전교육에 관한 정책 연구는 다른 영역의 연구에 비해 그 수가 현저히 적다. 따라서 지속발전교육이 가능하게 할 수 있는 정책적 프레임과 관련한 연구들이 요구된다고 볼 수 있다.

다음으로 지속가능발전교육을 위하여 대상으로 구분한 유아기, 청소년기, 청년기 등 제도권 안에서의 교육과정을 통해 배움기에 놓여 있는 연구와 교사와 일반인을 중심으로 진행된 연구들을 살펴보면 다음과 같다.

첫째, 지속가능발전교육의 유아와 관련한 연구를 살펴보면 다음과 같다. 권영임(2009), 권영임(2010), 신은수, 박은혜(2012), 지옥정, 허미화, 백은주, 정미라(2012), 김은정, 유영의, 신은수, 박은혜(2013), 신은수, 박은혜, 김은정, 유영의(2013), 곽노의, 박원순, 이상원(2013), 지옥정(2013), 이경란(2013), 박은혜, 박세령(2014), 김민경(2014), 송응식(2014), 최현정, 장석경(2014), 서윤희, 지옥정, 강지애, 정애경, 조부경(2014), 김숙자, 홍희주, 김현정, 한미선(2014), 이경란(2014), 김미경(2014), 김숙자, 김현정(2015), 서현정, 조부경(2015), 지옥정, 허미화, 백은주, 정미라(2015), 김숙자, 변선주(2015), 김숙자, 구혜현(2015), 김숙자, 홍희주, 김현정, 송시내(2015), 김숙자, 김유선(2015), 안경숙(2015), 신미순(2015), 유구종, 함은지, 가신현(2016), 김지수, 김은정, 유홍옥(2016), 곽노의, 이봉자(2016), 류지선, 김지은(2016), 조안나(2016), 이연승, 차숙경(2016), 하선혜, 서현아(2016), 유홍옥(2016), 전소영, 김은정(2016), 하선혜(2016), 하숙경(2016), 정대련(2017), 서현정, 조부경(2017), 구혜현, 김숙자(2017) 등과 같이 44편의 연구가 있다.

둘째, 초·중·고생과 관련한 연구는 다음과 같다. 남영숙(2005), 노희정(2006), 남유선(2009), 이주진, 최돈형(2009), 권영임(2010), 류영주, 최지연(2010), 강운선(2010), 김정은, 이상원(2010), 정창규, 이상원(2010), 김재진, 이상원(2010), 정하림, 정남용(2010), 한상희, 이상원(2010), 오윤정, 장지영, 최경희(2010), 지준호(2011), 오윤정, 장지영, 유효숙, 김성원, 이현주, 최경희(2011), 정남용(2012), 오윤정, 최경희(2012), 장호창(2012), 이병준, 정미경, 박응희, 황규홍(2013), 최지연, 이상원, 황동국, 이태석(2013), 정남용(2013), 손정희 외(2013), 임옥기, 조성화, 김효남(2013), 김지선, 손지현(2014), 조성화, 장은경(2014), 정은홍(2014), 정경희, 김영순, 홍정훈(2014), 장호창, 남영숙(2014), 남경희, 조의호(2014), 오영재, 염미경(2014), 김형순(2015), 이순옥, 이상원(2015), 채보미(2015), 이두현(2015), 이두현, 박희두(2015), 강현선, 손연아(2016), 손연아(2016), 신배은, 이상원(2016), 주수언(2016), 원혜련, 김효정(2016), 최지연, 황동국, 이태석, 유동현, 이상원(2017), 신동일, 서예진(2017), 이지혜(2017), 최은영, 나선엽, 임혜원, 공완욱, 이주연(2017), 신지연(2017), 현지영(2017), 신영준(2017), 황세영, 조성화(2017), 이동수, 김영순, 윤현희(2017) 등과 같이 49편의 연구가 진행되었다.

셋째, 대학생과 관련한 연구는 다음과 같다. 이선경, 이재영, 이순철, 이유진, 민경석, 심숙경, 김남수, 하경환(2006) 지승현, 남영숙(2006), 유영억(2010), 유길한(2011), 최재우, 강운선(2012), 이재혁, 성정희, 김응빈(2012), 문찬(2014), 정경희, 김영순, 홍정훈(2014) 등의 8편의 연구가 있는데, 대학생 관련 연구는 유아 및 초·중·고를 대상으로 한 연구에 비해 현저히 적은 연구 편 수임을 알 수 있다.

넷째, 교사(유아교사, 보육교사, 초·중·고 교사, 예비교사 포함)와 관련한 연구를 살펴보면 다음과 같다. 이선경 외(2006), 정기섭(2010), 유영억(2010), 허양원, 문윤섭(2010a), 허양원, 문윤섭(2010b), 강운선(2011), 지승현, 남영숙(2011), 주형선, 이선경(2011), 김찬국 외(2012), 조혜연(2012), 이병준 외(2013), 조혜연, 이상원(2013), 정미라, 백은주, 허미화, 지옥정(2013), 강호감 외(2013), 손연아(2013), 주형선 외(2013), 박은혜,

박세령(2014), 백은주 외(2014), 지옥정(2014), 손승현 외(2014), 이상원 외(2014), 주형선, 이선경(2014), 손연아(2014), 최석진, 김용근(2014), 유선영(2014), 장석경, 최현정(2015), 김형숙(2015), 나영란(2015), 유선영, 박은혜(2015), 김숙자, 이경혜(2015), 김숙자 외(2015), 김영순 외(2015), 김정원, 최소린(2016), 조윤주(2016), 김은정, 유영의(2016), 김은정, 유영의, 박은혜(2016), 오세경 외(2016), 지옥정, 김경숙(2017), 한희경(2017), 강운선(2017), 조경준 외(2017), 허미화(2017) 등 43편의 연구가 있다.

다섯째, 지속가능발전교육의 학부모 및 일반인을 대상으로 한 연구로는 다음과 같다. 유영억(2010), 이선경 외(2012), 최지연 외(2013), 지옥정(2014), 최종민(2014), 이병준 외(2014), 정혜연(2015), 신지연, 정민정(2015), 이병준(2016), 문찬(2016), 김봉석(2016), 김숙자, 이가경, 홍희주(2016), 임영희(2016), 이연승, 이유나, 김현정(2017) 등의 14편의 연구가 있다.

이상과 같이 대상별로 유형을 나눈 연구들 중에 최근 진행된 연구들을 구체적으로 살펴보면 다음과 같다. 서현정, 조부경(2017)은 지속가능발전교육의 측면에서 5세 누리과정 교사용 지도서에 나타난 지속가능발전 교육내용의 분포 및 연결망을 분석하여 유아기에 지속가능발전교육의 실행 방향을 모색하고자 하였다. 이를 위해 5세 누리과정 교사용 지도서 11권을 대상으로 지속가능발전 교육내용의 분포를 파악하고 생활주제와 교육내용에 대해 사회연결망을 분석하였다. 분석 결과, 5세 누리과정 교사용 지도서에는 첫째 사회적 지속가능성 영역 교육내용이 가장 많았고, 생활주제로 '우리 동네'에 가장 많이 분포되어 있었다. 둘째 생활주제와 지속가능발전교육 내용과의 사회연결망 분석에서는 '우리나라'는 '지역문화'와 '건강과 안전'은 '건강'과 높은 연결 정도를 나타냈으며, 셋째 '지속가능한 생산과 소비', '지역문화', '민주시민', '건강'이 공동 참여 연결망에서 강한 연결성을 나타내었다. 이러한 분석 결과를 통해 5세 유아들에게도 지속가능발전교육을 실행할 수 있는 가능성이 있음을 확인할 수 있으며, 미래교육을 위해 통합적인 지속가능발전교육이 실행되어야 함을 시사하고 있다.

이두현(2015)의 연구는 '지속가능한 마을 만들기'라는 프로젝트를 기반으로 프로그램을 개발하고 고등학생들을 대상으로 이를 검증하는 것이 이 연구의 목적이다. 이를 위해 연구 절차에 따라 '우리 마을을 구해줘'라는 세부 학습 주제를 선정하였고, 관련된 여러 교과의 교육과정과 ESD 핵심 주제와의 연관성을 파악하였다. 주제와 관련한 교육과정을 재구성하여 10차 교육프로그램으로 진행하였다. 연구 결과, 학습자 대상의 흥미도와 학습태도에 대한 차이를 검사한 결과 실험반이 통제반보다 유의미한 결과를 보였다. 이와 같은 결과를 바탕으로 개발된 프로그램은 교육현장에서 다양한 교과의 융합을 통해 지속가능발전교육을 위한 좋은 수업모델로 활용 가치가 크다는 것을 알 수 있으며, 지속가능발전교육이 추구하는 바와 같이 다양한 지식을 융합해 지역사회의 문제해결능력과 창의성이 제고된다는 시사점을 보여주고 있다.

정경희, 김영순 외(2014)는 대학-고교 연계 R&E 프로그램 참여자들이 공동의 과제를 수행하는 과정에서 어떠한 경험을 하는지, 그 의미는 어떠한지를 살펴보고자 하였다. 이를 위하여 대학원생 멘토와 고등학생 멘티를 대상으로 R&E 프로그램의 참여에 대한 경험과 의미에 대하여 심층인터뷰를 통해 자료를 수집하고 분석하였다. 분석 결과, 첫째 능동적이고 자율적인 학습의 경험을 하였고, 둘째 현실 가능한 미래를 생각해 볼 수 있었으며, 셋째 협력적 대화를 통해 문제해결 능력이 함양되었다. 넷째 동료 간의 존중과 배려, 나눔의 경험을 하였으며, 다섯째, 도움과 안내의 상호의존의 경험을 하였다. 이와 같은 결과를 토대로 대학-고교 연계 R&E 프로그램은 지속가능발전교육으로서 사회적 상호작용 속에서 지속적인 연대감과 실천적 지식을 구성해 가는 데 효과가 있음을 시사하고 있다.

지옥정, 김경숙(2017)의 연구에서는 지속발전지향 자연친화교육에서 유아교사들이 경험한 어려움을 밝히고자 하였다. 이를 위해 연구 방법으로 6개 기관의 4, 5세반 교사 8명을 상대로 유아들과 지역사회내 공원에서 '공원의 살아 있는 것' 주제로 지속가능발전지향 자연친화교육을 2개월간 수행한 것에 대해 사례연구를 하였다. 연구 결과, 교사들이 경험하는 어려움은 크게 자연에 대해 잘 알지 못해 불충분한 교육에 머무르고 있으며, 자연 이용과 자연 존중 간의 갈등, 생태계의 상호연결성 지도 시 혼란스러움을 경험하였고, 자연에 대해 교사교육 받은 것을 적용하는 것의 어려움, 지역사회와의 협조에 한계가 있음을 경험한 것으로 나타났다. 이 연구는 유아 교사들의 경험을 토대로 볼 때, 지속가능발전 지향을 위하여 교사의 역량 강화 방안이 필요하며, 단위 유치원이나 학교기관뿐만이 아니라 지역사회와 국가적 차원에서 체계적인 연계가 필요함을 보여주고 있다.

정혜연(2015)은 현재의 박물관/미술관이 지식의 효과적 전수와 이를 통한 참여자의 문화에 대한 이해와 문화를 읽어낼 수 있는 문해력을 기르는 것이 교육의 궁극적 방향이라면, 미래의 박물관/미술관은 지식을 전달하는 것을 넘어 관람객 스스로가 지식을 창조할 수 있는 교육 활동의 장을 제공해야 한다고 보았다. 이를 위해 스미소니언 자연사 박물관과 뉴욕 현대 미술관의 사례를 통해 지식 창조를 위한 학습 환경에 관한 연구를 진행하였다. 그 결과 박물관/미술관의 공간 안에서 관람자/학습자는 기존의 축적된 지식을 전달받고 습득하는 것이 아닌 자신의 눈으로 그 표본의 다른 기능과 의미 만드는 생성 활동이 이루어진다는 것이다. 또한 박물관/미술관은 관람자의 정체성 구축 활동을 할 수 있게 해주며, 창조와 나눔의 공간, 즉 전시와 연구, 교육 활동을 포함하는 곳이다. 이러한 배움을 일으키는 박물관/미술관 교육 활동에서의 지식생성은 전 세대가 이루어 놓은 지식을 다음 세대에게 전수하는 것이 아니라 지식이 새로운 지식을 합쳐 새로운 지식의 창조가 가능해야 그 사회가 지속될 수 있다는 점을 시사하고 있다.

위에서 개괄적으로 다룬 180편의 연구들 중에서 지속가능발전교육을 교육현장에 착근시키기 위한 프로그램 개발 연구 혹은 프로그램 실행 및 효과에 관한 연구가 주를 이룬다. 그러나 앞에서 제기한 바와 같이 지속가능사회를 위한 지속가능발전교육을 이념이나 실천적으로 확대하여 세계시민으로서의 인재상 구현을 위한 정책적 연구 혹은 프로그램 개발 연구는 미흡한 편이다. 이 저서는 바로 미래 사회를 위한 지속가능발전교육과 세계시민교육을 연계하기 위한 이념과 방법 찾기에 몰두할 것이다.

4. 세계시민교육의 연구 동향

세계시민성의 개념은 '민족국가를 초월한 시민의식', '세계시민주의(Cosmopolitanism)', '지구시민의식(Planetary Citizenship)' 등 여러 내용으로 소개되고 있다(한경구 외, 2015). 특히 이들 개념은 법적 지위를 수반하지 않는다는 점에서 세계적 차원에서 서로의 연대감, 집단 정체성, 문제해결을 위한 소통능력 그리고 인류 공동 번영의 가치를 지지한다는 공통점을 가지고 있다(한경구 외, 2015). 따라서 세계시민성의 함양을 목표로 하는 세계시민교육은 세계적 차원에서 제기되는 문제들에 대해 지역적 또는 세계적으로 대응하고 해결하기 위한 적극적인 활동과 학습자들의 역량 강화를 위한 교육활동을 핵심으로 삼는다(한경구 외, 2015). 세계시민교육을 통해 학습자들은 더욱 정의롭고, 평화로우며, 관용적이고, 포용적이며, 안전하고, 지속가능한 세상을 만드는 데 기여하는 능력을 갖출 수 있어야 한다(한경구 외, 2015).

세계시민교육은 인권교육, 지속가능발전교육, 국제이해교육, 문화간 이해교육 및 평화교육 등을 모두 포괄하는 다양한 변혁적 교육을 가리킨다.

세계시민교육 개념의 논쟁적인 특성과 다양성에도 불구하고, 다음과 같은 몇 가지 핵심적 특징을 지니고 있다(한경구 외, 2015).

우선 세계시민교육은 무엇보다 학습자를 능동적인 교육의 주체로 삼는 교육이다. 학습자가 국지적 또는 세계적 문제에 모두 관심을 가지고 적극적인 역할을 할 수 있도록 능력을 향상시키는 것이다. 이를 통해 학습자는 보다 공정하고 관용적이며, 지속적으로 발전 가능한 세상을 만드는 데 능동적으로 기여할 수 있다(한경구 외, 2015).

둘째, 세계시민교육은 변혁적인(Transformative) 교육이다. 기성세대의 가치 체계와 규범을 일방적으로 학습자에게 전달하는 전통적인 경향에서 벗어나 학습자에게 자신이 보유한 권리와 의무를 깨달을 수 있는 기회를 제공함으로써 더 나은 세상, 더 나은 미래를 만들어갈 수 있도록 이끈다(한경구 외, 2015).

셋째, 세계시민교육은 '과정 중심적(Process-Oriented)'이고 '문제해결 중심적(Problem-solving Oriented)' 교육이다(한경구 외, 2015). 단순히 '학교 지식(School Knowledge and Contents)'을 습득하는 교육이 아니라 학습자가 필수 지식을 토대로 실생활의 문제들을 비판적으로 분석하고, 문제점을 창의적으로 해결해 나가는 '과정 중심적' 교육을 강조한다(한경구 외, 2015).

넷째, 세계시민교육은 참여지향적(Civic Engagement)이며 실천지향적인(Action-oriented) 교육이다(한경구 외, 2015). '시민성에 대하여 배우는 교육(=Education ABOUT Citizenship)'을 뛰어넘어 '시민성의 실천을 통해 배우는 교육(=Education THROUGH Citizenship)'에 해당한다(한경구 외, 2015).

다섯째, 세계시민교육은 평생교육적 접근이 요구되며, 학교의 공식적 교육과정과 잠재적 교육과정 모두를 통해 전개되어야 하는 교육이다(한경구, 2015).

이러한 세계시민교육에 대한 연구는 다문화교육에 대한 연구와 더불어 근래에 많은 학자들에 의해 실시되고 있다. 물론 넓은 의미에서 보면, 다문화교육의 한 부분으로 세계시민교육이 포함되긴 하지만 다문화교육과는 별도로 세계시민교육만을 따로 연구하는 경향도 나타났다. 또한 최근 이슈가 되고 있는 지속가능발전교육과 세계시민교육을 연계하여 연구하는 경향도 최근에 나타난 경향 가운데 하나라고 할 수 있다. 이러한 연구 동향을 파악하기 위해 2000년 이후 최근까지 국내외 학술지 및 학술대회에서 발표한 논문과 박사학위 논문 중에서 50편을 선정하여 연구 동향을 분석하였다.

세계시민교육과 관련해서 가장 많은 연구가 이루어진 분야는 세계시민교육의 교육과정에 대한 분석 연구(50%)이다. 즉, 세계시민교육을 실제 학교 교과와 연계시켜 실시할 수 있는 방안을 찾기 위한 연구라고 할 수 있다. 그다음으로 높은 비율을 차지한 연구가 세계시민교육의 방향성에 대한 연구(18%)이다. 세계시민성과 세계시민교육에 대한 정의가 아직은 명확하지 않은 상태이긴 하지만 많은 사람이 세계시민교육의 필요성을 인식하고 있고 그래서 세계시민교육이 어떤 방향성을 가져야 하는지에 대해 관심을 가지고 있는 것으로 볼 수 있다. 이 외에서도 지속가능발전과 세계시민교육(10%), 세계시민교육의 개념(8%), 세계시민교육에 대한 인식(8%), 세계시민교육 정책에 대한 연구(4%), 기타(2%) 등이 있었다.

다음은 각 주제에 대한 연구 동향을 살펴본 것이다. 첫째, 세계시민교육과 연관된 연구 중 가장 높은 비율을 차지한 것이 바로 세계시민교육의 교육과정과 프로그램에 대한 연구이다. 이 연구는 주로 각 교과목에 세계시민교육을 접목시키기 위해 교육과정을 분석하고 분석한 교육과정에 세계시민교육을 결합하기 위한 방안들을 제시하는 연구가 대부분이었다. 특히 그중에서도 세계시민교육과 사회과 교육과정을 연계시키는 연구가 가장 높은 비율을 차지했다(이동민, 2015; 윤노아 외, 2015; 전희옥, 2006;

이소연 외, 2017; 손경원, 2006; 김갑철, 2016a,b; 최준호, 2016; 박수경, 2016; 김다원, 2016; 김경은 외, 2012; 옥일남, 2014; 모경환 외, 2018; 이정우, 2017; 25편 중 13편, 52%). 그 외에는 도덕이나 미술과 같은 다른 과목들에 대한 연구(김진희 외, 2016; 최은영 외, 2017)가 있었으며, 유네스코나 세계시민교육 유관기관에서 발간한 교육자료의 교육과정을 분석하는 연구(이경한, 2015; 나장함 외, 2017)도 있었다. 이들 연구 가운데, 사회과의 교육과정 중 초등학교와 중학교 교육과정의 내용을 분석하여 이를 세계시민교육과 연계시킨 이정우(2017)와 세계시민교육에 조금은 생소한 내러티브 방법을 접목시킨 연구인 박수경(2016)의 연구에 대해 조금 더 확인해 보도록 하겠다.

이정우(2017)는 사회과 교육과정에 반영된 세계시민교육에 대한 연구를 수행했다. 즉, 제6차 교육과정에서부터 2015 개정 사회과 교육과정에 이르기까지 초등학교와 중학교 사회과 교육과정의 성격과 목표, 성취기준에 반영되어 있는 세계시민교육 관련 내용을 분석하였다. 이러한 분석을 위해 Oxfam(2015)과 유네스코(2015)에서 제안한 세계시민교육의 핵심 요소를 분석 준거로 삼았다. Oxfam(2015)에서는 세계시민교육의 핵심 요소로 사회정의와 평등, 정체성과 다양성, 세계화와 상호의존성, 지속가능한 발전, 평화와 갈등, 인권, 권력과 거버넌스를 제시하였고, 유네스코(2015)에서는 각 요소를 인지적 영역, 사회·정서적 영역, 행동적 영역으로 구분하여 인지적 영역을 통해 지식 정보와 비판적 문해력을 갖춘 학습자, 사회·정서적 영역을 통해 풍부한 사회적 관계 속에서 다양성을 존중하는 학습자, 행동적 영역을 통해 윤리적 책임감을 갖고 참여하는 학습자를 양성하는 것을 목표로 제시하였다.

이에 대한 분석 결과는 다음과 같다. 첫째, 세계시민교육 관련 주제는 초등학교 5~6학년과 중학교 급에서는 제6차 교육과정에서부터 꾸준히 등장하였다. 초등학교 3~4학년의 경우, 2007 개정교육과정에서부터 다양성 및 소수자와 관련된 내용으로 세계화 관련 내용이 제시되기 시작했다. 둘째, 인지, 정서, 행동 영역 중에서는 전반적으로 인지적 영역에 대한 강조가 상대적으로 강하게 나타났다. 초등학교 5~6학년 군에서는 세 영역에 대한 강조가 고르게 나타나고 있는 반면, 3~4학년 군은 상대적으로 정서 영역이, 중학교 급은 인지 영역에 대한 강조가 강하게 나타났다. 셋째, 관점 면에서는 국가주의적 관점이 지배적인 가운데 세계 정의와 거버넌스 및 신자유주의 관점이 섞여 있었다. 이러한 결과를 토대로 인지적 영역에 대한 강조를 보완하기 위해서 교수-학습 과정에서 정서적 영역과 행동적 영역을 균형적으로 다루어야 하며, 인지적 영역 중에서는 비판적 사고력 함양, 정서적 영역 중에서는 세계시민으로서의 정체성 형성, 행동적 영역에서는 윤리적 딜레마에 대한 탐구 등을 교수-학습 과정을 통해 보완할 것을 제안하였다. 또한 정의, 평등, 평화, 다양성 등의 세계시민교육 관련 주제를 다룰 때 국민국가 구성원에게 요구되는 자질을 넘어서, 세계시민으로서 필요한 안목을 형성할 수 있도록 보완이 이루어질 필요가 있다고 보았다.

박수경(2016)은 기존의 연구와 조금 다른 연구를 수행하였다. 즉, 세계시민교육과 내러티브 교수법을 연결시키는 연구이다. 세계시민교육의 주체이면서 동시에 대상이 되는 인간에 대해 교육하려면 인간에 대해 총체적으로 보면서 복합적인 사고를 길러주어야 하는데 이를 위해서는 세계시민으로서의 다원적 정체성에 초점을 맞추는 교육이 필요하다고 보았다. 이를 위해 세계시민교육에서의 다원적 정체성의 의미와 관계를 아마르티아 센(Amartya Sen)의 『정체성과 폭력(Identity and Violence)』을 중심으로 논의하였고, 이러한 역량을 기르기 위해 교육현장에서 적용할 수 있는 교수-학습 방법으로 내러티브 교수법을 제안하였다.

이 연구에서 정체성은 인간으로서의 자존감이며, 시민으로서의 자기 인식의 기본 토대로써 타인과의 관계를 규정할 때 그 관계의 세기와 온기에 중요한 역할을 한다고 보았다. 그중에서도 아마르티아 센의 『정체성과 폭력(Identity and Violence)』에서 제시하는 다원적 정체성은 첫째, 인간은 다양한 정체성 속에 속해 있다는 사실을 알고 파악할 수 있고, 둘째, 정체성은 상황에 따라 선택하는 것이며, 어느 정체성을 우선순위에 두어야 할지 판단할 수 있는 능력을 일컫는다고 보았다. 이러한 다원적 정체성을 함양하기 위한 교수법을 내러티브 교수법을 제안했는데, 내러티브 교수법을 통해 학습자는 타인과의 관계를 단순한 사용과 조작의 관계가 아닌 풍요로운 인간 간의 관계로 만들어 주는 사고와 상상력을 기를 수 있다고 보았다.

이렇듯 세계시민교육에서 다원적 정체성을 함양하는 교육은 인성교육에도 중요한 함의를 제공하고, 이벤트성 체험이나 글로벌인재양성에 머물러 있는 현재 한국의 세계시민교육에 대한 점검과 반성의 대안이 될 수 있다. 또한 누구든 소비를 통하지 않더라도 자신이 세계시민이라는 의식을 가질 수 있도록 진정한 환대가 가능한 존재로서 살아갈 수 있는 역량을 길러주는 교육이 될 것이라고 결론 내리고 있다.

두 번째 주제는 세계시민교육의 방향에 관한 연구이다. 세계시민교육 방향에 관한 연구에서 김진희(2015), 노찬옥(2001), 박은종(2007), 배영주(2013), 설규주(2001), 이윤주(2016) 등은 보편적인 의미로서의 세계시민교육의 의미를 확인하고 세계화, 정보화 시대에서 요구되는 세계시민교육이 무엇이며 앞으로 세계시민교육이 어떠한 길을 따라가야 하는 지에 대한 연구를 수행하였고, 김항원(2002)은 그러한 세계시민교육이 학교 내에서는 어떤 방향성을 가져야 하는지에 대해서, 설규주(2004)와 정용교(2013)는 다문화교육으로서의 세계시민교육의 방향에 대해 연구하였다. 이들 가운데 세계시민의 역할과 과제를 중심으로 세계시민교육을 재구상한 배영주(2013)의 연구와 세계시민성을 함양하기 위해 필요한 세계시민교육의 실천 방안에 대해 연구한 이윤주(2016), 학교 현장에서 세계시민교육을 위한 방법들을 제시한 김항원(2002), 대두되고 있는 세계시민사회에서 다문화주의적 시민교육을 위한 실천 방향을 제시한 설규주(2004)의 연구에 대해 간략히 확인해 보겠다.

배영주(2013)는 모호한 세계시민교육의 핵심과 윤곽을 파악하는 것이 우선이라고 먼저 주장한다. 이미 기존교육에서 강조되고 있는 도덕적, 윤리적 덕목과 가치들이 왜 또다시 세계시민교육이라는 이름으로 동원되어야 하는지 이해하는 것이 우선이고, 그래서 세계시민교육의 정체성을 다지고 대체적인 윤곽을 그리는 일과 관련해서 연구자가 주목하고 있는 것은 세계시민에게 가르쳐져야 할 '내용'이 아니라, 세계시민이 수행해야 할 '역할'이라고 주장한다. 그러면서 왜 세계시민인가라는 주제로 세계시민교육의 의의를 살펴보았고, 어떤 세계시민인가라는 제목으로 세계시민의 역할 과제를 파악했다. 그리고 세계시민교육의 영역으로 탐색적 정체성교육, 경험적 다문화학습, 사회행동기술 교육으로 구분하였다.

결론적으로 이 연구자는 아직까지 세계시민이 하나의 이념에 불과함을 드러내고 그러한 이념 구현의 어려움을 간파하는 가운데 세계시민교육의 목표가 상호 존중, 평등, 배려, 세계 평화 등 일련의 추상적 가치를 수용토록 하는 데 그치는 것이 아니라, 세계 공동체 형성을 통해 여러 가지 비리로 가득 찬 세계화된 생활세계의 변혁을 주체적으로 꾀하도록 돕는 데 있음을 드러내고 있다.

특이한 점은, 이 연구자는 세계시민교육의 수행과 관련해서 국가 관여의 한계를 이야기하고 있다. 이는 그동안 국가가 나서서 '공민교육'을 진행해 왔음에도 오늘날 시민 사회의 활성화나 국민의 공동체에 대한 자발적 참여를 기대하기 어렵다는 점에서, 또한 국가시민의 정체성과 세계시민의 정체성 조화 문제가 결코 작지 않은 도전을 사람들에게 줄 수 있다는 점에서 세계시민교육은 세계시민이 직접 나서서 진행해야 할 필요가 있음을 강조하고 있다.

그렇다면 과연 이 연구자의 말대로 국가가 나서서 하는 세계시민교육이 정말 실효성이 없는 것인지를 파악해 볼 필요가 있다고 생각한다. 특히나 공교육보다 사교육이 더 큰 시장을 형성하고 있는 우리나라 교육실정에서, 세계시민교육마저 사교육에 맡겨 버린다면, 더 이상 공교육은 의미와 역할 측면에서 많은 퇴보를 가져오게 될 것이 뻔하다. 그렇다면 진정으로 세계시민교육을 공교육에서 다룰 수 없는 것인가에 대한 연구도 필요하다고 생각한다.

이윤주(2016)는 세계시민교육의 실천방향에 대해 연구하였다. 기존의 세계시민교육이 인지적인 측면을 주로 다루었음을 지적하면서, 좀 더 실천적인 측면을 강화하기 위한 방안들을 살펴보았다. 즉, 세계시민교육의 능동적이고 실천적인 움직임을 강조하기 위해 기존의 합리성에 근거한 의무론적 관점에서 벗어나 우연성에 근거한 역사주의적 관점으로 세계시민성의 개념을 살펴보았고, 우연성에 근거한 역사주의적 관점에 대한 구체적 논증으로서 로티(Rorty)의 '실천적 연대'와 셀라즈(Sellars)의 '우리-의식'을 바탕으로 청소년의 세계시민성 함양을 위한 실천중심의 세계시민교육 방안을 제안하였다.

세계시민교육에 대한 올바른 방안 및 대안을 제시하는 기존 연구에서는 주로 교육과정과 실제 교수-학습방안 분석을 토대로 기준을 제시했다. 그러나 이것이 주로 해외 학자들이 제시한 세계시민교육의 원칙과 핵심개념을 중심으로 재편성하여 그 기준에 해당여부를 분석하는 방식이기 때문에 우리나라의 실정과는 많이 다르다. 그렇기 때문에 외국의 기준에 우리의 실정을 맞추기보다는 우리 나름의 기준을 만들고 (물론 세계의 기준에 부합하는 기준이 되어야겠다) 그 기준에 맞춰 실제 우리나라 교육 현장에서 적용될 수 있는 교육과정과 교수-학습방안을 마련해야 할 것이다. 그러므로 세계시민성 교육과 관련해서 그 내용을 이해하고 인지하는 것이 중요하고 우선되어야 하겠지만, 그와 더불어 학생들이 처한 환경에서 실제로 적용하고 실천할 수 있는 기회를 주고, 그렇게 하도록 교육하는 것이 더 중요하다고 할 수 있다. 따라서 차후 진행될 논문에서는 학생들이 세계시민교육을 실천중심의 교육으로 받을 수 있는 방법이 무엇인지 고찰해 보고 그것을 실제로 교수-학습 방안으로 했을 때 생기는 문제점과 개선방향들을 알아보며, 실제로 작성한 교수-학습 방안을 학생들에게 적용해보고 또한 생기는 문제점과 개선방향들을 알아보는 방향으로 가야 한다고 제안하고 있다.

김항원(2002)은 세계시민교육의 개념을 정리한 후 학교 환경과 교수-학습 방법을 나눠서 고찰한 뒤, 학교 환경 측면에서는 민주적인 학교 문화, 교사와 교실 분위기에 대해 연구하고 교수-학습 방법에서는 고차사고력 함양, 논쟁문제 교수, 반성적인 의사결정 수업, 가치 교육 등을 중심으로 기술하고 있다.

이 연구에서 저자는 세계시민교육은 학교 환경이 민주적인 환경으로 조성되어야 하고 적절할 교육방법이 적용되어야 가능하다고 주장할 것이다. 민주적인 학교 환경에서는 민주적인 학교 문화와 교사와 교실 분위기를 강조하였고 교육방법도 민주적이어야 하며 학생들이 중심이 되고 과정을 중시하는 탐구식 방법이 강조되어야 한다고 주장한다.

설규주(2004)는 대두되고 있는 세계시민사회에서 세계시민교육이 다문화주의적 시민교육으로 방향이 설정되어야 한다고 주장한다. 세계시민사회의 성장이 보편을 추구하는 욕구와 특수함을 추구하는 욕구, 둘 다를 충족시키는 데 기여할 수 있을 것으로 보면서, 세계화를 통해 주어진 모델을 닮아가는 것이 아니라, 자신의 특수성과 맥락을 고려하면서 지향해야 할 보편을 만들어 가고자 하는 것을 바로 세계시민사회의 존재의 이유로 보았다. 그러므로 세계시민사회는 특수성과 보편성을 모두 가지고 있으며 이를 조화롭게 추구해야 한다고 보았는데 이러한 과제를 해결할 수 있는 것 중 하나로 다문화교육을 꼽고 있다. 특히 쟁점 중심 다문화교육은 다양한 배경과 문화를 바탕으로 발생하고 있는 초국가적 쟁점을 공적이고 보편적인 방식으로 해결하고자 하는 세계시민사회와 잘 부합한다고 보았다. 이러한 다문화교육이 반드시 특정 과목에만 국한될 필요는 없지만, 사회과가 세계 여러 나라의 역사, 지리, 문화, 정치, 경제 등을 내용으로 다룰 뿐만 아니라 학습 방법에 있어서도 세계시민사회의 성장과 다문화교육을 적용하기에 적합하다고 보고 있다.

세 번째 주제인 지속가능발전과 세계시민교육에 대한 연구는 최근에 증가하고 있는 추세이다. 김영순 외(2016)와 김광호(2016)은 세계시민교육과 지속가능발전 교육의 연계방안에 대해 연구하였고, 성열관(2010)은 세계시민교육과 지속가능발전 교육의 핵심 요소에 대해 언급하였으며, 오세경 외(2016)은 세계시민교육과 연계한 지속가능발전교육에 대한 초·중등학교 교사의 인식에 대해 연구하였다.

세계시민의 개념은 다양한 해석이 존재하지만, 공통적으로 이해되는 것은 국가의 범주를 넘어선 더 넓은 커뮤니티에서 느끼는 공통의 감정과 국내와 국제간뿐만 아니라 사람들 간의 연결성을 강조하는 소속감을 의미한다. 또한 지속가능발전은 미래 세대가 자신의 필요를 충족시킬 수 있는 능력을 훼손하지 않고 현세대의 필요를 충족시키는 것으로 이해될 수 있다. 이러한 세계시민성과 지속가능발전은 우리가 살고 있는 세계에 대응한다. 이 개념들은 갈등, 집단 간의 긴장, 테러리즘, 급진주의, 기후 변화, 환경 파괴 및 천연자원의 공평한 관리와 같은, 우리 모두에게 영향을 미치는 현재의 세계의 도전 과제를 해결하는 것을 목표로 한다. 세계시민성과 지속가능발전은 평화롭고 지속가능한 사회를 건설해야 한다는 공도의 시급한 필요를 해결하는 것을 목표로 한다. 또한 세계시민교육과 지속가능발전교육은 공동의 비전을 추구한다. 이 두 교육은 학습자가 학습하는 내용뿐만 아니라 학습하는 방법 및 학습 환경까지도 중요하게 다루며 행위, 변화, 변혁을 중요하게 여기며, 세계적 도전에 대응하기 위한 가치와 태도를 함양하는 데 초점을 두고 있다.

김영순 외(2016)는 세계시민교육과 지속가능발전교육의 연계 방식과 이를 위한 이론적 토대를 탐색하고자 하였다. 이러한 연구 수행을 위해 세계시민교육과 지속가능발전교육 관련 선행 자료와 문헌을 분석하였고, 환경, 사회·문화, 경제, 시민교육 등의 영역으로 구성된 9명의 전문가를 인터뷰하였으며 이를 통해 세계시민교육과 지속가능발전교육의 연계 방식 및 연계 방안에 대한 의견을 수렴하여 질적 자료 분석 소프트웨어 프로그램인 Nvivo 10을 사용하여 코딩·해석하였다. 연구 결과 세계시민교육과 지속가능발전교육이 궁극적으로 추구하는 교육 지향점과 교육내용 및 영역 측면에서 유사성을 가지고 있음을 확인한 반면, 강조점과 초점, 근본적인 핵심 전제에서는 차이점이 있다는 것을 밝혀냈다. 지속가능발전교육은 실천과 행동을 강조하였지만, 세계시민교육은 행위 주체의 가치 형성과 역량 강화를 강조하였고, 지속가능발전교육은 시간적 차원의 안정성과 지속성을 강조하는 반면, 세계시민교육은 '우리' 혹은 '그들' 간의 연결고리를 찾는 것에 초점을 두었다. 또한 진정한 지속가능발전이 가능하기 위해서는 엄격한 규제 및 국가 개입이 전제가 되어야 하는데, 이는 세계시민교육이 기본 전제로 하고 있는 대의민주주의 사회와 모순 관계가 놓인다고 보았다.

세계시민교육과 지속가능발전교육을 연계하는 방안으로는 많은 전문가들이 교육과정을 통한 연계 및 실천의 필요성을 제시하였다. 또한 세계시민교육과 지속가능발전교육을 교육과정에 편입시키기 위해서 교육과정을 사전에 검토한 후 적절한 수준으로 교육과정에 편입시켜야 한다는 의견도 있었다. 따라서 관련된 학회와 전문가의 워크숍 등을 통해서 두 영역 간의 연계 방식 및 방안에 대한 세밀한 연구가 필요하다고 보았다.

세계시민교육과 지속가능발전교육의 연계 및 학교 현장에서의 활성화를 위해서는 현재 사용되고 있는 교화를 보완할 수 있는 교재가 개발되어야 한다고 보았다. 특히 세계시민교육과 지속가능발전교육이 연계될 경우, 이를 현장에 적용하기 위해서는 교사 연수가 필수적인데, 이 교사 연수에서 사용될 교재 등이 함께 개발되어야 할 것이다. 이를 위해서는 교사가 중심이 되는 학습 공동체 및 연구회를 중심으로 수업 프로그램을 개발하고, 우수 프로그램을 공유하는 등의 방법이 효과적일 수 있을 것이다. 하지만 무엇보다도 가장 시급한 것은 국가적 차원에서 세계시민교육과 지속가능발전교육을 연계하는 교육과정을 운영할 수 있는 장을 마련해 주는 것이다. 지금까지는 현장의 교사들이 각자의 방식으로 교육과정을 재구성하고 수업에 필요한 교재 등을 스스로 제작하여 수업을 운영해 왔다. 하지만 이제는 국가 차원에서 수업 지도안이나 실제 사례를 공유함으로써 학교 중심으로 교육과정을 협의·재구성하여 세계시민교육과 지속가능발전교육을 연계하여 실천하고 활성화 할 수 있게 해야 할 것이다.

네 번째 주제인 세계시민교육에 대한 인식 연구는 학교 현장에서 근무하는 교사들의 인식에 대한 연구가 대부분이었다. 장의선 외(2016)은 세계시민성에 대한 중학생과 교사의 인식에 대해 연구하였고, 양미석 외(2017)는 중등 예비교사와 현장 교사의 인식에 대해 연구하였다. 또한 이성회(2016)는 세계시민교육에 대한 교사들의 인식을 확인하고 그에 대한 현실적인 딜레마에 대해서도 연구하였다. 이들 연구 가운데 이성회(2016)와 장의선 외(2016)의 연구에 대해 좀 더 확인해 보면서 세계시민교육에 대한 교사들의 인식 수준과 문제점, 그리고 개선 방안에 대해 확인해 보도록 한다.

이성회(2016)는 세계시민교육에 대한 학교 현장에 기반을 둔 경험적 연구가 상대적으로 부족하다는 데에서 출발하였다. 특히 국가 정책적 투입이 시작되기 전부터 세계시민교육을 자발적으로 수행해 오던 교사들이 세계시민교육의 개념에 대한 이해와 현실적 딜레마를 겪고 있다는 데에 초점을 맞추었다. 이를 위해 총 34명의 교사를 대상으로 면담 및 포커스그룹 인터뷰를 진행하는 방식으로 사례연구 방법을 활용하였고 이를 통해 교사들이 공통적으로 입시 위주의 경쟁 구도로 대변할 수 있는 전통적인 수업 패러다임을 대체할 수 있는 대안적인 패러다임으로 세계시민교육을 인식하고는 있으나 여전히 그 개념을 명확하게 정의하는 데 어려움을 겪고 있음을 확인하였다.

장의선 외(2016)는 세계시민성에 대한 중학교 학생과 교사의 인식 실태를 분석하였다. 이 연구를 위해 연구진들은 세계시민성의 개념을 지구 시민성, 글로벌 시민성 등 유사한 개념들과 비교·분석하여 명료화 하였고, 이를 준거로 학생과 교사의 세계시민성에 대한 인식 실태를 기술하고 분석하였다. 우선은 세계시민성을 첫째, 다양한 공간적 스케일에 따른 탄력적·역동적·중첩적 시민성, 둘째, 지구 공동체의 구성원으로서 의식과 행동을 강조하는 시민성, 셋째, 보편과 특수의 상호보완적 관계를 통해 세계를 조망할 수 있는 시민성으로 재개념화하였다. 이후 학생의 인식 실태는 인지적 영역, 사회·정서적 영역, 행동적 영역으로 구분하여 설문 조사를 하였고, 설문 결과를 통해 영역별로 중요한 것으로 파악된 문항을 선정하여 분석하였다. 그 결과 세계화 및 세계 체제에 대한 이해, 국가 정체성과 지구 공동체의 관계에 대한 인식, 글로벌 이슈에 대한 자기 효능감과 실천 의지가 학생들에게 중요한 것으로 파악되었다. 교사의 인식 실태는 세계시민성의 개념 인식 실태와 세계시민교육 현황에 대한 인식 실태로 나누어 분석한 다음, 세계화 현상에 대한 정보와 인식을 포함한 지식, 세계시민교육 프로그램 운영 등의 주요 구성 요인들에 대해 해석하였다. 그 결과 세계시민교육의 개념과 특성에 대한 기초적 교사 연수와 교과별 특성을 고려한 교사 역량을 실질적으로 강화할 수 있는 교수·학습 매뉴얼의 개발 및 보급이 요구되었다. 한편 많은 교사가 세계시민교육에 대한 필요성에는 공감하고 있지만, 기존의 다문화교육, 인권교육, 지속가능발전교육 등과 유사하다고 생각하는 비율이 높게 나타났다. 따라서 세계시민교육의 활성화를 위해서는 세계시민성에 대한 교사의 정확한 이해가 필요하다고 지적하였다.

세계시민교육의 연구에 대한 주제는 세계시민교육 관련 정책에 대한 연구이다. 세계시민교육 정책에 대한 연구는 우선 유혜영 외(2017)는 시·도교육청의 세계시민교육 정책 현황을 분석하였으며, 이긍연(2017)은 한국 공교육 내에서의 세계시민교육 정책과 실행에 대해서 연구한 것이 있었다.

유혜영 외(2017)는 세계시민교육의 개념과 주제를 검토해서 분석틀을 도출하고, 이를 17개 광역시·도교육청의 2017 주요업무계획에서 추출한 654개 세계시민교육 관련 정책을 분석하였다. 한국 사회에서 세계시민교육은 국제·다문화·시민·평화·환경교육과 같이, 세계화에 대응하기 위한 교육의 역할에 대한 기존의 논의가 진화하고 수렴된 포괄적인 개념으로 볼 수 있다(김진희, 2015; 이성회 외, 2015; 이윤주, 2016; 유혜영 외, 2017). 이러한 특징을 고려해서 각 시도교육청의 세계시민교육 관련 정책을 세계시민교육의 주제 영역인 국제교육, 다문화교육, 시민교육, 평화교육, 환경교육에 따라 분류하였으며, 평화와 인권 강화와 같이 두 가지 이상의 주제를 포함하는 경우에는 구체적인 사업 내용을 토대로 가장 관련성이 높은 하나의 주제로 분류하였다. 그리고 각 교육청이 주요업무계획에서 제시한 정책사업의 내용뿐만 아니라 관련 기사와 공문 등의 다양한 자료를 참고하여 보다 면밀하게 사업내용을 확인하고 정책을 분류하였는데, 이 과정에서 세계시민교육을 위한 생태환경조성, 다문화·탈북 학생 실태 및 현황 파악, 국제교류 활동 지원체제 구축, 학교자치조례 제정 등과 같은 교육활동을 위한 기반 조성의 성격을 지닌 정책은 기타의 범주로 분류하였다.

이에 대한 분석 결과는 다음과 같다. 첫째, 경기도교육청을 제외한 나머지 지방교육청 단위에서는 세계시민교육 정책을 전담하는 부서나 담당자가 존재하지 않았고, 교육청에 사정에 따라 여러 부서에서 관련 정책을 추진하는 것으로 나타났다. 둘째, 세계시민교육의 주제별로 볼 때, 시도교육청의 정책은 주로 시민교육에 초점을 맞추고 있으며, 주제별 비중의 차이에는 지역교육청의 정책 방향이나 교육감의 정치적 성향, 그리고 지역의 맥락 등 복합적인 요인에 영향을 받고 있었다. 셋째, 시도교육청의 세계시민교육 정책은 교육청별로 다소 차이는 있지만, 전체적으로는 교내외 교수-학습 활동 지원 사업의 비중이 컸다.

각 시도교육청의 세계시민교육이 지역의 특성에 따라 다르다는 것은 어쩌면 당연할지도 모른다. 하지만 세계시민교육이 국가나 지역을 넘어서 전 지구적인 문제의 해결을 도모하기 위한 연대와 협력을 강조한다고 할 때, 지역의 교육정책 내에서 지역의 특수성과 글로버 이슈를 어떻게 연계시킬 것인가에 대한 진지한 고민이 필요하다고 할 수 있다. 또한 시도교육청의 세계시민교육 정책은 각 주체가 독립적으로 추진될 뿐만 아니라, 사업의 내용 면에서도 교육과정개발운영, 교원역량강화, 교수-학습활동 지원이 유기적으로 연계되지 못하고 있는 실정이다. 게다가 초·중·고 교육인 중등교육을 담당하는 시도교육청의 특성상 고등교육 단계에서 이루어지는 세계시민교육과의 연계도 이루어지지 못하고 있었다. 많은 대학에서 초·중등교육과 고등교육을 연계하는 프로그램을 진행하고 있지만, 대학은 행사의 기획과 운영에 필요한 물적·인적 자원만을 제공할 뿐, 행사의 주체는 초·중등학생과 교사에 한정되었고 그래서 초중고 청소년과 교사의 세계시민의식 함양에는 긍정적인 효과를 보였지만, 사실상 대학생의 참여가 없었기 때문에 고등교육과 연계한 세계시민교육이라는 측면에서는 분명한 한계점을 가지고 있었다는 것을 확인하였다.

이긍연(2017)은 우리나라 공교육 내 세계시민교육의 정책과 실행에 대해 연구하였다 이 연구를 위해 먼저 2015 개정교육과정 교과서 안에 나타난 세계시민교육에 대해 확인하였는데, 2015 개정교육과정이 지역·국가·

세계 공동체의 구성원에게 요구되는 가치와 태도를 가지고 공동체 발전에 적극적으로 참여하는 공동체 역량을 핵심 역량으로 제시하는 것으로 확인했다. 또한 민주시민교육, 인권교육, 다문화교육, 환경·지속가능발전교육을 범교과 학습주제로 포함시켜야 한다고 주장한다. 이어서 서울시 교육청의 세계시민교육 정책과 전략을 살펴보고 우수 사례를 확인하고 있는데, 서울시 교육청이 공존과 상생의 세계시민교육 확산을 위해 학교별 세계시민교육의 자율 시행 지원, 세계시민교육 교원역량 강화 및 활성화를 위한 기반 마련, 세계시민교육 전문가 네트워크 구축 등 다양한 정책을 추진하고 있다는 것을 확인하였다. 마지막으로 국제개발교육기관의 공교육 내 세계시민교육 접근 및 확산을 위한 제언으로 첫째, 세계시민교육 확산을 위한 유기적 협력 네트워킹의 지속적 강화; 둘째, 일반 학교의 세계시민교육 컨설팅 및 교육 프로그램 지원 등을 제안하고 있다.

지금까지 세계시민교육의 연구 동향을 각 주제별로 간략히 확인해 보았다. 연구 동향을 분석하면서 몇 가지 제언하고자 하는 내용은 아래와 같다.

첫째, 세계시민교육을 학교교육과정에 적용시키기 위한 노력으로 세계시민교육과 각 교과를 연계시키는 연구가 많은 비중을 차지함에도 불구하고, 그 교과가 지극히 한정되어 있다는 점이다. 사실 세계시민교육은 사회과교육과 아주 밀접한 관계를 가지고 있다. 즉, 사회과 교육의 한 부분으로서 세계시민교육을 인식할 수도 있을 것이다. 하지만 세계시민교육은 우리가 세계시민으로서 살아가기 위해 습득해야 하는 세계시민성에 대한 교육이고, 그 세계시민성이 사회과의 가치에만 어울리는 것은 아닌 것이다. 따라서 세계시민교육과 각 교과를 연계하는 연구에 있어서 최소한 학교교육과정 내에 포함되어 있는 모든 과목과의 연계를 추구해야 할 것이다.

둘째, 기존의 교육과정에 대한 연구가 또한 초등학교 교육과정에 대한 연구가 주(主)를 이루고 있다. 세계시민교육이 유초등교육부터 시작되어야 한다는 점에는 이견이 없다. 하지만 학교교육과 연계시키는 연구에서 대부분이 초등교육과정과의 연계에 대한 연구가 있다는 것은 상대적으로 중등교육과정과의 연계가 부족하기 때문에 형평성이 맞지 않는다고 볼 수 있다. 초등교육에서 세계시민교육을 시작하는 것도 중요하지만, 그 아이들이 성장하고 진학하는 것과 맞물려서 중등교육과정에서 세계시민교육을 어떻게 실시할 것인지에 대한 고민과 연구가 필수적이라고 할 수 있다.

셋째, 연구 동향에서 살펴보았을 때, 지속가능발전교육과 세계시민교육을 연계하는 연구가 시도되었다. 하지만 앞으로의 세계적인 추세를 보았을 때, 지속가능발전교육과 세계시민교육에 대한 관련 연구가 더 많이 진행되어야 할 것이다. 세계시민교육을 국제사회의 의제로서 지속가능발전교육과 연계하여 연구하기 위해서는 세계시민교육에 대한 깊이 있는 연구를 토대로 지속가능발전교육의 핵심적 가치를 구현해야 할 것으로 보인다.

2장 지속가능발전교육과 세계시민교육의 관계

"교육은 우리가 세계 공동체의 시민으로서 함께 묶여 있고 우리의 도전이 서로 연결되어 있다는 깊은 이해를 제공해준다." - 반기문, 전 유엔사무총장

1. 지속가능발전교육

1) 지속가능발전교육의 배경

지속가능발전교육(Education for Sustainable Development: ESD)에 대해 이해하기 위해서는 먼저 지속가능발전(Sustainable Development: SD)에 대한 기초적인 이해가 필요하다.

인간의 환경 파괴와 천연자원의 고갈 문제에 대한 염려가 지속적으로 확산되는 가운데 곧 닥치게 될 범지구적 위기를 피하기 위해 국제적 협력의 필요성이 제기되었다. 이를 위해 '부룬틀란트 위원회(Brundtland Commission)'라고 불린 세계환경개발위원회(World Commission on Environment and Development)가 1983년 조직되었다. 이 위원회가 1987년에 발간한 「우리들 공동의 미래(Our Common Future)」라는 보고서에

서 '지속가능발전(Sustainable Development)'이라는 단어를 처음 공식적으로 사용하였다.

또한 '지구정상회의(Earth Summit)' 혹은 '리우회의(Rio Summit)'라 불리는 '환경 및 개발에 관한 유엔회의'는 1992년 6월 브라질의 리우데자네이루에서 전 세계 185개국 정부 대표단과 114개국 정상 및 정부 수반이 참여한 가운데 '지구를 건강하게, 미래를 풍요롭게'라는 슬로우건 아래 회의를 개최한 바 있다. 이 회의에서 각국의 정상들은 악화되어가는 지구환경을 지키기 위해 전 지구적 동반자 관계를 형성하고 지속가능한 발전에 노력하기로 약속하였다. 그 약속의 일환으로 27개의 원칙으로 만들어진 「환경과 개발에 관한 리우선언(Rio Declaration on Environment and Development)」을 채택하고, 환경보전을 위한 행동계획으로 「의제 21(Agenda 21)」을 제안하였다. 사람의 생각과 행동이 변화해야 지속가능발전이 이루어질 수 있기에 「의제 21」은 사람의 변화를 이끄는 교육의 중요성을 강조하였다.

2002년에는 일명 'Rio+10'이라 불리는 '지속가능발전 세계정상회의(WSSD)'가 남아프리카공화국의 요하네스버그에서 개최되었고, 이 회의의 결과로 '요하네스버그 선언'과 「의제 21」의 구체적인 실천 계획인 '이행 계획(Plan of Implementation)'을 채택하였다. 이 계획에 의하면 교육과 학습을 통해 스스로의 삶의 태도와 가치관의 근본적인 변혁 없이는 지속가능한 미래가 만들어질 수 없다는 국제사회의 공통된 인식하에 2002년 12월에 열린 제57차 유엔총회에서는 2005년부터 2014년까지를 'UN 지속가능발전교육 10년(Decade of Education for Sustainable Development, DESD)'으로 정하였다. 이 기간에 세계 각국 정부가 지속가능발전의 원칙과 가치, 시행 방침을 모든 교육과정에 통합하기 위해 노력하는 등 지속가능발전교육에 집중하도록 요청하였다.

지속가능발전은 현재의 인류가 선택하고 있는 발전이 장기적으로 보았을 때 지속되지 못할 것이라는 문제의식에서 출발한다. 현재 우리 인류의 발전은 과도한 에너지 소비, 화석에너지에 의존한 산업 활동, 가진 자에게 더 많은 것을 갖게 하는 사회 구조와 같은 것들이 이에 해당된다. 지금과 같은 방식의 발전이 계속 된다면 에너지 문제, 국가 간 분쟁, 사회적인 혼란, 환경 문제 등이 심화되어 조만간 인류의 발전은 멈추거나 오히려 후퇴하게 될 것이다. 이렇게 발전이 지속되지 못하는 상태를 '지속 불가능한 발전'이라고 부른다.

지속가능발전은 이러한 지속 불가능한 발전의 형태를 극복하고 장기적으로 지구에서 인간과 인간 이외의 모든 생물 종이 함께 발전해가면서 삶을 유지하는 것을 목적으로 한다. 즉, 인류가 지금까지 추구해 왔던 물질적 성장 중심의 발전 패러다임에서 벗어나 장기적으로 지속될 수 있는 새로운 방식의 발전 패러다임을 의미한다. 이러한 새로운 발전의 형태를 많은 사람이 공감할 수 있도록 도와주고 삶의 형식을 바꿀 수 있도록 하는 데 효과적인 것이 바로 '교육'이다.

지금 지구적으로 발생하고 있는 여러 문제를 보면 현재까지 많은 국가가 중점을 두고 있던 일반적인 교육, 즉 기초 교육만으로는 지속 불가능한 발전에서 벗어날 수 없다는 것이 점점 확실해지고 있다. 따라서 지속가능한 발전을 위해 미래 세대와 현세대가 지속가능발전의 개념을 알고 이를 위해 행동할 수 있도록 도와줄 수 있는 교육이 대두되고 있고, 이러한 교육을 '지속가능발전교육(ESD)'이라고 한다.

지속가능발전교육은 다음 <그림 2-1>과 같이 '환경, 경제, 사회' 세 영역 모두를 고려한 교육을 의미한다. 이는 어떤 프로그램이 지속가능발전교육 프로그램이라면 환경적, 사회적, 경제적 영역을 동시에 고려한 프로그램이라는 것을 의미한다.

지속가능발전교육의 세 영역 중 환경적 영역은 환경과 관련된 지식, 친환경적 가치와 태도, 환경 보전을 위한 행동 등을 의미한다. 사회적 영역은 지역적, 지구적 차원에서의 평화와 평등, 인권 등과 같은 사회적 가치를 다루는 것을 의미하며, 경제적 영역은 인간이 최소한 인간적인 삶을 유지할 수 있는 수준으로 경제적인 발전이 이루어지는 것을 의미한다.

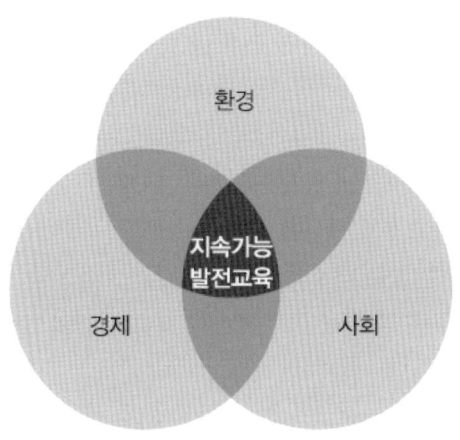

〈그림 2-1〉 지속가능발전교육의 영역

2) 지속가능발전목표(SDGs)의 개념

1987년 세계환경개발위원회가 발간한 「우리들 공동의 미래(Our Common Future)」는 '지속가능발전(Sustainable Development)'을 "미래 세대가 그들의 필요를 충족시킬 능력을 저해하지 않으면서 현재 세대의 필요를 충족시키는 발전"으로 정의하고 있다. 다시 말해 지속가능발전이란 지구 환경을 보호하고 빈곤을 구제하며, 장기적으로는 성장을 이유로 단기적인 자연자원을 파괴하지 않는 경제적인 성장을 창출하기 위한 방법들의 집합을 의미한다.

지속가능발전교육은 그 영역의 광범위성, 불규칙성, 무정형성으로 인해 이해의 난해성을 보이고 있어서, 지역이나 어떤 사회집단의 이해관계와 그 특수성에 따라 부여되는 의미나 개념의 정의가 달라진다. 일반적으로, 지속가능발전교육은 현세대와 미래 세대가 모두 생태적으로 건전하고, 경제적으로 진취적이며, 그리고 가치관을 계속적으로 계발하고 함양시키는 데 기여한다. 이로써 해당 사회의 구성원들이 개인적이면서도 공동체적 행동을 통하여 지속가능한 미래에 대해 책임감을 가지고 창조적으로 공동의 선을 이루어 나갈 수 있는 시민을 양성하는 동적인 과정으로 정의된다.

또한 지속가능발전은 경제·사회·환경이라는 세 개의 축으로 구성되어 있는데 경제적 측면에서 자원의 효율적인 배분을 통한 경제 성장의 추구, 사회적 측면에서는 빈곤해소와 소득분배 개선, 사회통합 및 역량강화에 초점을 두고 있으며, 환경적 측면에서는 자원 고갈의 방지와 환경훼손의 최소화를 목표로 삼고 있다.

신동원 외(2010: 14~15)에 의하면 지속가능발전교육은 하나의 과정으로서 교육이지만, 실천 목표를 달성하는 것도 중요하다고 강조하면서 지속가능발전교육을 현실화하고, 발전시키기 위하여 유네스코가 제시하고 있는 실천 목표를 다음과 같이 제시하고 있다.

- 지속가능발전에 있어 교육의 역할을 제고
- 이해 관계자들의 네트워크 구성
- 지속가능발전 촉진을 모든 형태의 학습과 홍보 역량 집중
- 지속가능발전을 위한 교육의 질 향상
- 지속가능발전교육 능력 향상을 위한 각각의 수준에 따른 전략 개발

이와 더불어 신동원 외(2010)는 유네스코가 제시한 지속가능발전교육의 특징을 다음과 같이 정리하고 있다.

- 지속가능발전의 원리와 가치에 바탕을 둠
- 환경, 사회, 경제 세 분야의 지속가능성과 그 건강성을 다룸
- 평생교육을 장려
- 지역적으로 적절하며, 문화적으로 어울림
- 지역적 수요와 통찰, 그리고 여건에 기초하나, 지역적 수요에 충실한 것이 자 주 국제적인 효과와 중요성을 가져다줄 수 있다는 사실을 인식
- 교육의 형태는 학교교육, 비정규교육, 경험교육 모두를 포함
- 지속가능성 개념은 진화한다는 본질을 감안
- 지역적 배경과 지구적 이슈와 지역적 우선순위를 고려하여 문제를 선정
- 지속가능한 사회에서 갖추어야 할 시민적 능력(지역사회에 뿌리를 둔 의사결정, 사회적 관용, 환경적 청지기 정신, 적용 가능한 노동력, 그리고 삶의 질)을 배양
- 학제적이고, 다학문적이며, 통합 학문적으로 모든 학과가 지속가능발전교육에 기여
- 참여적 학습과 고차원적인 사유능력을 증진시키는 다양한 교수법을 사용, 예를 들어 문제해결 방법 활용, 이론과 실제를 통합한 교육 활동, 실천을 중시하는 교육

나아가 2015년 9월 UN 총회에서 193개국 대표들이 만장일치로 '지속가능발전목표(Sustainable Development Goals: SDGs)'를 지구의 미래를 위한 새로운 개발 목표로 승인하였다. 이 지속가능발전목표는 전 세계의 지속가능한 발전을 실현하기 위해 2016년부터 2030년까지 15년간 유엔과 국제사회가 달성해야 할 목표들을 의미한다. 지속가능발전목표는 다음 <그림 2-2>과 같이 17개 목표(Goal)로 되어 있다. 하위 요소로는 169개 세부목표로 구성되어 있어 다양한 영역에 대해 구체적인 목표를 제시하고 있다.

〈그림 2-2〉 UN 지속가능발전 17가지 목표

특히 과거 개발 목표에 비해 이 지속가능발전목표는 사회발전 측면과 환경의 지속가능성, 적절한 경제적 발전까지를 모두 아우르고 있다. 그래서 다가올 미래 사회가 균형 있고, 장기적인 발전이 가능하도록 구성되었다는 특성이 있다.

지속가능발전목표의 성공적인 이행을 위해서는 모든 주체가 참여하고 행동하는 것이 중요하며, 국가와 지역의 상황에 적절한 방법을 찾는 것 역시 중요하다. 이 책에서 제안하는 방법이 바로 세계시민교육이라는 교육적 솔루션이다.

3) 국제사회의 지속가능발전교육 정책 동향

앞서 밝힌 바와 같이 지속가능발전교육은 1990년대 말부터 2000년대 초에 환경 교육과 발전 교육 같은 분야를 통합하는 관점에서 출현한 상대적으로 새로운 교육 패러다임이라고 할 수 있다(Vladimirova, 2015: 238).

국제사회에서 이루어진 지속가능발전교육 아젠다 논의의 동향을 살펴보면, 지속가능발전에 있어 교육의 중요성이 처음으로 인식되었던 시기는 'The World Declaration on Education for All'과 'Agenda 21'이 선언되었던 1990년대 초기라고 할 수 있다. 그 후 2000년대에 들어 지속가능발전을 지지하는 삶의 가치를 형성하는 데 있어서 교육의 핵심적인 역할을 정립하려는 시도가 이루어졌다. 이는 2000년대 공표된 'Millennium Development Goals(MDGs)'와 함께 모두를 위한 교육에 관한 다카르 선언에서 2005년부터 2014년까지 10년간 DESD가 설정된 것이 해당된다. DESD 기간 동안 지속가능발전교육은 전 지구적인 교육 아젠다로 선언되었다.

DESD 기간 동안에도 2012년 'Future We Want' 보고서, 2014년 Global Action Programme(GAP) 등 지속가능발전을 교육에 접목시키고자 하는 국제사회의 다양한 노력이 이루어졌다. 특히 GAP 같은 경우에는 지속가능발전을 위한 교육과 학습의 모든 영역에 있어 정책, 기관, 교육자, 학습자, 지역사회 간의 협업과 실천을 강조하였다.

Vladimirova(2015)는 지속가능발전교육에 있어서 미래 지향적인 관점의 역할을 규명하고자 DESD 기간 동안 UNESCO에서 발간한 일련의 문서들을 분석하였다. 그에 따르면, UNESCO(2009)에서 발간한 DESD 관련한 첫 번째 보고서에서는 ESD에 관한 구조와 맥락에 대해 검토하였다. 이 보고서에서 사회, 환경, 경제적인 측면에서의 지속가능발전은 세대 내와 세대 간의 상호관련성을 중심으로 논의하였다. 또한 '미래지향적인 사고'는 비판적인 반성적 사고와 가치를 명확히 규명하는 능력과 함께 14가지 ESD 학습 결과 중 하나로 여겨지는 것을 발견할 수 있다. 이러한 맥락에서 UNESCO(2009)에서는 미래 지향적인 교사 교육이 강조되었다.

UNESCO(2012)에서 발간한 DESD에 대한 두 번째 보고서는 ESD를 "미래를 위한 교육이자 모든 곳의 모두를 위한 교육"이고, "녹색 사회와 경제로의 성공적인 이행을 보장하기 위한 필수적인 요소"라고 정의하였다(UNESCO, 2012: 12). "미래에 대한 예측·기대·계획을 가지고, 앞을 내다보는 방식으로 사고하며 불확실성을 다루는" 능력이 포괄적인 지속가능능력(sustainability competences)에 대한 목록의 첫 번째 목록으로 제시되었다.

Vladimirova(2015)에 따르면, DESD에 대한 세 번째이자 마지막 보고서(UNESCO, 2014)는 지속가능발전교육 학습이 개인이 가진 가치를 명확히 하고 보다 긍정적이고 지속가능한 미래를 그려보는 것을 포함한다고 규정하였다. 이 두 가지 요소는 지속가능을 향한 가치 전환에 있어 결정적이라는 점에서, UNESCO(2014)가 새로운 교육 아젠다의 일부분으로서 미래에 대한 비전과 가치를 강조하였다는 점을 보여주고 있다.

UNESCO는 DESD 시기에 발간한 일련의 보고서에서 '세대 간 책임(intergenerational responsibility)'이라는 용어를 사용하였다. 미래 지향적인 관심은 지속가능발전교육에서 중요한 역할을 한다는 것을 염두에 둔다면 Pigozzi(2010)의 주장을 이해할 수 있다. 그에 따르면 DESD에서 제시한 교육의 목표와 비전은 DESD가 설정한 10년이라는 시간의 틀을 훨씬 뛰어넘는 것이라고 할 수 있다.

Vladimirova(2015)가 평가하듯이, DESD를 거치면서 지속가능발전교육의 개념적이고 윤리적인 토대가 규명되었다고 할 수 있다. 자신의 자녀들만을 고려하는 것이 아니라 "우리가 사는 동안 절대 만날 수 없을 미래의 후속 세대"와 "얼굴을 모르는 외딴곳의 사람들"(Vladimirova, 2015: 225)에 대한 도덕적 책임을 가지도록 해야 한다는 것이다. 이는 소비 지향적이고 개인의 안녕에만 초점을 맞추는 현재의 삶의 방식이 지속 불가능함을 인식하고, 인류가 하나의 공동체라는 가치의 전환을 이끌어내야 함을 의미한다. 즉, 지속가능발전교육을 통해 미래 지향적인 사고를 지니고 인류 공동체의 구성원으로서 미래 세대가 겪을 환경적 재앙을 최소화할 수 있는 방향으로 자신의 현재 행동을 결정해야 한다는 것이다.

4) 지속가능개발목표(SDGs) 맥락에서의 지속가능발전교육

2014년 7월에 개최된 Post-2015 개발 아젠다의 일환으로 UN 주관 하에 지속가능개발목표(SDGs)에 대한 협의가 이루어졌다. 빈곤을 줄이고 사회의 형평성, 환경 보호, 전 지구적 번영을 촉진하고자 17개의 목표가 지속가능개발목표로서 제시되었고, 그중 목표 4는 바로 교육에 대한 내용을 담고 있다.

예를 들어, SDGs의 4번째 목표인 '모두를 위한 포용적이고 공평한 양질의 교육 보장 및 평생학습 기회 증진'이며, <세부목표 4.7>은 다음과 같다. "2030년까지 모든 학습자들이 지속가능발전교육 및 지속가능생활방식, 인권, 성평등, 평화와 비폭력 문화 증진, 세계시민의식, 문화다양성 및 지속가능발전을 위한 문화의 기여에 대한 교육을 통해 지속가능발전을 증진하기 위해 필요한 지식과 기능을 습득하도록 보장한다"는 것이다. 이러한 세부목표는 MDGs에서는 한 번도 논의된 적 없는 새로운 교육목표로서, 비인지적 역량 강화에 초점을 둔 것이라고 할 수 있다.

또한 2015년에는 '인천선언'을 통해 지속가능발전에 있어 세계시민성을 강조하였다. DESD 시기에 이루어졌던 미래 지향적 사고에 관한 논의를 고려할 때, 지속가능발전교육을 세계시민교육과 연계하려는 시도는 필연적이라고 할 수 있다. "세대 간 책임"은 인류에 대한 공동체 의식과 자신의 가족 외의 타인에 대한 도덕적 책임을 바탕으로 한다고 할 수 있기 때문이다. 한편, 2015년에는 'HESI Partner of GAP'이 이루어지면서 고등교육 기관에서의 지속가능발전에 관한 연구와 교육을 장려하기 위하여 UN 산하기구 간 스폰서십을 체결하였다. 이를 통해 지속가능발전교육이 초·중등학교 수준에서 고등교육의 수준까지 확장되는 것을 알 수 있다.

2. 세계시민교육 현황 및 발전방향

1) 국내외 세계시민교육 정책 동향

2012년 9월 반기문 전유엔사무총장은 글로벌교육우선구상(GEFI, Global Education First Initiative)의 세 가지 우선 과제 중 하나로 '세계시민의식 함양'을 강조하였다. 또한 UNESCO(2013: 9)에서 발간한 세계시민교육 관련 보고서에 따르면, '지구를 위협하는 기존의 난제들과 앞으로 나타날 세계적 난제들의 해결'을 위해 교육의 역할이 강조되고 있음을 표명한 바 있다. 이런 맥락에서 교육의 역할이 '더 정의롭고, 평화로우며, 포용적인 사회 건설을 향해가고 있음'을 알 수 있다.

영국 옥스퍼드 위원회는 'Oxford Committee for Famine Relief'란 이름의 기구를 설치하여 기근 구제에 노력하고 있다. 이 기구는 1942년에 시작한 세계 최대 국제 구호개발기구로서 70여 년 동안 전 세계 100여 개국에서 빈곤 문제의 근본적인 해결을 위해 지역사회 개발과 교육은 물론, 현지 정부와 영향력 있는 다양한 국제기구와의 협력관계를 통해 정책 입안 등에 영향력을 발휘하고 있다.

유네스코 아시아태평양 국제이해교육원(2015)은 유네스코가 권장하는 세계시민교육 교수학습 길라잡이를 소개했는데 이는 유네스코가 제시한 세계시민교육 교수·학습 가이드 지침서의 내용을 강조한 것이다. 이에 따른 국가별 교육정책 사례 현황을 살펴보면 다음과 같다. 첫째, 호주의 경우 세 가지 범교과적 고려 사항 및 세계시민교육과 관련된 일곱 가지 보편적 역량을 포함시키고, 전반에 걸쳐 지속가능성, 아시아와 호구 간의 연결관계, 호주 원주민의 역사와 문화를 포함하여 보편적 역량에는 문해력, 산술능력, 정보통신기술(ICT)능력, 비판적·창의적사고, 개인적·사회적 능력, 문화간 이해, 윤리적 행동을 포함하여 적용시키고자 노력하고 있다.

둘째, 콜롬비아의 경우 네 가지 핵심역량(언어·수학·과학·시민) 계발을 목표로 정하고, 타당성 논증, 타인에 대한 배려, 의사소통 기술, 행위에 대한 성찰, 지식, 교실과 학교 및 공동체 문제에 적극적으로 참여하기 등을 포함하여 범교과적인 방식으로 계발을 시도한다.

셋째, 인도네시아의 경우 세계시민교육과 관련된 핵심역량(정직한 행동, 책임감, 관용과 상호이해와 같은 배려를 통한 사회적 태도)을 포함시킨다.

넷째, 필리핀의 경우 2012~2013년도 더불어 살기 위한 학습을 시작하였고, 세계시민교육과 직접적으로 관련된 가치교육은 자아 존중감, 타자와의 조화, 애국심, 국제적 결속 및 연대감과 같은 주제를 포함시켰다.

다섯째, 튀니지의 경우 2000년 역량기반 학습법을 도입하여 지속가능발전의 원칙과 여성의 권한 및 성 평등을 강조하는 개정 시민교육과정은 국제 및 협력기구를 통해 시행하고 있다.

한경구 외(2015)에서는 세계시민교육의제에 대한 주도권 확립의 체계적인 전략 설정을 위하여 2015년 세계시민교육정책 방안으로 다섯 가지 핵심과제를 다음과 같이 제시하였다.

첫째, 세계시민교육의 현황 파악 및 국제 네트워크 구축과 정책 연구로서 세계시민성 및 세계시민교육 역량 지표를 개발하고 세계시민교육 국제 네트워크 구축과 정책 연구를 내세우고 있다. 세부적으로 제도적 차원의 노력(국제적 핵심 네트워크로서의 유네스코 아태 국제이해교육원, 세계시민교육 교육장관회의 및 유엔·유네스코 포럼, 대륙별 파트너 기관과의 네트워크 및 협력), 지식 가치적 차원의 노력(정책 애드보커시 및 자문활동, 학술정책 연구, 정보자료 허브·세계시민교육 클리어링하우스 운영), 인적·비공식적 차원의 노력(핵심 인력 역량 강화, 인적 교류를 통한 네트워크 강화)으로 구분하고 있다.

둘째, 세계시민교육 교육과정 및 교재를 개발하고·보급하는 것이다. 구체적으로 세계시민교육헌장 또는 세계시민교육선언의 제정, 세계시민교육용 교육과정 프레임워크 개발(세계시민교육과정 프레임워크의 개발, 자유학기제 세계시민교육 체험 프로그램 개발, 대학에서의 세계시민교육 강좌개설, 세계시민교육 석사과정 개설), 세계시민교육 교재 개발로 세부화하였다.

셋째, 세계시민교육전문가 양성 프로그램 개발 운영을 국내외 교원 역량 강화를 위한 교원직무연수 프로그램, 세계시민교육 훈련자 연수, 세계시민교육 교육전문가 인증 프로그램 개발, 공무원 대상 세계시민교육전문가 인증 프로그램 개발하는 것으로 구분하였다.

넷째, 세계시민교육을 수행하기 위해 청소년·청년 교류 프로젝트를 개발·적용하는 것으로서 세계시민교육 여권, 세계시민교육 보트, 세계시민교육 유스 레일 프로젝트, 세계시민교육 사진교실, 세계시민교육 어린이 동화 교류, 세계시민교육 청소년 올림피아드, 잼버리를 제시하였다.

다섯째, 시민사회를 위한 세계시민교육 역량 강화 프로그램의 개발·적용을 들 수 있다. 시민사회 활동가 및 전문가의 역량 강화 프로그램 개발, 시민사회단체의 조직적 역량 강화 프로그램 개발, 세계시민교육 참여 네트워크 구성(일반시민을 위한 프로그램 개발: 박물관을 활용한 세계시민교육, 유네스코 세계시민교육상 제정, '세계시민의 해'와 '세계시민의 날' 제정) 등이 있다.

2) 지속가능발전교육의 측면에서 세계시민교육의 쟁점

지속가능발전교육은 앞서 언급한 바와 같이 UN에서 1987년에 발간한 브룬트란트 보고서(Brundtland Report)인 '우리 공동의 미래(Our Common Future)'에서 지속가능발전의 개념이 언급되고, 이어서 1992년 리오정상회담 이후로 전 세계 환경정책의 지향점이 되었다.

Vladimirova(2015: 223)가 지적한 바와 같이, '지속가능발전에 관한 논의가 심화됨에 따라 강조된 부분은 가치의 전환'이라고 할 수 있다. 즉, 이전의 산업 사회가 우세한 시기에는 개발과 이를 둘러싼 태도에 환경적 문제가 내포되어 있었다. 그래서 인류를 전 지구적인 환경 위기로 이끈 이러한 가치 구조는 지속 불가능하며 변화되어야 할 필요성이 있었다. 이런 맥락에서 환경교육과 지속가능발전교육은 교육을 통해 이와 같은 패러다임 변화와 가치의 전환에 기여했다고 할 수 있다.

이 브룬트란트 보고서에서는 지속가능발전을 미래 세대가 최소한 우리 세대만큼 잘 살 수 있도록 담보하는 범위 안에서 우리에게 주어진 자원과 환경을 이용해야 한다고 주장한다. 따라서 지속가능발전에서의 핵심적으로 강조되는 점은 바로 세대 간 및 세대 내 연대라고 볼 수 있다.

Vladimirova(2015)에 따르면, 세대 간 혹은 세대 내 관계에 대한 고려는 공평과 정의라는 원칙을 바탕에 둔 형평성의 문제로 볼 수 있다. 그러나 기후변화에 대한 국제사회의 협의에도 불구하고 CO_2 배출은 여전히 전 지구적으로 증가하고 있음은 주지할만한 사실이다(World Bank, 2014). 이런 환경적인 영향 이외에도 개인들의 지속 불가능한 행동 및 삶의 방식 또한 소비지향적인 문화의 영향으로 지속적으로 강화되고 있다고 볼 수 있다. 그래서 세계는 인간이 인간다움을 추구하고 인류보편성을 지향하는 분위기로만 형성되지 않는다. 이런 인간적인 분위기는 지속가능성을 담보하고 강조해야 하는 데 현실은 그렇지 못하기 때문에 세계 기구인 UNESCO가 나서 세계시민교육을 외치고 있는 것이다.

유네스코(2013: 16)에서는 세계시민교육을 "교육이 어떻게 하면 더 정의롭고 평화로우며 관용적이고 안전하고 지속가능한 세상을 만드는 데 필요한 학습자의 지식과 기술, 가치와 태도를 계발할 수 있는지"에 관한 패러다임으로 정의하였다. 즉, 세계시민교육은 '더 정의롭고 평화로우며 지속가능한 세상'을 지향하며, 다각적인 접근에서 다양한 방법과 이론을 취하는 교육 패러다임이라고 할 수 있다.

유네스코(2013: 17)가 세계시민교육에서 강조하는 특성을 교육의 지식, 기능, 가치·태도의 측면에서 구분하면 다음과 같다. 먼저 지식 측면으로는 "전 세계적 문제들과 정의·평등·존엄·존중 같은 보편적 가치에 대한 깊은 이해", "문제의 서로 다른 차원과 양상 및 측면을 인지하기 위해 다양한 관점의 접근법을 취하는 것을 포함해 비판적이고 체계적이며 창의적으로 생각하는 인지 기술"이 이에 해당된다고 할 수 있다.

그다음 기능의 측면으로는 "공감이나 갈등 해결 같은 사회적 기술과 의사소통 기술 그리고 다양한 배경과 출신, 문화, 관점을 가진 사람들과 교류하고 소통하는 소질을 포함하는 비인지 기술"이 이에 해당된다.

또한 태도의 측면에는 "다면적 정체성에 대한 이해와 개인의 문화·종교·인종 및 그 밖의 차이점을 초월하는 '집단 정체성'의 잠재력에 기초한 태도"와 "전 세계적 문제들의 해결 방법을 찾기 위해 협력하고 책임감 있게 행동하며, 공동선을 위해 행동하는 능력"이 이에 해단된다. 이와 같은 세계시민교육의 목표는 전인적 접근을 취하고 있다고 할 수 있다.

한편, 세계시민성의 개념은 여전히 학계에서 논쟁 중이며 이러한 논쟁이 지속되는 한 세계시민교육의 구체적인 목표와 내용 요소들에 대한 선정에는 다양한 의견이 있을 수밖에 없다. 김진희(2015: 76)의 경우, 국제사회 수준의 세계시민교육 논의를 주도하고 있는 UNESCO에서 제시한 세계시민교육의 구성요소 조차 여전히 세계시민교육의 정체성과 특수성을 명확하게 드러내지 못한다는 한계가 있다고 비판한다. 또한 김진희(2015: 82)는 국제사회에서의 세계시민교육의 논의가 지니는 한계에 대하여 '사회적 차별과 배제 및 불평등 구조에 대한 비판적 개입과 학습자의 참여'를 강조하기보다는 '자유주의적 세계시민주의'에 초점을 맞추고 있다고 지적한다.

이어서 김진희(2015: 75)는 글로벌 교육의제로서 세계시민교육이 '페다고지적 관점'과 '외교적인 관점'을 모두 지니고 있다고 파악한다. 이런 점에서, "세계시민교육의 교육적 본질이 국제정치적 도구로 훼손되지 않도록 그것의 쟁점과 교육적 과제를 반성적으로 성찰"해야 할 필요가 있다고 강조한다.

3. 지속가능개발과 세계시민교육의 실천

1) 세계시민성과 지속가능개발 맥락적 이해

우리는 복잡하고 상호 연결되어 있으며 상호 의존적인 세계에 살고 있음을 대부분이 깨닫고 있다. 최근 들어서는 '황사'라는 용어 대신에 '미세먼지'를 운운하며, 스마트폰에서 미세먼지와 초미세먼지량 수치를 확인하고 마스크 착용 여부를 결정하거나 야외 활동 유무를 결정하기도 한다. 이에 대해 많은 사람들은 중국으로부터의 미세먼지 유입을 말하지만 실제로 국내 차량 배기가스 등으로 발생한 매연도 불량한 미세먼지 수치에 한몫을 한다.

가만히 보면 미세먼지 등의 유입은 국경이 없기 때문에 초국적 문제를 일으킬 수 있다. 이런 현상은 단적인 예이나 해당 국가들이 상화 협력하여 문제를 해결해야 하는 책임을 가져야 한다. 우리 주변에서도 이와 같이 지구와 사회가 직면하고 있는 글로벌한 도전 과제는 우리 모두에게 영향을 미친다. 갈등, 테러, 빈곤, 기후 변화, 환경 파괴 및 천연자원 관리가 이에 포함된다.

21세기의 문제에 참여하고 이를 지역적으로, 세계적으로 해결하기 위한 해결책을 찾기 위해, 우리는 관련 기술, 지식, 태도 및 가치를 성찰하고 점검할 필요가 있다. 자신과 주변 사람들과의 연결 관계를 이해하고 주변 세계에 대한 개인적 및 집단적 영향력을 인식하는 것은 모든 지역의 모든 사람을 위한 보다 평화스럽고 관대하고 포괄적이며 지속가능한 세계를 확보하기 위한 조치를 취할 수 있게 해준다.

2015년에 UNESCO는 세계시민교육 가이드북을 교수자용과 학습자용을 구분하여 제작하였다. 이 가이드북은 특히 Associated Schools Project Network(ASPnet)의 지속가능한 개발을 위한 세계시민 학생 안내서를 소개하였다. 이 안내서에서는 세계시민교육(GCED)과 지속가능개발교육(ESD)을 중등학교 학생에게 소개하고 이들에게 적극적으로 기여할 수 있는 아이디어와 활동을 제공하는 것을 목표로 한다. 이 안내서는 ASPnet 온라인 협업 플랫폼에 기여한 ASPnet National Coordinators, 학교 교장, 교사, 학생 및 전문가를 포함하여 104개국에서 온 약 1,100명의 참가자의 토론과 활동을 소개한다. 안내서는 다음 내용을 포함하고 있다.

- 세계시민이 된다는 것이 무엇을 의미하고 어떻게 지속가능한 발전에 기여할 수 있는지에 대한 개관
- 가정, 학교, 지역 사회, 국가 및 전 세계에서 활발하게 활동하기 위한 아이디어.
- 전 세계의 ASPnet 학교에서 GCED 및 ESD을 위한 선택된 활동

이 안내서는 일단 세계시민과 지속가능개발에 대해 다음과 같이 기술하고 있다. '세계시민'의 개념에 대한 다양한 해석이 존재하지만, 공통적으로 이해되는 세계시민은 국가의 범주를 넘어선 더 넓은 커뮤니티에서 느끼는 공통의 휴머니티와 로컬과 글로벌 간뿐만 아니라 사람들 간의 연결성을 강조하는 소속감을 의미한다. 세계시민은 인권, 민주주의, 차별 금지 및 다양성의 보편적 가치에 기반을 둔다. 세계시민은 더 나은 세상과 미래를 추구하는 시민 활동을 수행하는 사람을 말한다.

또한 지속가능개발은 "미래 세대가 자신의 필요를 충족시킬 수 있는 능력을 훼손하지 않고 현세대의 필요를 충족시키는 개발"로 이해될 수 있다. 그래서 환경, 경제적 이슈 및 사회적 이슈는 서로 연결되어 있다. 이는 앞에서 밝힌 바와 같이 경제적 및 사회적 개발이 환경을 희생할 필요가 없다는 것을 의미한다. 다시 말해 지속가능개발은 환경, 경제 및 사회적 요구의 균형을 잡기 위한 것이다.

세계시민성 및 지속가능발전은 우리가 살고 있는 세계에 대응한다. 이 개념들은 갈등, 인구 간의 긴장, 테러리즘, 급진주의, 기후 변화, 환경 파괴 및 천연자원의 공평한 관리와 같은 우리 모두에게 영향을 미치는 현재의 어렴풋한 세계의 도전 과제를 해결하는 것을 목표로 한다.

세계시민성과 지속가능발전은 평화롭고 지속가능한 사회를 건설해야 한다는 공동의 시급한 필요를 해결하는 것을 목표로 한다. 이 목표는 우리가 서로와 지구와 공존하는 방식에 필요한 근본적인 변화를 촉발시키는 것이다. 이를테면 양성평등은 기본적인 인간 권리일 뿐 아니라 지속가능하고 평화로운 사회를 창출하는 데 필요한 기초이다.

세계시민성을 학습자들에게 갖추도록 하는 것이 세계시민교육(Global Citizenship Education, GCED)이며, 이 교육은 우리를 '세계시민되기'에 기여한다. 세계시민교육은 학습자가 보다 평화롭고 관용적이며 포괄적인 세계를 형성하기 위한 적극적인 역할에 참여하여 역량을 강화시키는 것을 목표로 한다. 세계시민교육의 주제는 다음과 같다.

- 평화와 인권
- 상호문화적 이해(intercultural understanding)
- 시민교육
- 다양성과 관용에 대한 존중
- 포용(inclusiveness)

또한 UNESCO(2014)에 따르면, 지속가능발전교육은 모든 사람을 위한 더 나은 내일을 만드는 것에 관한 것이며, 오늘부터 시작해야 한다고 주장한다. 지속가능발전교육은 학습자가 현재와 미래 세대를 위해 환경 정직성, 경제적 생존력 및 공정 사회에 대한 정보에 입각한 결정과 책임 있는 행동을 하도록 권한을 부여하는 것을 목표로 한다. 이러한 지속가능발전교육의 주요 주제는 다음과 같다.

- 기후 변화
- 생물다양성
- 재난 위험 감소
- 지속가능한 소비
- 빈곤퇴치

세계시민교육과 지속가능발전교육은 공동의 비전을 추구한다. 모든 연령대의 학습자가 보다 공정하고 평화롭고 관용적이며 포괄적이며 지속가능한 세계에 능동적으로 기여할 수 있도록 힘을 실어주는 것이다. 이 두 교육은 학습자가 학습하는 내용뿐만 아니라 학습하는 방법 및 학습 환경까지도 중요하게 다룬다. 또한 행위, 변화, 변혁을 중요하게 여기며, 세계적 도전에 부응하기 위한 가치와 태도를 함양하는 데 초점을 두고 있다. 이를 위해 협동, 의사소통, 비판적 사고를 기르는 것을 목표로 한다.

2) 공유된 미래를 만들어가기

우리가 살아가는 지구에서 '공유된 미래'를 만들기 위해 어떤 노력을 해야 하는가. 이에 대해 대답을 하기 전에 몇 가지 문제를 제기하고자 한다. 일상생활에서 우리는 보다 공정하게 평화롭고 관용적이며 포괄적이고 지속가능한 세상에서 생활하는데 어떻게 긍정적인 기여를 할 수 있는가?

지역 및 세계적 차원에서 지속가능한 발전을 지원하는 세계시민으로서 우리는 무엇을 할 수 있는가?

이 질문에 대한 대답은 다음과 같은 여섯 가지의 실천적인 차원에서 우리 자신이 이 차원들과 어떻게 연결되어 있는지 살펴볼 수 있다.

- 나 자신
- 가정에서
- 학교에서
- 지역사회에서
- 국가에서
- 세계에서

나를 둘러싼 영역이 세계로까지 확대되고 이 영역들이 세계시민으로서 실천할 수 있는 행위적 공간들이다. 이 공간들을 가로지르는 핵심적인 개념은 바로 변혁적 교육을 주도하는 두 가지 접근방법으로 세계시민교육과 지속가능발전교육을 상정해야 한다.

우선 세계시민교육의 세 가지 개념적 차원을 살펴보도록 하자. 첫째 인지적 차원이다. 이 차원에서는 세계적, 지역적, 국가적, 지엽적 문제, 서로 다른 국가와 인구의 상호 연관성과 상호 의존성에 대한 지식, 이해 및 비판적 사고를 습득한다.

둘째, 사회정서적 차원이다. 이 차원에서는 공동의 인류에 대한 소속감, 가치와 책임감, 공감, 연대에 대한 공유, 차이와 다양성에 대한 존중이 중요한 이슈이다.

셋째, 행동적 차원이다. 이 차원에서는 보다 평화롭고 지속가능한 세계를 위해 지역, 국가 및 세계 차원에서 효과적이고 책임 있게 행동하기가 요구된다.

또한 우리는 세계적 도전에 대한 가치와 태도를 정리해야 할 필요가 있다. 가치는 신념과 한사람들이 다른 사람들과 그들의 환경에서의 모든 활동과 어떻게 관련이 있는지를 나타낸다. 가치는 사람들이 생활하는 곳, 가족 및 중요 인물의 삶의 영향을 받으며 중요하다고 생각하는 것에 관한 맥락에서 개발된다. 사람들이 아이디어나 행동의 가치를 평가할 때, 그들은 가치의 일부인 규칙과 규범을 사용한다. 그들이 무엇이 좋든 나쁘든, 옳거나 그른지를 결정할 때, 그것들을 인도하는 것이 그들의 가치이다.

태도는 사람들이 다른 사람들과 자신의 환경에서 하는 모든 활동과 관련된 방식을 의미한다. 태도는 정착되는 경향이 있는 감정과 생각의 조합이다. 태도는 다른 사람들과 사건에 대한 사람들의 반응, 어떻게 생각하고 느끼는지에 영향을 미친다. 사람들의 태도는 그들의 경험과 다른 사람들의 영향으로 바뀔 수 있다.

아울러 세계시민이 갖추어야 할 역량들은 다음과 같다. 첫째, 비판적 사고이다. 이는 글로벌, 지역, 국가 및 지역 문제에 관한 것이며 서로 다른 국가 및 인구의 상호 연관성 및 상호 의존성은 다른 관점, 각도 및 차원에서 바라보는 것을 의미한다.

둘째, 성찰이다. 학생들은 자신과 다른 사람들의 입장을 고려하고 시간을 내서 관찰한다. 그들은 철저하고 신중하게 사물을 생각한다.

셋째, 대화이다. 학생들은 효과적인 대화를 나눈다. 서로를 주의 깊게 경청하고, 다양한 이해 관계자와 이야기하며, 생각들을 민감하고 이해할 수 있도록 나눈다.

넷째, 참여, 협동, 협력을 들 수 있다. 이것은 공동의 목적을 위해 함께 일하고 행동하며, 참여하고, 나누고, 참여하는 것이다. 학생들은 토론하고 함께 도전하며 서로 듣고 생각과 아이디어를 나눈다.

다섯째, 문제해결능력이다. 학생들은 해결책을 찾기 위해 여러 각도에서 사물을 생각한다. 함께 일하고 행동한다. 예를 들어, 시뮬레이션을 교육 및 학습 시나리오로 사용하면 현실감이 생겨 모든 연령대의 학습자가 참여하고 동기를 부여하게 된다. 시뮬레이션은 추상적인 개념을 가르칠 수 있는 구체적인 방법을 제공한다. 그들은 지역 사회가 직면하는 현실적인 문제를 해결하고 커리큘럼과의 관련성을 높인다. 또한 고등 사고능력을 향상시킨다.

여섯째, 창의성이다. 창의성은 다양하고 혁신적인 방식으로 솔루션을 찾는 것에 관한 것이다. 지속가능개발교육 및 세계시민교육은 드라마, 연극, 음악, 디자인 및 그림을 사용하여 창의력을 자극하고 대안적인 미래를 그리기 위해 종종 예술을 사용한다.

3) 세계시민교육: 주제와 학습 목표

시민권의 개념은 시간이 지남에 따라 진화했다. 역사적으로 시민권은 모든 사람에게 미치지 못했다. 예를 들어 남성이나 재산 소유자만이 시민이 될 수 있었다. 지난 세기 동안 시민권 운동, 사회 정치적 운동에 영향을 받아 시민권에 대한 포괄적인 이해를 향한 점진적인 운동이 있어 왔다. 국가 시민권에 대한 현재의 시각은 국가마다 처해진 사회 정치적 맥락에 따라 다양하다.

점점 세계화는 글로벌 차원에 대한뿐만 아니라 의미 있는 시민권을 구성하는 것에 대해 의문을 제기하고 있다. 시민권에 대한 개념이 국가 차원을 넘어서는 것은 새로운 일이 아니다. 하지만 예를 들어 국제 협약 및 조약의 수립, 초국적 기구, 기업 및 시민 사회 운동의 성장, 국제적인 인권 발전과 같은 세계적 맥락에서의 변화는 세계시민성에 대한 중요한 함의를 제공한다. 세계시민성의 개념에 대한 관점이 다르다는 점을 인정해야 한다. 예를 들면 국가의 관점에서 정의된 전통적인 시민성을 확장하고 보완하는 범위 또는 이 개념과의 경쟁 정도를 포함한다.

세계시민성이란 넓은 공동체와 공통의 인류에의 소속감을 말한다. 그것은 정치적, 경제적, 사회적 및 문화적 상호의존성과 지방, 국가 그리고 세계와의 상호연관성을 강조한다. 세계시민성에 대한 관심이 커짐에 따라 시민교육 분야의 글로벌 차원에서의 관심과 정책, 커리큘럼, 교육 및 학습에 대한 시사점이 커졌다.

세계시민교육은 이에 대한 다양한 정의와 해석에 공통되는 세 가지 핵심 개념 차원을 수반한다. 유네스코에 의해 제시된 이러한 핵심 개념적 차원은 이 분야의 기술 상담 및 최근의 연구뿐만 아니라 세계시민교육에 대한 선행 연구, 개념적 틀, 접근 방식 및 커리큘럼에 대한 검토를 이끌어 낸다. 이 개념적 차원은 세계시민교육의 목적, 학습 목표 및 역량, 학습 평가 및 평가의 우선순위를 정의 할 수 있는 기반이 된다. 이 핵심 개념적 차원은 학습의 인지적, 사회정서적, 행동적 영역에 기반을 두고 영향을 받았다.

첫째, 인지적 영역이다. 이 영역에서는 세계적, 지역적, 국가적, 지엽적 문제, 서로 다른 국가와 인구의 상호 연관성과 상호 의존성에 대한 지식, 이해 및 비판적 사고를 습득한다.

둘째, 사회정서적 영역이다. 이 영역에서는 공동의 인류에 대한 소속감, 가치와 책임감, 공감, 연대에 대한 공유, 차이와 다양성에 대한 존중이 중요한 가치이다.

셋째, 행동적 영역이다. 이 영역에서는 보다 평화롭고 지속가능한 세계를 위해 지역, 국가 및 세계 차원에서 효과적이고 책임 있게 행동하기가 중요한 관건이 된다.

세계시민교육은 학습자가 보다 포괄적이고 공정하며 평화로운 세상에 기여할 수 있도록 지식, 기술, 가치 및 태도를 구축하는 것을 목표로 한다. 또한 세계시민교육은 인권교육, 평화교육, 지속가능발전교육, 국제 이해 교육을 포함한 다른 분야에서 이미 적용된 개념과 방법론을 사용하여 다방면에 걸친 접근 방식을 취하며 공동의 목표를 발전시키는 것을 목표로 한다. 세계시민교육은 유년기부터 시작하여 모든 교육 수준을 거쳐 성인기에 이르기까지 평생 학습 관점을 적용한다. 또한 공식 및 비공식 접근 방식, 교과 및 교외, 전통 및 비전통적 참여 경로가 필요하다.

세계시민교육의 학습 콘텐츠를 학습의 차원, 학습 결과, 학습자 특징, 학습 주제, 학습 목표 등으로 구분하여 제시하면 다음 설명과 같다. 우선 학습의 차원이다. 세계시민교육은 세 가지 차원으로 구분된다. 인지적 차원에서는 세계와 이의 복잡성을 이해하기 위한 지식과 사고능력을 필요로 한다. 사회정서적 차원에서는 타인을 존중하며 평화롭게 함께 살아갈 수 있는 가치, 태도, 사회성이 요구된다. 행동적 차원에서는 일상생활에서의 수행, 실행 적용 및 참여기 필요하다.

둘째, 세계시민교육의 학습 결과를 인지적, 사회정서적, 행동적 차원에서 도출할 수 있다. 인지적 차원의 경우 세계와 이의 복잡성을 이해하기 위한 지식과 사고능력, 비판적 사고, 분석 능력을 갖게 한다. 사회정서적 차원에서는 인권의식에 기반한 인류에의 소속감, 가치와 책임에 대한 공유, 공감, 연대, 차이와 다양성에 대한 존중의 태도를 함양할 수 있다.

행동적 차원에서는 보다 평화롭고 지속가능한 세계를 위해 지역, 국가 및 세계 차원에서 효과적이고 책임 있게 행동하기가 필요하다. 아울러 필요한 행위를 할 수 있는 동기와 의지도 중요한 관건이 된다.

셋째, 세계시민교육의 학습자가 가진 특징은 세 가지로 볼 수 있다. '정보를 기반한 비판적 지식인', '사회적으로 연결되어 있고 다양성을 존중하는 학습자', '윤리적으로 책임감 있고 참여하는 학습자'로 나타난다.

넷째, 세계시민교육의 학습 주제이다. 세계시민교육이 목표로 하는 학습자의 특징에 따른 세 가지 학습 주제를 제시한다. 정보를 기반한 비판적 지식인은 지역, 국가 및 세계의 시스템 및 구조를 이해해야 하며, 지역, 국가 및 세계 차원에서 지역 사회의 상호 작용과 연계성에 영향을 미치는 문제를 파악해야 한다. 또한 기본 전제와 권력의 역학을 이해할 줄 알아야 한다. 사회적으로 연결되어 있고, 다양성을 존중하는 학습자는 정체성의 다양한 측면을 이해하고, 사람들이 소속되어 있고 연결되어 있는 다양한 지역사회를 파악해야 하며 차이와 다양성에 대한 존중감을 지녀야 한다.

또한 윤리적으로 책임감 있고 참여하는 학습자는 개인적으로 또는 집단적으로 취할 수 있는 행위를 할 줄 알아야 하며, 윤리적으로 책임감 있는 행동을 해야 하고, 참여와 행동하기를 생활화해야 한다.

세계시민교육은 다음의 집단에 맞게 구체적인 학습 목표를 제시할 필요가 있다.

- 초등 저학년 Pre-primary/lower primary (5~9 years)
- 초등 고학년 Upper primary education (9~12 years)
- 중등 저학년 Lower secondary (12~15 years)
- 중등 고학년 Upper secondary (15~18+ years)

위의 집단의 복잡성에 따라 학습 목표를 제시하는 목적은 세계시민교육의 개념과 관련하여 나선적인 커리큘럼적 접근을 통해 심화 학습이 가능하기 때문이다. 하지만 교육 시스템, 교육 수준 및 학생 연령 그룹이 국가마다 다르므로 이 그룹은 단지 지표일 뿐이다. 사용자, 즉 교수자는 특정 국가의 콘텍스트 및 학생 준비에 따라 적절한 방식으로 학습 목표를 선택, 조정 및 구성을 할 수 있다.

4. 지속가능발전교육과 세계시민교육의 연계

앞서 문제를 지적한 바와 같이 세계시민교육의 개념이 여전히 학계에서 논의 중이어서 개념 구분이 명확하지 않아 다의적이다. 특히 세계시민교육에서 중요한 시민성의 개념은 상황에 따라 상이하게 해석되는 경우가 많아 지속가능발전교육과의 연관성을 찾는 것은 실제로 쉽지 않다. 그러나 이미 UNESCO에서는 이 두 가지 교육의 연계 가능성을 이미 시사한 바 있다.

앞에서 논의한 지속가능발전교육과 세계시민교육의 개념을 정리하면 다음과 같다. 지속가능발전교육은 현세대와 미래 세대가 모두 생태적으로 건전하고, 경제적으로 진취적이며, 그리고 가치관을 계속적으로 계발하고 함양시켜 그들이 개인적이면서도 공동체적 행동을 통하여 지속가능한 미래를 책임감을 가지고 창조적으로 이루어 나갈 수 있는 시민이 되도록 하는 동적인 과정이다. 또한 세계시민교육은 인류 보편적 가치인 세계 평화, 인권, 문화 다양성 등에 대해 폭넓게 이해하고 실천하는 책임 있는 시민을 양성하는 교육이다. 이런 점에서 이들은 연계가능성을 열어 놓고 있다.

세계시민교육과 지속가능발전교육의 연계에 대한 학계의 논의는 매우 드문 상황이나, 세계시민교육과 지속가능발전교육을 거의 일치하는 개념으로 보는 관점(일명 '세품지'. 세계시민교육을 품은 지속가능발전교육)이 있다. 또 다른 한편 지속가능발전교육을 세계시민교육의 일부로 보는 관점이 존재한다. 그 관계에 대한 일반적인 논의를 그림으로 나타내면 다음 <그림 2-3>와 <그림 2-4>과 같다.

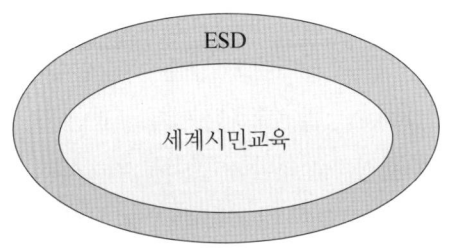

〈그림 2-3〉 GCED와 ESD를 거의 같은 영역으로 보는 관점

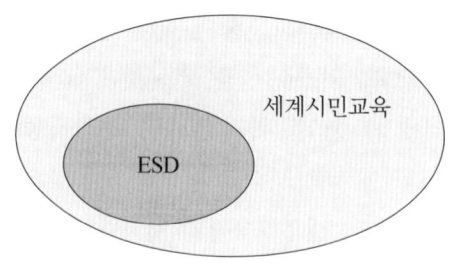

〈그림 2-4〉 ESD를 GCED 하위의 범주로 보는 관점

한경구 외(2015)는 세계시민교육이 인권교육, 지속가능발전교육, 국제이해교육, 문화 간 이해교육 및 평화교육을 모두 포괄한다고 보았는데, 이 입장에서 지속가능발전교육은 세계시민교육의 일부로 볼 수 있는 여건이 된다.

세계시민교육과 지속가능발전을 유사한 개념으로 보는 관점도 존재한다. 세계시민교육 이전의 교육의제인 모두를 위한 교육(EFA)와 지속가능발전교육(ESD)을 비교한 Wade와 Parker(2008)에 따르면, EFA는 학습자들의 기본 교육을 강조하고 있는 데 반해, ESD는 보다 포괄적인 이슈와 대상을 다루고 있다는 차이점 말고는 상당 부분의 중복되는 특징을 가지고 있다. 그뿐만 아니라, 이들은 EFA와 ESD가 양자의 의제를 성공적으로 수행할 수 있도록 시너지를 제공할 뿐 아니라, MDGs의 성공적 달성에도 긍정적인 기여한다고 보았다. Post-EFA 교육의제인 GCED는 EFA와는 세계시민의식 함양이라는 차별적인 목표를 가지고 있기 때문에 그 위상도 EFA와 다를 수 있지만, 부분적으로 EFA의 연장선에 있다고 볼 수 있다. 이 때문에 GCED와 ESD 사이에도 상당 부분의 유사 요소가 있다.

세계시민교육과 지속가능발전교육간 연계는 과연 가능한가? 여기서 '연계'는 양자 간 상호 관련성을 의미하며, 이를 위해서는 유사점과 차이점에 대한 비교가 요구된다. 김영순 외(2016)는 9명의 전문가 대상의 심층면담을 통해 지속가능발전교육과 세계시민교육의 유사점과 차이점을 도출한 바 있다. 지속가능발전교육이 최초 환경교육으로부터 시작해서 사회경제적 영역으로 확대되어 왔던 것을 고려했을 때, 세계시민교육도 자연스럽게 그 연장선에서 바라보는 경향이 있음을 발견하였다. 같은 연구팀에서 연구를 수행한 오세경 외(2016)에서도 교사들은 세계시민교육과 지속가능발전교육을 동일 교육선상에 있다고 생각하고 있음을 지적하고 있다.

위의 연구들에서 지속가능발전교육과 세계시민교육을 상호보완적이다. 차이점은 표로 제시하면 다음 <표 2-1>와 같다.

<표 2-1> 지속가능발전교육과 세계시민교육의 차이점

구분	지속가능발전교육	세계시민교육
강조점	실천과 행동	행위주체의 가치 형성 역량 강화
초점	시간적 차원의 안정성과 지속성	'우리'와 '그들' 간의 연결고리 지역, 국가, 세계적 차원
핵심 전제	엄격한 규제와 국가 개입을 통한 실현	대의민주주의

참조: 김영순 외, 2016: 531~533

연계방식에 있어서 전문가들은 서로 상이한 시각을 가지고 있었다. 첫째, 지속가능발전교육을 세계시민교육보다 상위 개념으로 보아 지속가능발전교육을 중심으로 세계시민교육의 연계를 주장하는 시각, 둘째, 세계시민교육을 포괄적인 개념으로 보아 세계시민교육을 중심으로 한 지속가능발전교육을 주장하는 시각, 셋째, 세계시민교육과 지속가능발전교육을 각각 독립된 형태의 교육으로 보아 상호보완적으로 활용해 효과적인 교육을 실천하자는 시각, 넷째, 세계시민교육과 지속가능발전교육을 융합하여 주제 교육 중심으로 실천해야 한다는 시각이 있음을 발견하였다.

이렇듯 4개의 상이한 시각에 근거해서 김영순 외(2016)는 네 가지 유형의 교육과정 연계방안을 제시하였다. 즉, ① 지속가능발전교육을 중심으로 한 교육과정, ② 세계시민교육을 중심으로 한 교육과정, ③ 독립형 교육과정, ④ 융합형 교육과정을 제안하였다. 또한 이옥화 외(2016)는 세계시민교육과 지속가능발전교육에 관한 유네스코의 주요 문헌에서 다루고 있는 주제와 최석진 외(2013)에서 개발한 지속가능발전교육 관련 수업모델에서 다루고 있는 주제를 추출하여 분석·비교해봄으로 세계시민교육과 지속가능발전교육의 연계 가능성을 탐색하였다.

우선 세계시민교육의 다섯 가지 주제는 평화, 인권, 문화다양성, 지속가능발전, 세계화의 도전과 전 지구적 이슈로, 지속가능발전을 하나의 주제로 포함하고 있다. 이는 한경구 외(2015)의 주장과 같이 지속가능발전교육은 세계시민교육의 하위 범주인 것처럼 보인다.

이옥화 외(2016)가 주장한 바와 같이, 세계시민교육의 주제 중 평화, 인권, 문화다양성은 지속가능발전교육에서도 다루어 왔으며, 세계화의 도전과 전 지구적 이슈를 지속가능발전교육에서는 구체적으로 다루고 있다. 이는 세계시민교육에서 다루고 있는 주제와 지속가능발전교육이 다루고 있는 주제가 많은 부분 일치하고 있음을 다음 <표 2-2>를 통해 알 수 있다.

〈표 2-2〉 세계시민교육의 주제와 ESD 수업모델의 주제 비교

GCED 주제	ESD 주제
평화, 인권, 문화다양성, 지속가능발전, 세계화의 도전과 전 지구적 이슈	인권, 평화, 안보, 통일, 문화적 다양성, 사회정의, 안전, 건강, 에이즈, 식품, 거버넌스, 시민참여, 양성평등, 소양(매체, ICT), 세계화, 국제적 책임, 자연자원(물, 공기, 흙 등), 에너지, 기후 변화, 농촌개혁, 생물종 다양성, 환경문제, 지속가능한 식량 생산, 지속가능한 촌락과 도시, 지속가능한 도시화, 재해 예방과 절감(완화), 교통, 빈곤퇴치, 기업의 책임과 책무, 지속가능한 생산과 소비, 기업의 지속가능성, 시장 경제, 빈부 격차 완화

<표 2-2>에서 같이 세계시민교육의 주제 중 평화, 인권, 문화다양성은 지속가능발전교육의 주제에서도 반복적으로 나타나고 있다. 또한 지속가능발전, 세계화의 도전과 전 지구적 이슈는 지속가능발전교육의 세부 교육요소로 등장하고 있다. 이러한 사실은 기존의 ESD의 교육 내용이 환경 영역, 경제 영역을 넘어서 이제는 사회문화적 영역으로 확대되고 있음을 확인할 수 있는 지표이다.

3장 교육과정과 지속가능발전교육

1. 교육과정과 지속가능발전교육 내용 체계

1) 교과목의 지속가능발전교육 내용 체계

현재 한국의 교육과정은 2015 개정교육과정이 시행되고 있는 중이다. 2015 개정교육과정은 2017년 초등학교 1, 2학년 적용을 시작으로 2020년까지 전국 초·중·고등학교에 연차적으로 적용된다. 2015 개정교육과정은 2009 개정교육과정에서 추구한 교육과정 자율화의 기본 취지를 반영하여 교과군과 학년군을 유지하면서 현장에서 효과적으로 운영할 방안 모색에 중점을 두고 있다.

개정의 주요방향을 살펴보면 다음과 같다. 첫째, 인문·사회·과학 기술에 대한 기초 소양을 함양한다. 둘째, 학생들의 행복한 학습을 구현할 수 있도록 학습 경험의 질을 개선한다. 셋째, 학생들의 꿈과 끼를 키울 수 있는 학생 중심의 교육과정을 개발한다. 넷째, 2009 개정교육과정 적용과정에서 제기되는 문제점을 개선한다.

이러한 방향으로 2015 개정교육과정이 추진된 배경을 살펴보면, 우선

국가 사회적 요구를 들 수 있다. 최근 들어 세계는 차세대 기술혁명의 영향을 직간접으로 경험하고 있다. 이 기술혁명은 타 분야 혹은 신기술 간의 융합기술이 주도할 것을 예측하면서 융합 인력 양성이 요구되며 미래사회가 융합기술이 주도하는 산업구조를 갖춘 사회가 될 것이라는 예측이 사회 전반에 회두가 되고 있다.

그러나 2009 교육과정의 실행에 있어서 다음과 같은 문제점들이 지적되고 있다. 과도한 학습량으로 단편적인 지식 암기 위주의 교육으로 학생들에게 흥미 있고 유의미한 학습이 일어나는 것을 어렵게 하고 있으며, 교과 내, 교과 간 내용 연계를 드러내지 못해 통합 사고나 창의적 문제해결력을 기를 수 없다는 점이다. 또한 집중이수제를 도입하고 성취기준을 줄이는 등 학생들에게 학습 부담이 안 가도록 노력을 기울였으나 성공적이지 못했다. 아울러 국제학업성취도평가에서 높은 시험 성적에도 불구하고 교과에 대한 흥미도와 자신감 등 정의적 영역의 지표가 낮음에 대한 반성이 사회적으로 제기되었다.

이에 정부와 교육부 그리고 교육계에서는 2015 개정교육과정에서 추구하는 인간상을 네 가지로 설정하고 미래사회에 살아갈 시민양성에 초점을 맞추었다. 개정교육과정에서 추구하는 인간상은 다음과 같다.

- 전인적 성장을 바탕으로 자아정체성을 확립하고 자신의 진로와 삶을 개척하는 자주적인 사람
- 기초 능력의 바탕 위에 다양한 발상과 도전으로 새로운 것을 창출하는 창의적인 사람
- 문화적인 소양과 다원적 가치에 대한 이해를 바탕으로 인류 문화를 향유하고 발전시키는 교양 있는 사람
- 공동체 의식을 가지고 세계와 소통하고 민주시민으로서 배려와 나눔을 실천하는 더불어 사는 사람

자주적인 사람, 창의적인 사람, 교양 있는 사람, 더불어 사는 사람, 이러한 인재들이 되기 위해서 교육과정을 통해 갖추어야 할 핵심역량 여섯 가지는 다음과 같다.

- 자아정체감과 자신감을 가지고, 자신의 삶과 진로에 필요한 기초적 능력 및 자질을 바탕으로 자기주도적으로 살아갈 수 있는 자기관리 역량
- 문제를 합리적으로 해결하기 위하여 다양한 영역의 지식과 정보를 처리하고 활용할 수 있는 지식정보처리 역량
- 폭넓은 기초 지식을 바탕으로 전문 분야의 지식, 기술, 경험을 융합적으로 활용하여 새로운 것을 창출하는 창의적 사고 역량
- 다양한 상황에서 자신의 생각과 감정을 효과적으로 표현하고 타인과 소통하며 갈등을 조정할 수 있는 의사소통 역량
- 현상을 보는 안목과 문화에 대한 공감적 이해를 바탕으로 삶의 의미와 가치를 발견하고 향유하는 심미적 감성 역량
- 지역·국가·세계 공동체의 구성원에게 요구되는 가치와 태도를 가지고 공동체의 문제 해결에 참여하는 공동체 역량

2015 개정교육과정을 자세히 들여다보면 지속가능발전교육과의 연관성을 찾을 수 있다. 지속가능발전교육은 사회, 경제, 정치, 환경 문제가 긴밀한 연계를 가지고 있다는 종합적인 관점에서 출발하며, 그 과정을 통해 민주 시민의식, 자기주도학습 능력, 문제 발견·해결 능력, 문화적 소양 능력, 의사소통 능력, 대인관계 능력 등을 기를 수 있으며, 학습자 자신의 가치, 지역 사회의 가치, 국가와 세계의 가치, 다양한 인종의 가치, 인간과 자연 간의 상호 관계 등의 이해 능력을 갖춘 세계시민을 양성할 수 있다.

2009 개정교육과정이 가장 중요하게 표방하고 있는 바는 글로벌 인재를 양성하는 데 필요한 창의·인성 교육의 강화이며, 창의·인성 교육의 특징은 포괄성, 종합성, 미래 지향성, 동시성으로 요약되는데(교육과학기술

부, 2009), 이는 곧 지속가능발전교육의 특성과 일치한다.

지속가능발전교육은 간학문적인 특성을 가지고 있는 통합적 접근을 강조하기 때문에 포괄적이고 종합적이다. 또한 지속가능발전은 학생들의 미래 핵심 역량을 기를 수 있을 뿐 아니라 현세대와 미래 세대의 균형과 조화를 강조하기에 미래 지향적이며, 인지적·기능적·정의적 영역이 동시에 강조되고 이를 목표의 통합적 달성이 강조된다. 더욱이 환경 문제를 해결하기 위한 대안을 모색하는 일은 생명에 대한 배려는 물론 전 지구적인 환경 문제에 대한 창의적인 문제 해결력을 필요로 하며, 2009 개정교육과정이 지향하는 변화는 곧 지속가능발전 이념이 제시하는 미래 비전과 직결된 것이라고 말할 수 있다.

2015 개정교육과정에서는 "공동체 의식을 가지고 세계와 소통하고 민주시민으로서 배려와 나눔을 실천하는 더불어 사는 사람"이라는 인재상 구현에 기여할 수 있는 교육과정을 구성하였으며, 이를 교과 및 범교과 학습, 창의적 체험활동 등 교육 활동 전반에 걸쳐 통합적으로 다루어지도록 하고 지역 사회 및 가정과의 연계를 통해 지도할 것을 명시하고 있다.

2. 창의적 체험활동을 통해 지속가능발전교육 운영 방안

창의적 체험활동은 기존 2009 개정교육과정에서 강조하는 '나눔과 배려를 실천하는 창의적 인재 양성'의 정신인 '창의·인성' 함양을 위한 비교과 활동으로 제안된 것이다. 창의적 체험활동 교육과정은 자율 활동, 동아리 활동, 봉사 활동, 진로 활동의 4개 영역으로 구성된다(김영순 외, 2015). 각 영역별 구체적인 활동 내용은 학생, 학급, 학년, 학교 및 지역사회의 특성에 맞게 학교에서 선택하여 융통성 있게 운영할 수 있다. 여기에 제시되는 영역과 활동 내용은 권고적인 성격을 띠고 있으며, 학교에서는 이보다 더 창의적이고 풍성한 교육과정을 선택, 집중하여 운영할 수 있다(교육과학기술부, 2011).

초등학교의 창의적 체험활동에서는 학생의 기초생활습관의 형성, 공동체 의식의 함양, 개성과 소질의 발현에 중점을 둔다. 중학교의 창의적 체험활동에서는 남과 더불어 살아가는 태도의 확립, 자신의 진로에 대한 탐구, 자아의 발견과 확립에 중점을 둔다. 고등학교의 창의적 체험활동에서는 학습자의 다양한 욕구를 건전한 방향으로 유도하고, 원만한 인간관계를 형성하며, 진로를 선택하여 자아실현에 힘쓰도록 하는 데 중점을 둔다(교육과학기술부, 2011).

창의적 체험활동은 자율 활동, 동아리 활동, 봉사 활동, 진로 활동 등을 통해 지식과 인성이 겸비된 균형 잡힌 교육을 실천하는 것이며, 그 성격과 세부 활동은 다음 <표 3-1>과 같다.

〈표 3-1〉 창의적 체험활동의 세부 사항

영역	활동	세부 활동
자율 활동	적응 활동	입학, 진급, 전학, 기본생활습관 형성, 축하, 친목, 사제동행, 학습, 건강, 성격, 교육 등의 상담 활동 등
	자치 활동	학급회, 학생회 협의 활동, 모의 의회, 토론회
	행사 활동	입학식, 졸업식, 종업식, 전시회, 발표회, 학예회, 경연대회, 학생 건강체력 평가, 체육대회, 수련 활동, 현장학습, 수학여행, 문화 답사, 국토 순례
	창의적 특색 활동	학생·학급·학년·학교·지역 특색 활동, 학교 전통 수립·계승 활동
동아리 활동	학술 활동	외국어 회화, 과학 탐구, 사회 조사, 컴퓨터, 인터넷, 신문 활용, 발명, 다문화 탐구
	문화 예술 활동	문예, 창작, 회화, 조각, 서예, 전통, 예술, 성악, 뮤지컬, 오페라, 연극, 영화, 방송 등
	스포츠 활동	구기, 육상, 수영, 체조, 배드민턴, 하이킹, 야영, 민속놀이, 씨름, 태권도, 택견, 무술 등

	실습 노작 활동	요리, 수예, 꽃꽂이, 조경, 사육, 재배, 목공, 로봇 제작
	청소년 단체 활동	스카우트연맹, 걸스카우트연맹, 청소년연맹, 우주소년단, 해양소년단 등
봉사 활동	교내 봉사 활동	학습 부진 친구, 장애인, 병약자, 다문화 가정 학생 돕기 등
	지역 사회 봉사 활동	복지시설, 공공시설, 병원, 농어촌 등에서의 일손 돕기, 불우 이웃 돕기, 고아원, 양로원, 병원, 군부대에서의 위문 활동, 재해 구호, 국제 협력과 난민 구호 등
	자연환경 보호 활동	자연보호, 식목 활동, 저탄소 생활 습관화, 공공 시설물, 문화재 보호
	캠페인 활동	공공질서, 교통안전, 학교 주변 정화, 환경 보전, 헌혈, 각종 편견 극복 등
진로 활동	자기 이해 활동	자기 이해 및 심성 계발, 자기 정체성 탐구, 가치관 확립 활동, 각종 진로 검사 등
	진로 정보 탐색 활동	학업 정보 탐색, 입시 정보 탐색, 학교 정보 탐색, 학교 방문, 직업 정보 탐색, 자격 및 면허 제도 탐색, 직장 방문, 직업 훈련, 취업 등
	진로 계획 활동	학업 및 직업에 대한 진로 설계, 진로 지도 및 상담 활동 등
	진로 체험 활동	학업 및 직업 세계의 이해, 직업 체험활동 등

학생들은 창의적 체험활동에 자발적으로 참여하여 개개인의 소질과 잠재력을 계발·신방하고, 자율적인 생활 자세를 기르며, 타인에 대한 이해를 바탕으로 나눔과 배려를 실천함으로써 공동체 의식과 세계시민으로서 갖추어야 할 수준 높은 자질 함양을 지향한다(교육과학기술부, 2011).

첫째, 각종 행사, 창의적 특색 활동에 자발적으로 참여하여, 변화하는 환경에 적극적으로 대처하는 능력을 기르고, 공동체 구성원으로서의 역할을 수행한다. 둘째, 동아리 활동에 자율적이고 지속적으로 참여하여 각자의 취미와 특기를 창의적으로 개발하고, 협동적 학습 능력과 창의적 태도를 기른다. 셋째, 이웃과 지역사회를 위한 나눔과 배려의 활동을 실천하고, 자연활동을 보존하는 생활 습관을 형성하여 더불어 사는 삶의 가치를 깨닫는다. 넷째, 흥미와 소질, 작성을 파악하여 자기 정체성을 확립하고, 학업과 직업에 대한 다양한 정보를 탐색하여 자신의 진로를 설계하고 준비한다.

창의적 체험활동은 하위 영역에 대한 시간 배당에 있어서 '선택과 집중'을 강조하고 있다. 영역별로 학생의 요구, 학교 및 지역사회의 특성을 고려하여 학교의 재량으로 배정하되, 학생의 발달 단계를 고려하여 학교급별, 학년별로 활동 영역 및 내용을 선택하여 집중적으로 운영할 수 있다. 또한 학년군 내 4개 영역 중 가능한 한 특징 영역이 누락 되지 않도록 한다. 학교 급별 교육과정에 제시된 최소 시수(단위) 이상 편성·운영하도록 하며, 학교의 필요에 따라 기준 시간(단위)보다 더 많은 시간을 확보하여 운영할 수 있다. 창의적 체험활동은 수업 시수 20% 감축 운영 대상이 아니므로 창의적 체험할 시수를 감축 운영하는 사례가 발생하지 않도록 하는 것이 중요하며, 초등학교 1~2학년은 272시간, 3~4학년은 204시간이 배당되었다(교육과학기술부, 2011).

창의적 체험활동은 학교의 필요에 따라 기준 시간(단위)보다 더 많은 시간을 확보하여 운영할 수 있으며, 시간 운영은 통합, 집중 등 다양한 방식으로 융통성 있게 할 수 있다. 그뿐만 아니라, 활동의 내용, 조직 단위, 장소, 시설 등 규모와 여건을 고려하여 전일제, 격주제, 집중제 등과 같이 융통성 있게 운영할 수 있다. 자율 활동의 국토 순례 활동, 봉사 활동, 진로 체험 등은 활동의 특성에 따라 방학 기간을 이용하여 집중적으로 운영할 수 있다. 또한 입학 초기 적응 활동은 창의적 체험활동의 자율 활동 중 '적응 활동'의 일부로 편성하여 지도한다. 특히 초등학교 1학년과 사춘기 학생들의 적응 활동을 위한 적절한 교육 프로그램 개발하여 적용한다.

학교와 교사, 학생의 요구와 필요에 따른 범교과 학습과 자기 주도적 학습을 창의적 체험활동의 영역과 연계하여 운영할 수 있다. 나아가, 지역사회의 인적, 물적 자원을 최대한 활용하기 위하여 창의적 체험활동 영역별로 활용 가능한 인사, 시설, 기관, 자료 등의 자원 실태를 파악하고, 다양한 활동 프로그램을 개발하여 창의적으로 운영한다. 이를 위해 시·도 교육청 및 지역 교육청은 창의적 체험활동을 운영하는 데 프로그램을 지원한다. 이와 아울러 시·도 교육청 및 지역 교육청은 창의적 체험활동 지도 자료 및 프로그램의 개발 및 보급, 연수 과정의 개설, 연구학교의 운영 등을 통하여 각급 학교의 창의적 체험활동 운영과 개선을 지원한다(교육과학기술부, 2011).

이와 같이 창의적 체험활동은 국가 차원의 교육과정의 일환으로 운영해야 하므로 이 시간을 이용하여 '지속가능발전교육'을 수행하는 것이 가능하다고 본다. 그 이유는 창의적 체험활동은 교과를 벗어난 자율 활동, 동아리 활동, 봉사 활동, 진로 활동으로 운영하는 하나의 형식이기에 이 형식을 채울 수 있는 '내용'이 필요하다. 바로 이 내용을 '지속가능발전교육'으로 채울 수 있다고 본다. 지속가능발전교육은 우리 사회가 나아가 세계가 직면한 환경, 경제, 사회·문화적 차원의 문제들을 '지속가능성'을 위해 해결할 수 있는 능력을 학습자들에게 제공한다. 따라서 학습자들의 잠재력을 향상시키고 진로를 탐색하며 시민성을 높이는 비교과 활동으로서 지속가능발전교육은 효과적일 것으로 기대한다.

3. 지속가능발전교육의 교수·학습 방법

1) 지속가능발전교육의 교수·학습 방향

최근 기후 변화의 이해와 초국적인 대응, 환경 보건과 위생 그리고 나아가 안전에 대한 지속적인 관심, 지구촌 시민의식 및 문화 의식의 함양으로 지속가능발전교육에 대한 관심이 고조되어 있다. 그러나 학교교육과정에서 지속가능발전에 관한 내용을 담는 것은 다음과 같은 기본적 방향을 통해 효과적인 교육이 이루어지도록 관심을 가져야 한다.

첫째, 지속가능발전교육에 관한 단편적이고 지엽적인 지식의 주입보다는 이 교육에 대한 바람직한 이해에 바탕을 둔 태도 함양과 적극적 행동 및 참여를 유발하도록 해야 한다. 지속가능발전교육은 개인의 심층적인 내면의 사고를 미래의 지속가능성에 초점을 두어 정리하여 올바른 태도와 적극적 행동 및 참여를 유발해야 한다. 그렇기 때문에 지식과 내용에 관한 요소와 함께 인지 심리적 요소도 강조되어 교육이 운영되어야 한다. 예를 들면, 지속가능성에 입각하여 '에너지 절약 수칙'을 학교교육이나 가정교육을 통해서 잘 알고 있다고 하여도 그 사람이 집이나 직장에서 본인의 상황과 어려움을 감수하여 이 절약행동에 제약을 받을 수 있다. 다시 말해 어떤 시민이 에너지 절약 행동과 적극적 참여를 하지 않으려고 한다면 교육 활동은 아무런 의미가 없다. 그래서 교수·학습의 방향을 설정할 때 "어떻게 하면 인간의 심층적인 내면에 있는 감성을 자극하고 참여 마인드를 증진시킬 수 있는가?"를 끊임없이 고민할 필요가 있다.

둘째, 현재 우리가 당면한 문제 나아가 초국가적으로 다가올 미래의 위협을 다룰 때에는 문제의 본질과 그 문제의 발생 원인 그리고 향후 해결 방안을 지속가능성에 입각하여 통합적으로 바라보는 것에 집중할 수 있도록 한다. 최근에 화두인 '기후 변화'를 학습 주제로 다루고자 할 때 "왜 기후 변화가 발생되는가?", "기후 변화에 의해 나타나는 현재의 문제점은 무엇인가?", "기후 변화에 따른 사회적 불평등은 없는가?", "문화 다양성에 기후 변화 문제는 어떤 영향을 주는가?", "앞으로의 해결 방법은 개인적으로, 사회적으로 초국가적으로 무엇인가?"를 종합적으로 다루어야 한다.

특히 지속가능한 미래를 위한 바람직한 해결 방법과 개인이 동참할 방법을 도출하려는 노력과 적극적으로 참여하려는 방법을 강구할 필요가 있다. 지구가 더워지는 온난화 현상의 이유만 알고 있거나, 지구 온난화 현상으로 일어나고 있는 현재의 문제점을 나열하고 이 이유를 단순히 이해하는 것만으로는 온전한 지속가능발전교육의 방향이라고 볼 수 없다. 지속가능성에 초점을 두어 통합적으로, 체계적으로 이해하고 충실히 극복하려는 노력을 유지해야 한다.

셋째, 학습자의 상황을 고려하여 지속가능성에 관한 주제를 선정하고 교육적인 전이력과 문제 해결에 대한 자기주도적인 창의력을 습득하도록 한다. 지속가능발전교육은 유아기 때부터 일상생활에서 배울 수 있는 환경을 마련해야 한다. 이 교육은 초등학교 미취학 학생부터 정규 교육과정을 오래전에 마친 성인까지 폭넓게 이루어지기 때문에 학습자의 상황과 처지는 다양할 수밖에 없다. 그 때문에 학습자의 이해력과 흥미, 참여의 실현 범위 등을 고려하여 적당하고 적합한 주제를 선정하는 것이 필요하다. 예를 들면, 초등학교 학생을 대상으로 국제적인 관점에서 평등과 배려를 지도할 때 자신의 지역과 세대의 관점에만 국한하여 생각하지 말고, 우리가 사는 지역과 다른 지역을 반대로 생각하거나, 나보다 나이가 더 많은 사람 혹은 더 어린 사람들을 고려하여 판단하는 것이 적극적인 학습에 도움이 될 것이다.

지속가능발전교육의 내용과 주제들을 시간이 지날수록 다양해지고 복잡하고 다양해지는 양상으로 흐른다. 그래서 학습자의 일상생활에 기반을 둔 상황을 고려한 적절한 주제를 선정하고 이해력에 바탕을 두어 활용한 문제 해결력과 전이력을 통해 적극적 행동과 참여를 유도하고자 하는 바람직한 교수·학습의 방향을 설정해야 할 것이다.

2) 지속가능발전교육의 다양한 교수·학습 방법

(1) 강의법

역사가 가장 오래된 교수법으로 인쇄술이 발달하지 않았던 시대의 중요한 교수방법이었다. 중세대학에서는 토론에 주로 사용되었다. 즉, 교수자가 첫째 날 특정 주제에 대해서 학생들에게 강의한 뒤, 학생들이 강의내용에 대해서 질문지를 제출하면 다음날 질문지들을 정리하여 순서에 따라 설명하는 방식으로 진행된다. 그러나 인쇄술이 발달하여 책이 일반화되기 시작하면서 강의법은 텍스트 중심으로 전환하게 되었다.

이렇듯 강의법은 인류가 사용해 온 가장 오래된 학습 방법이며, 가장 보편적인 방식으로 교수자가 학습자에게 학습 내용을 직접 언어로써 전달하는 형태를 보인다. 단시간에 많은 정보를 전달할 때 효과적인 교수·학습 방법으로 교사 중심의 학습 지도 형태이며, 교사가 가르칠 내용을 체계적으로 설명하여 학습시키는 방법이다.

강의법의 장점은 학습자가 많은 경우, 수업 내용과 목표가 지식일 경우, 기본적인 정보를 제공해야 하는 경우, 이해하기 어려운 이론을 설명해 주어야 하는 경우, 다른 방법을 통한 교수·학습의 전 단계에서 학습 교과에 대한 일반적인 정보와 방향을 제시할 때에 효과적이다. 이와 같은 이유로 지속가능발전교육에서는 지속가능성의 의미와 원리, 지속가능성 확보에 관한 문제의 원인과 결과 등을 간결하고 집중력 있게 지도할 때에 필요하다. 다시 말해 지식 및 이해 차원의 수업을 할 때 유용하게 활용할 수 있는 방법이다.

지속가능발전교육에서 강의법을 활용할 때에 주의해야 할 점은 다음과 같다(최석진 외, 2013: 53). 첫째, 학습자에게 가르칠 내용을 자세하고 명확하게 설명할 수 있도록 체계적으로 진행하고, 학습자의 연령과 특징을 고려하여 논리적 흐름에 따라 적절하고 노련하게 장면을 전환할 필요가 있다.

둘째, 주의 집중을 지속시키기 위해 장면 진환을 시도할 때 시청각 자료나 읽기 자료 등을 마련하여 활용해야 하며, 학습자가 강의에 대해 질문할 것을 예상하여 답변을 미리 작성해 두어야 한다.

셋째, 지속가능성에 입각한 사실적 정보나 이론, 개념 등을 제시하고 설명하여 학생들에게 효과적으로 이해시키는 것이 지도하는 목적이므로, 강의하는 사람은 강의 노트를 작성하거나 파워포인트 자료, 동영상 자료 등의 매체를 적절하게 재구성하여 작성해야 한다.

강의식 수업의 일반적이고 바람직한 구성을 살펴보면, 서론 부문에서 학생들에게 강의에 관련된 개념을 어느 정도 알고 있다고 가정하고 본론에서 강의할 내용과 목표에 대한 도입 자료를 활용하여 학생들의 관심을 끌어들이도록 해야 한다. 본론 부분에서는 다양한 교수학습도구, 즉 파워포인트 자료와 동영상 자료를 적절히 활용하여, 강의법의 장점인 간결하고 집중력 있는 내용 전달이 이루어지게 해야 한다. 그리고 결론 부분에서는 주요 개념들을 요약하여 말하고, 강의한 내용을 일반화하거나 반성적 사고를 할 수 있는 복습 시간을 주어 정리하도록 한다.

(2) 토의·토론 학습

토의·토론 학습은 학습자들이 고정적인 규칙에 구속되지 않고 자유로이 의견이나 태도를 표명하고 지식이나 생각을 상호 제공 및 교환함으로써 참가자 상호 간의 의견이나 견해의 차이를 조정하여 집단으로 의견을 수렴하는 방법이다. 다시 말하면, 토의·토론 학습은 집단적인 상호작용을 요구하는 학습 방법으로 자유롭고 우호적인 분위기에서 많은 학생들의 의사를 존중하고 받아들이는 토의 과정을 통해 자신의 입장을 분명하게 밝할 수 있는 민주 시민적인 자질을 기르는 데 중심을 둔 학습 방법이다(조광준, 1998).

이런 맥락에서 지속가능발전교육 수행 시 가치와 집단 이익이 부딪치는 문제를 다룰 때에는 토의·토론 학습이 적합하다. 특히 지속가능성에 관한 요소들 간의 관계, 일상생활에서의 경제, 환경, 문화에 관한 문제의 의미와 그 심각성, 문제에 대한 적극적인 해결방안 및 사회적 합의가 이루어지고 있지 않은 쟁점들에 대한 논의 등을 할 때 효과적인 교수·학습 방법이다.

성공적인 토의·토론 학습이 이루어지기 위해서는 충분한 경험을 가진 사회자 혹은 진행자가 필요하고 참여자로서 학습주체들의 철저한 사전 준비가 수반되어야 한다. 그래서 의사 결정 능력, 탐구 능력, 문제 해결력의 증진에 목적을 둔 경우에 적절한 방법이다. 토의·토론 학습을 운영할 때 몇 가지 유의해야 할 점이 있다.

첫째, 쟁점이 되는 내용에 대해 학습자들이 활발하게 자기주장을 근거 있게 제시하고 객관적 문헌과 자료를 효과적으로 제시하는지를 관찰해야 한다. 지속가능발전에 관한 문제나 의견을 효과적으로 개진하기 위해서는 객관적인 근거가 제시되어야 하기 때문이다.

둘째, 학습자들이 주장하고 제시하는 내용이 자기 자신의 견해인지 다른 사람의 의견인지 구별해야 한다. 교수자는 여러 학생의 지속가능발전에 대한 다양한 의견을 정리하고 그 교육의 내용이 제시된 출처를 명확하게 할 필요가 있다.

셋째, 특별한 근거나 비판의 준거가 없이 상대방을 비난하거나 수업 내용과 관련이 없는 내용을 지속적으로 표현하고 나아가 억지를 쓰는 학생이 있는지 체크하고 학습자들이 다른 토론 참가자들의 주장과 반박에 귀 기울이는지 살펴보아야 한다. 쟁점과 그 해결 방법은 다양성과 개방성이 있어야 하므로 이를 위해 학습자들의 바람직한 참여 태도를 확인할 필요가 있다.

넷째, 토의·토론의 과정에서 학습자가 교수자에게 질문을 하거나 소수의 적극적인 학생만 토의·토론의 흐름을 주도하게 되는 점을 지양해야 한다. 그래서 미리 모든 학생들이 적극적으로 참여할 수 있도록 자유로운 발언 분위기를 조성해야 한다.

(3) 조사 학습

지속가능발전교육에서의 조사 학습은 경제, 환경, 문화에 관한 문제에 대한 해답을 찾기 위해 구체적이고 가시적인 현상을 수집하는 교수·학습 방법이다. 그래서 조사 학습은 탐구하거나 해결해야 할 문제에 대해 관련된 자료를 탐색하거나, 관련된 장소나 현장에서 직접적인 관찰과 경험을 통하여 수행할 수도 있으며, 책이나 문헌, 인터넷을 활용한 간접적인 경험을 통하여 수행할 수도 있다(남상준 외, 1994).

조사 학습의 방법은 다음과 같이 문헌 조사 방법, 현장 조사 방법, 면담 조사 방법으로 나누어 볼 수 있다.

- 문헌 조사: 방법학생들이 활용할 수 있는 서적, 연감, 백과사전 등의 참고 자료와 신문과 잡지 등의 정기간행물, 사진과 동영상 같은 멀티미디어 자료 등을 이용하여 지속가능발전에 관한 내용을 조사한다.
- 현장 조사 방법: 기념관, 박물관, 공공기관, 연구 시설 등 경제, 환경, 사회, 문화와 관련된 현장에 직접 나가서 현상과 사실을 조사하는 방법이다. 이때 교사는 미리 답사하여 현장조사 가능성을 파악하는 것이 필요하다.
- 면담 조사 방법: 조사해야 할 사항에 대해 풍부한 지식을 갖추고 있는 여러 자원 인사와 직접 혹은 간접 면담하여 밀도가 높고 현장감 있는 연구를 진행할 수 있다.

또한 조사 학습은 목적에 따라 문제와 관련된 여러 현상을 관찰하고 필요한 정보를 수집하는 활동과 경제, 사회, 환경, 문화의 상호적인 인과 관계를 규명하기 위하여 수행하는 활동으로 크게 나누어 볼 수 있다.

이와 같은 조사 학습을 효과적으로 운영하기 위해서는 다음과 같은 점에 유의해야 한다.

첫째, 학교에서 이루어지는 조사 활동은 개인적으로 이루어지기보다 모둠 활동으로 수행된다. 그래서 모둠 활동으로 진행되는 조사 활동에는 개인 간의 적절한 역할 분담과 원활한 의사소통이 필요하다. 만약 모둠 활동으로 이루어지는 조사 학습에서 일부 인원만 활동에 참여한다면 모둠 구성원 간의 오해와 불만으로 운영에 어려움을 겪을 수 있다.

둘째, 현장 조사나 관찰 활동을 수행하지 못하는 경우에는 문헌 조사를 통해 조사 학습을 수행한다. 문헌 조사 주로 서적, 신문, 잡지, 인터넷을 통한 조사를 통하여 이루어진다. 지속가능발전교육이 대상으로 하는 범위는 자신이 살고 있는 지역뿐 아니라 세계적인 문제까지 포함하고 있으므로 학생들에게 직접적인 조사만 요구할 수는 없다. 그러므로 간접적인 조사에 능동적으로 참여할 수 있도록 운영할 필요가 있다.

셋째, 문헌을 통한 조사 학습을 수행할 때는 자료의 출처를 명확하게 밝히고 타인의 자료를 표절하지 않도록 해야 한다.

(4) 역할놀이

역할놀이는 집단 이익과 가치가 관련되어 있는 사회적 문제나 윤리적이고 도덕적인 문제의 해결에 가장 이상적인 방법이다. 역할놀이는 학생들에게 특정한 역할을 부여한 다음, 각자 주어진 역할을 수행하게 하는 절차에 따라 실시된다. 역할놀이는 놀이를 통해 다른 사람의 입장을 이해하게 되고, 학생들을 수업에 적극 참여시켜 함께 공부하게 사회적 문제를 해결하는 데 도움이 된다.

교수·학습 방법으로서 역할놀이의 핵심은 학생들이 배우로서 또는 관객으로서 실제의 문제를 해결하는 과정에 적극적으로 참여하는 데 있다. 그래서 역할놀이에서는 학생들에게 친숙하고 누구나 이해할 수 있는 상황과 소재를 활용하는 것이 좋다(Solomon, 1993). 역할놀이를 교수·학습 전략으로 활용할 경우, 그 형식은 다른 사람의 입장에서 바라보기, 인터뷰(interview)하기, 역할 바꾸기, 종합적인 역할 담당하기, 이야기 대본 읽기 등 다양하다.

- 담당 역할 바꾸기 활동: 여러 명의 학생이 역할을 맡아서 해결해야 할 지역사회의 현안 문제를 다룰 때에 사용하는 형태로서, 학생들이 어떤 역할을 맡아 문제를 해결한 다음 각자의 역할을 서로 바꾸어 다시 해결하게 하는 방법이다. 역할을 바꾸어 문제를 해결한 다음 그들에게 두 가지 역할에 대한 느낌과 생각을 말하게 할 수 있다.
- 인터뷰 활동: 인터뷰도 비교적 단순한 역할놀이의 한 유형이다. 학생들에게 기자의 역할과 정부의 관리를 맡아보게 할 수 있기 때문이다. 학생들은 과학자, 공학자, 국회의원, 시장, 생태학자, 사업가 등의 상황에 따라서 다양한 역할을 맡아볼 수 있다.
- 이야기 읽기: 이야기는 우리가 살아가는 현실 속에서 쉽게 발견할 수 있고 다양한 형태를 취한다. 왜냐하면, 현실에 관한 이야기는 친근함을 줄 뿐만 아니라 학생들에게 바람직한 지속가능발전에 관한 개념, 태도, 기능 등을 향상시킬 수 있기 때문이다. 교사는 학습자에게 교육의 성과를 얻기 위해 직접 이야기를 창작할 수 있다. 이와 같은 창작 형태의 이야기를 수업에 투입함으로써 학생의 다양한 사고를 유도할 수 있으며, 변화 있는 수업의 형태를 유지할 수 있다.

역할놀이를 활용하여 교수·학습 자료로 활용할 수 있는 주제는 일반적으로 개발과 발전의 과정에서 생기는 가치적인 문제, 사회적 논쟁거리, 지역 문제 등 다양하게 다룰 수 있으며, 이를 수업에 접목하면 능동적인 성과를 얻을 수 있다.

(5) 현장 견학 학습

생동감 있고 적극적인 지속가능발전교육의 효과를 이루기 위해서는 현장 견학의 교수·학습 방법을 활용해야 한다. 왜냐하면, 자연환경이나 인문환경의 현장은 생생한 정보의 자료가 가득하기 때문이다. 현장 견학은 다양한 형태로 이루어지는데, 크게 야외 실습(field work), 야외 실험(field experiment), 현장 견학(study trip), 야외 조사(field study) 등이 있다.

현장 견학은 학습자에게 직접적인 현장 경험을 부여하여 학습력을 강화하는 학습 방법이므로, 산과 강과 같이 자연 공간, 자연사박물관이나 역사박물관 같은 문화 공간, 연구소나 실험실 같은 연구 공간을 직접 방문하여 학습자가 독특한 학습 경험을 얻을 수 있도록 운영한다.

학생들은 현장 학습을 통해 현재와 미래가 서로 밀접하게 연결되어 있음을 알게 되고, 현장에서 학습한 경험을 통해 전에 알지 못했던 경제, 사회, 환경, 문화적 문제의 현황 등을 파악할 수 있다(Trowbridge, Bybee, & Powell, 2000). 또한 현장 견학의 가장 큰 장점은 현장을 방문하여 관찰하고 경험하는 과정을 통해 습득한 학습자의 지식과 문제의식은 오랜 시간 동안 기억되기 때문에 다른 교수·학습 방법보다 그 효과가 높다. 하지만 효과적인 현장 견학이 이루어지기 위해서는 철저한 계획을 세워야 하고, 원활하게 운영해야 하며, 현장 견학 후에는 적절한 추후지도와 평가가 이루어져야 한다.

4. 세계시민교육 연계 지속가능교육 교수학습방법

세계시민교육에서 활용되는 교수법은 주로 사회과 수업에서 활용되어 온 교수학습방법들이다.[1] 따라서 세계시민교육 연계 지속가능교육 교수학습방법에는 사회과에서 활용되어온 다양한 교수학습모형들을 적용할 수 있다. 세계시민교육 연계 지속가능교육을 위한 교수학습방법은 한 가지 수업 모형이나 교수-학습법에 의해 실행되기보다는 다양한 방법을 적절히 통합하면서 실행될 수 있다. 여기서는 주로 사회과 수업에서 적용할 수 있는 주요한 교수-학습 방법들을 살펴보고자 한다.

1) 탐구 학습 모형

 탐구 학습의 절차는 학자마다 조금씩 다르지만, 대체적으로 문제해결을 위해 가설을 설정하고 이를 검증하기 위해 자료를 수집하고 분석하여 결론을 내리는 일련의 사고의 과정을 가지고 있다. 즉, 문제 제기 → 가설의 설정 → 자료 수집 → 자료 분석 → 가설 검증 및 이론 도출이라는 과정을 따른다.

 제1단계는 문제의 제기 또는 문제 설정의 단계이다. 탐구의 과정은 학생들이 해결해야 할 문제에 민감성을 갖고 의문을 갖는 데서 시작한다. 따라서 다루는 문제가 학생들의 현재의 관심사와 연관되어 있을 때 학생들의 관심과 참여도는 높아진다. 제2단계는 가설 설정의 단계로서 가설이란 처해진 문제 상황에 대한 잠정적 해답을 의미한다. 이 단계에서 주어진 문제에 대한 최대한의 설명과 해답을 제시하도록 노력하게 되는데, 이 과정에서 독창성과 상상력이 발휘된다. 교사는 학생들이 찾아내는 가설들에 대해서 가치판단을 내리지 않고, 학생들이 자유롭게 가설을 설정할 수 있도록 도와야 한다. 제3단계는 학생들이 자신이 세운 가설을 검증하기 위해 필요한 자료를 수집하는 단계이다. 이 단계에서 교사는 학생들이 쉽게 구

---

1) 이번 절에서는 김영순, 모경환 외(2013: 11~43)에서 논의된 내용을 요약하여 기술한 것임.

할 수 있는 일부의 자료에만 국한되지 않고 다양한 자료를 수집하도록 도와야 한다.

제4단계는 수집된 자료를 분석하는 단계로서, 먼저 적절한 자료인지를 판단하고 자료의 정리와 분석을 실행한다. 이와 같이 가설을 검증하기 위해 다양한 자료를 수집하고 분석하는 제3단계와 4단계에서는 엄밀한 절차에 따라 탐구를 수행하는 정교함이 요구된다. 제5단계는 학생들이 다양하게 수집한 자료의 분석에 근거하여 결론을 도출하는 과정이며, 제2단계에서 설정한 가설을 기초로 해답을 확정하는 과정이다. 이 마지막 단계에서는 자신의 연구 계획을 검증하거나 결론을 정당화하는 과정이 수반된다.

2) 의사결정 모형

변화가 급속한 현대 사회에서 개인이나 집단은 매 순간 중요한 의사결정을 해야 하는 상황에 직면하게 된다. 그래서 의사결정(decision making)은 최근 세계시민교육을 주도하는 사회과교육에서 중요시되고 있는 교수학습방법이다. 의사결정을 위한 수업 모형은 다른 고차사고력의 함양과도 매우 밀접한 연관을 맺고 있으며, 심지어 의사결정력의 함양을 사회과의 가장 중요한 목표라고 주장하는 학자도 있다(Banks, 1999). 의사결정은 선택이 가능한 여러 대안 중에서 자신이 추구하는 목표에 적합한 어느 하나를 선택하는 것을 말한다.

의사결정을 위한 수업에는 다음 두 가지 요소가 필수적이다. 첫째, 사회과학이 창조한 지식을 획득하는 탐구의 과정을 거치는 것이 필요하다. 의사결정을 위해서는 적절한 지식과 정보가 필요하기 때문이다. 둘째, 가치탐구의 과정이 필수적으로 요청된다. 의사결정은 자신이 바람직한 가치를 무엇으로 보느냐에 따라서 크게 영향을 받기 때문이다. 특히 대안으로 등장하는 모두 바람직할 경우에는 가치의 탐구는 더욱 필요하며 실제로 의사 결정 문제의 대부분이 그렇다.

이러한 사회 탐구와 가치 탐구의 과정이 끝나면 여기에서 이러한 과정이 끝나면 가능한 대안을 모두 검토하여 그러한 대안을 선택하였을 때 나타나는 결과를 예측한다. 의사결정 과정에서 대안의 검토와 결과의 예측은 매우 중요하다. 개인적, 사회적 문제의 많은 부분이, 행동의 결과를 예측하고 그 장단점을 충분히 검토하였더라면 충분히 예방할 수 있는 것들이다. 따라서 현명한 의사결정은 교육 일반에서 강조해야 할 중요한 교육 목표임이 틀림없고, 바람직한 시민의 자질 육성을 목표로 하고 있는 사회과가 이러한 교육의 중핵 교과라고 할 수 있다.

마지막으로 각 결과의 장단점을 분석하여 의사결정을 하고, 그것에 따라 행동으로 실천하도록 격려한다. 요컨대 합리적인 의사결정을 위한 학습은 문제제기 → 지식과 가치문제의 확인 → 사회탐구에 의한 지식 획득 → 가치탐구에 의한 가치 분석 → 대안탐색과 결과예측 → 선택 및 결론 → 행동 등의 과정을 거치는 것이 그 핵심이라고 할 수 있다(차경수, 모경환, 2008). 의사결정 모형은 사회과학 탐구와 가치 탐구의 서로 다른 두 과정을 모두 요청하는 종합적인 수업 모형으로서 사회문제나 논쟁문제의 학습을 통해 학생들의 창의인성을 육성할 수 있는 매우 유용한 학습 모형이다.

3) 협동학습 모형

학습 목표의 달성을 위한 수업의 구조를 분류해보면 1) 경쟁이 있는 개별학습, 2) 경쟁이 없는 개별학습, 3) 집단적으로 보상이 있고 서로 협동하게 되어 있는 협동학습 등 셋으로 나누어 볼 수 있다. 현대의 자본주의 사회에서 학습자의 경쟁력을 향상시키는 것은 교육의 주요한 목표 중의 하나이다. 그러나 지나치게 경쟁적인 학습 구조는 승자와 패자를 양산하고 학습자의 잠재력을 실현시키기보다는 변별의 수단으로 전락하는 경우가 많아 학습자의 성장에 많은 문제점을 가지고 있다.

한편 경쟁이 없는 개별학습 구조는 경쟁을 지양하고 학습자의 개별적 특성에 적절한 학습 환경의 제공에 초점을 두었다. 그러나 경쟁이 완전히 배제된 상황은 학습자에게 적절한 지적 자극을 제공하기 힘들며 따라서 학습자의 성장을 견인하는 데 많은 한계를 가질 수밖에 없다. 마지막으로 협동학습 모형은 전통적인 개별학습 모형이나 경쟁학습 모형보다 지적 성장이나 정서적 성장에 더 효과적이라는 것이 밝혀지면서 최근에 사회과에서 커다란 관심을 불러일으키고 있다.

협동학습은 의사결정 학습처럼 명백하게 사회탐구와 가치분석의 과정을 거치는 것은 아니지만, 지식의 습득 같은 인지적 목표와 협동심, 관용성 함양 같은 정의적 목표를 종합적으로 달성할 수 있는 수업이라는 측면에서 매우 유용한 종합적 학습 모형이다. 협동학습을 위해서 다양한 학습 모형들이 개발되었는데, 여기서는 사회과에서 가장 널리 사용되고 있는 STAD 모형과 직소 모형을 살펴보기로 한다.

첫째, 가장 간단한 협동 학습 모형으로는, 4~5명으로 조직된 소집단에게 하나의 학습과제를 주고 각 집단 내에서 서로 나누어서 학습하게 한 후 종합하여 각 집단으로 하여금 그 결과를 학급에 보고하게 하는 형태의 수업이다. 보고의 결과에 따라 집단 전체에 보상을 줄 수 있으며, 학생 각자는 개별적인 형성평가를 치른다. 이렇게 하면 각자의 책임을 수행하게 하고, 각자는 자신의 점수를 과거 점수와 비교하여 성공의 기회를 체험하며, 집단적 경쟁과 보상의 기회도 갖는다. 이것이 슬라빈(Slavin, 1978)의 학생집단학습모형(STL: Student Team Learning)이다. 슬라빈의 모형 중 학업성취를 중심으로 한 학생집단 성취모형(STAD: Student Team Achievement Division)은 학업성취도 측면에서 전통적인 학습방식보다 우수하다는 연구 결과가 국내에서도 보고되었다(정문성, 2006).

둘째, 사회과에서 많이 쓰이는 '조각맞추기(Jigsaw)'라는 협동학습 모형은 원래 1970년대에 아론슨 외(Aronson et al., 1978)가 'Jigsaw I'을 개발하였고, 그 후 슬라빈(Slavin, 1987)이 새롭게 'Jigsaw II'를 개발하여 보다 정교한 모형으로 발전시켰다. Jigsaw II는 집단 목표와 개인의 책임, 성공기회의 체험 등 위에서 제시한 협동학습의 과정이 비교적 잘 나타나 있는 학습모형이다. 이와 같은 Jigsaw II 모형의 단계를 요약해 보면 다음과 같다(Martorella, 1991, 120~122, 차경수, 모경환, 2008, 187~189에서 재인용).

(1) 성별, 학업성적, 가정배경 등이 서로 다른 이질적인 4명이 한 팀이 되도록 학급을 소집단으로 나눈다.
(2) 하나의 주제를 정하고, 그 주제를 4개의 소주제로 다시 구분한다. 한 집단의 4명에게 각각 그 소주제들을 분배해 준다. 예컨대, 청소년문제라는 주제를 다시 개념, 실태, 이론, 대책 등으로 나누어 한 집단의 4명에게 하나씩 분배한다.
(3) 같은 소주제를 맡은 학생들끼리 만나서 공동으로 그 소주제를 연구한다. 예컨대, 청소년문제의 '개념'을 맡은 학생들은 그들끼리 만나서 집단을 구성하고 연구한다. 이것을 전문가집단이라고 한다.
(4) 이들은 소주제 연구가 끝나면 전문가집단을 떠나서 원래 소속되었던 모집단으로 돌아가 모집단 내의 다른 구성원들에게 연구한 바를 교수한다.
(5) 팀의 소속원은 모두 이 학습을 기초로 하여 자기가 맡은 소주제뿐만 아니라 청소년문제 전체에 대해서 형성평가를 치른다. 평가에서는 출발점의 성적을 기준으로 하여 향상점수를 계산하여 성취감을 고취한다.
(6) 평가 결과에 따라서 집단보상이 주어진다.

협동학습 모형은 다양한 주제를 다룰 수 있으며, 개인 간의 지나친 과열경쟁이 문제시되는 우리의 교육 현장에서 매우 유용한 학습 모형이라고 할 수 있다. 협동적 태도의 발전과 함께 창의인성, 그리고 학업 성취의 향상에 매우 효과적인 방법이라고 할 수 있다.

4) 프로젝트학습 모형

프로젝트학습 모형은 1920년대 초반 Kilpatrick가 교수-학습 방법의 하나로 소개하면서 유용한 수업 방법으로 널리 전파되었다. 프로젝트 학습은 그것을 사용하는 환경이나 사용의 필요에 따라 다양한 의미를 가지고 있는데, 일반적으로 프로젝트 학습이란 학습자들이 복합적이고 실제적인 질문과 신중히 고안된 과제를 중심으로 학습자 간의 활발한 상호작용을 통하여 탐구의 과정을 거치면서 지식과 기능을 습득하도록 하는 체계적인 교수-학습 방법이다.

프로젝트 학습은 실제적인 문제 상황으로부터 스스로 학습 주제를 설정하고 다양한 형태의 탐구 활동을 통하여 문제를 해결해나가는 학습자 중심의 교수-학습 방법이다. 프로젝트 학습은 한 과목 내에서 이루어지는 2~3주의 단기간의 과업에서부터 한 학기 또는 일 년에 걸친 장기 과업까지 다양한 형태로 이루어질 수 있으며 학생들이 협력하여 공동의 학습 목표를 성취해가는 학습 방법이다.

효과적인 프로젝트 학습은 다음과 같은 특징을 가지고 있다(Buck Institute for Education, 2003: 4~5).

- 학생들의 내적 학습 동기, 과업을 성취할 수 있는 능력, 그리고 학습의 과정에 주체로 참여해야 한다는 것을 인정한다.
- 프로젝트 과제는 학생들로 하여금 교과의 핵심적인 개념이나 원리를 다루도록 해야 한다. 즉 과제는 교육과정의 중심적인 내용을 다루어야 한다.
- 학생들의 흥미나 호기심을 불러일으킬 수 있는 주제를 제시하여 현실적이고 중요한 문제를 심층적으로 탐구할 수 있도록 해야 한다.
- 과제를 수행하는 과정에서 학습, 자기 관리, 프로젝트 관리를 위해서 테크놀로지를 포함한 학습 도구와 기술 등을 사용할 수 있도록 해야 한다.
- 과제 산출물을 구체적으로 적시해야 하는데, 예컨대 문제를 해결하거나, 딜레마 상황을 해결하거나, 조사·연구·추론을 통해 얻은 정보를 제시하는 것

등이다.
- 빈번한 피드백이 가능하고, 학생들이 경험을 통해 학습할 기회를 계속해서 가질 수 있는 구체적인 학습 산출물을 포함해야 한다.
- 학생 성취에 대한 교사의 높은 기대를 전달하고, 엄밀한 과제 수행을 요구하며, 다양한 지식과 기능을 사용하도록 하는 수행평가를 사용해야 한다.
- 소집단 활동, 학생 주도의 과제 발표, 과제결과물에 대한 학급전체의 평가 활동 등을 통하여 학생들 간의 협력과 협동을 증진시키도록 해야 한다.

프로젝트학습을 위해서는 수업의 효과를 높이고 학생들의 참여를 격려하기 위해 치밀한 준비와 계획이 필요하다. 효과적인 프로젝트 수업의 절차에는 그 목적에 따라 다양한 형태가 있는데, 여기서는 가장 널리 사용되고 있는 두 가지 모형을 소개하고자 한다.

Intel Education(2008)에서는 효과적인 프로젝트학습을 위해서 네 가지 단계로 구분하여 수업 모형을 제시하였다. 첫째, 교육과정에 나타난 내용의 학습과 아울러 고차적 사고력을 계발할 수 있는 구체적인 학습 목표의 설정한다. 둘째, 수업을 이끌어가는 질문을 개발한다. 셋째, 평가 계획을 수립한다. 넷째, 구체적인 학습 활동을 설계한다.

한편 Buck Institute for Education(2003)에서는 사회과에 적용할 수 있는 보다 정련화된 모형을 제시하고 있다. 첫째, 프로젝트에 대한 아이디어를 개발한다. 둘째, 프로젝트의 범위를 결정한다. 셋째, 교육과정 중에서 프로젝트 관련 내용을 추출한다. 넷째, 지식뿐만 아니라 기능, 가치·태도 관련 학습 목표를 구체화한다. 다섯째, 선정 기준에 적합한 프로젝트를 결정한다. 여섯째, 효과적인 프로젝트 학습을 위한 최적의 학습 환경을 제공한다.

이러한 프로젝트학습 모형은 문제해결력, 비판적 사고력, 창의력, 의사소통능력, 협동성, 문화간 이해능력, 산술능력, 직업수행능력의 제고에 효과적인 교수-학습 방법으로 알려지면서 사회과 수업에서도 세계시민을 육성하는 데 매우 유용한 방법으로 부각되고 있다.

5) 사회참여학습 모형

세계시민교육 연계 지속가능발전교육은 사회참여 지향형 수업을 기획하고 수행한다. 사회참여는 좁은 의미에서 시민들이 정치 과정에 영향력을 행사하는 행위를 의미하지만, 넓은 의미에서는 공동체의 의사결정에 자발적으로 관여하고 체험하는 행위로서 사회 체험과 서비스 제공까지를 포함하는 광범위한 활동이다. 사회참여 학습은 이러한 사회참여를 수업 활동의 일부로서 수행하여 학습자들의 시민성 발달에 필요한 인지적, 정의적, 행동적 특성을 습득해가는 과정이라고 할 수 있다.

이와 같은 사회참여학습은 사회과의 성립 초기부터 주요한 교수학습방법으로 활용되어 왔다. 20세기 초에 미국에서 사회과가 학교의 교과로 자리를 잡아가는 과정에서 학생들이 지역사회의 실제적인 문제에 관심을 갖고 이를 해결하도록 하는 목적으로 편성한 과목이 지역 시민학(Community Civics)이다. 이를 통해 학생들로 하여금 다양한 시민 활동을 경험하게 하고 이들이 민주적인 문제해결의 과정을 경험함으로써 시민성을 함양하도록 하였다(온정덕, 2009).

사회참여를 수업 활동으로 진행하는 참여 학습은 다음과 같은 효과를 가지고 있다. 첫째, 교실이나 강의실에서 이루어지고 있는 교수학습방법의 한계를 극복하여 학문적 지식이나 기능을 현실에 적용하고 검증함으로써 학습을 향상시키는 기회를 갖게 된다. 둘째, 사회과에서 다루는 사회 문제나 쟁점을 해결하는 탐구와 의사결정의 과정은 교실 내에 국한되어서는 한계를 지닐 수밖에 없으며, 사회적 참여를 통해 실제적 문제를 다룸으로써 학생들의 책임감과 능동적 참여 성향을 제고할 수 있다. 셋째, 참여학습은 관련된 교육과정의 내용이 심층적 학습 이외에도 광범위한 교육적 효과를 가지고 있다. 참여의 과정에서 경험하는 광범위한 사회적 접촉과 상호작용으로 인해 자기 개발과 사회성 발달, 집단적 성찰 경험을 갖게 된다. 결국 이와 같은 긍정적 효과는 사회참여 학습이 시민성 발달에 효과적인 방법이라는 것을 말해주고 있다.

사회참여학습은 그 목적과 수업의 맥락에 따라 다양한 형태를 가질 수 있지만, 대체적으로 다음과 같은 다섯 단계를 통해 이루어진다(김영인, 2002: 54~56). 제1단계는 동기를 부여하고 학습팀을 구성하는 단계이다. 참여에 대한 다양한 사례를 제시하여 학생 스스로 참여학습에 대한 내적 동기를 갖도록 하는 것이 중요하다. 학습팀 당 구성 인원을 3~5명 정도로 구성하되 학생들의 흥미, 능력, 친밀도 등을 고려하여 다양한 특성을 가진 학생들로 팀이 구성되게 한다.

제2단계는 문제 발견 및 계획의 단계이다. 학습팀 내의 자유로운 토론을 통해 참여학습의 주제가 될 문제를 인식하는 단계이다. 다음으로는 공유된 문제를 해결하기 위한 구체적인 참여학습 계획을 세워야 한다. 학습계획에는 각자의 역할, 과제해결의 구체적 절차, 장소와 시간 등이 제시되도록 한다.

제3단계는 조사 및 분석의 단계이다. 이 단계는 구체적인 실천 과정에 속한다. 현장을 방문하여 문제의 실태를 파악하는 현장 조사와 도서관, 인터넷 등을 이용하여 문제와 관련된 이론을 탐구하는 이론적 조사로 나뉘며, 이러한 조사를 통해 취득한 자료를 토대로 문제를 분석한다. 제4단계는 해결책 모색과 실천의 단계이다. 문제에 대한 분석이 이루어지면 이제 문제를 해결할 수 있는 다양한 대안을 모색하며 학생으로서 실천 가능한 것을 선택하여 직접 실천을 하도록 한다. 실천은 다양한 형태로 이루어질 수 있으며 실천 과정을 기록으로 남겨서 이후의 참여학습 자료로 활용함으로써 실천학습(action learning)이 이루어지도록 해야 한다. 제5단계는 평가 및 발표의 단계이다. 실천까지의 참여학습이 이루어지면 다시 교실로 돌아와 학습팀별로 학습의 전 과정에 대해 평가를 실시한다.

마지막으로 평가를 종합하고 전체 학급에서 각 학습팀의 경험을 발표함으로써 사회참여학습 과정을 마친다.

5. 지속가능발전교육의 평가 방법

지속가능발전교육은 현재 세대뿐 아니라 미래 세대에서도 계속하여 강조될 수밖에 없는 중요한 교육이며, 전 교과에서 다양한 주제로 접근하여 실천할 수 있는 범교과적이며 간학문적인 교육의 특성을 가지고 있다. 그러나 '지속가능발전'의 개념이 광범위할 뿐 아니라 추상적이고 학생들이 직접 경험하기가 쉽지 않다. 그 때문에 교육 현장에서 ESD를 실현하기 위해서는 학생들의 인지 수준과 경험을 고려하여 학생들의 눈높이에 맞는 교수·학습을 계획하여야 하며, 평가도 이러한 맥락에 따라 이루어져야 한다.[2]

앞에서 언급한 바와 같이 ESD를 위한 교수·학습의 경우 교사가 중심이 되어 강의법을 주로 하여 수업을 이끌었던 전통적인 방법에서 벗어나, 교사는 학생들에게 우리 사회가 당면한 ESD에 위배되는 문제점을 발견하고 이에 대한 심각성을 인식하도록 도와주어야 한다. 또한 학습자들이 인식한 문제를 스스로 해결해 볼 수 있는 과정을 유도하고 제안할 필요가 있다. 이를 위한 교수·학습 방법으로는 앞에서 거론한 탐구 수업, 토론 수업, 프로젝트 수업, 역할놀이, 실험법, 프로젝트 수업, 시뮬레이션/모의 수업, 현장 체험학습, 협동 학습 등 다양한 자기주도 중심의 교수·학습법이 있다. 따라서 평가도 이러한 자기 주도적이고 과정적인 교수·학습 특성에 일관되게 실시될 필요가 있다.

일반적으로 교수·학습 평가의 목적은 학생들의 학습 동기를 강화하고 교수·학습 활동을 개선하며, 교수·학습 각 단계에서 나타나는 효과성을

---

[2] 이번 절에서는 최석진, 김영순 외(2013: 59~63)를 부분 인용하였음.

검증하고 학생들의 학습 상태를 점검하여 향후 진로를 결정하거나 선택하는 데 도움을 주는 것이다(김창식 외, 1991; 최돈형 외, 2007). 그런데 ESD를 포함한 환경 교과나 과학 교과 등에서의 평가는 우리 삶에 직접적인 영향을 끼치는 환경과 과학에 대한 종합적이고 체계적인 이해와 인식을 통해 환경과 관학에 관련된 문제에 대해 올바른 가치관과 태도를 갖게 하고, 궁극적으로는 실천하는 활동이 강조된다는 점에서(박태윤 외, 2001; 최돈형 외, 2007) 지식에 대한 이해가 평가의 중심이 되는 다른 교과의 평가와는 구별된다(조희형, 최경희, 2000). 같은 맥락에서 가치관 형성과 참여 혹은 실천이 중요시되는 ESD 수업에서는 수행평가가 적절하다.

최석진 외(2001)는 아래 표와 같이 지속가능한 발전(ESSD) 개념에 입각하여 학생들에게 지구 환경 문제에 대한 자신의 해결 방안을 제시하는 능력을 평가하는 사례를 제시하였으며, 학습자들의 수행 정도에 따라 상, 중, 하를 부여하여 평가하는 채점 기준표를 다음 <표 3-2>와 같이 예시안을 구성하였다.

〈표 3-2〉 ESSD 수행평가의 채점 기준표

학생들의 수행 정도	평점
열대림의 개발과 보존에 관한 갈등 해결 방안을 ESSD 이념을 논리적으로 적용하여 설득력 있게 제시하고 있다.	상
열대림의 개발과 보존에 관한 갈등 해결 방안에 ESSD 이념을 적용하는 논리가 미약하고 설득력 있게 제시하는 정도가 미흡하다.	중
열대림의 개발과 보존에 관한 갈등 해결 방안에 ESSD 이념을 적용하는 논리가 매우 부족하고 전혀 설득력 있게 제시하지 못하고 있다.	하

좀 더 구체적인 실례로서 교사가 ESD에 관련된 연구 관제를 학생에게 제시하고 학생들은 그 과제를 수행한 후, 수업 시간에 동료 친구들 앞에서

보고서를 발표하는 사례를 생각해 보자. 이때 교사는 발표하는 학생의 보고서를 검토하고 동료 학생들 앞에서 발표하는 과정을 관찰하면서 학생을 평가하게 되는데, 이때 수행평가의 기준이 되는 채점 기준표 작성의 예를 들어 보면 다음 <표 3-3>과 같다(조희형, 최경희, 2000).

〈표 3-3〉 수행평가 채점 기준표 예시

채점 항목 및 내용	점수
• 자료 및 문헌 조사	
충분한 자료/문헌 조사: 관련이 있는 자료, 다양한 자료와 문헌 조사	3
위 조건 가운데에서 두 가지를 만족시킨다.	2
위 조건 가운데에서 한 가지만 만족시킨다.	1
• 관련 지식	
해박한 관련 지식: 관련 지식의 이용; 적절한 증거를 활용한 지식	3
위 조건 가운데에서 두 가지를 만족시킨다.	2
위 조건 가운데에서 한 가지만 만족시킨다.	1
• 과제 제시	
잘 조직되어 있다. 각 단계를 부드럽게 이해한다. 청중이 열심히 참여한다.	3
기본적으로 조직되어 있다: 단계의 이행이 부드럽지 않고 상호작용이 많지 않다.	2
조직이 미흡하고, 이행이 부드럽지 않고, 청중의 반응이 거의 없다.	1
• 발표력	
명확한 발음, 강력한 호소력, 발표 자세, 핵심 유지	4
위 조건 가운데에서 세 가지를 만족시킨다.	3
위 조건 가운데에서 두 가지를 만족시킨다.	2
위 조건 가운데에서 한 가지를 만족시킨다.	1
• 기자재 활용	
세 가지 이상의 기자재를 활용한다.	3
두 가지 기자재를 활용한다.	2
한 가지 기자재를 활용한다.	1

ESD의 경우, 현장 체험을 통해 ESD의 중요성을 몸소 느끼고 이에 대한 가치관을 형성할 수 있으므로 재량활동이나 창의적 체험활동 시간을 이용하여 현장을 방문하거나 활동을 진행할 수 있다. 이학곤(2008)은 갯벌 환경 교육을 위해 재량활동에 활용할 수 있는 평가 방법과 요령을 <표3-4>와 같이 제시하였다.

<표 3-4> 평가 방법 예시

구분	평가 방법	평가요령
학생의 활동 관찰	일화 기록	지도록, 카드, 노트 등 학생의 활동 상황을 자유로이 기록
	체크리스트	활동 수행 태도, 참여 등 미리 준비한 목록의 의거, 점검
	평정 척도	활동 상황, 발표 내용 등을 척동 따라 기록
설문조사	인식, 태도 조사	학생의 생각, 태도, 관심 등을 설문으로 조사
	자기 평가	활동에 대한 준비, 참여 태도, 기여도 등을 스스로 평가
	상호 평가	집단의 구성원으로서 행한 활동에 대한 상호 동료 평가
포토폴리오	활동 기록	활동의 계획이나 실제 과정에 대한 기록
	보고서, 작품 등	학생의 자유 연구과제, 공동 연구, 현장 체험 활동에 대한 보고서, 기록, 작품 등에 대한 분지와 분석
	작문, 일기	활동 과정이나 활동 후의 감상과 반성
교사와의 협의	동 학년/타 학년 전교 단위의 협의	활동에 대한 정보 교환, 반성, 평가, 역할 등에 대한 교사와 학생 사이의 광범위한 논의

이상과 같이 ESD 교수·학습에 따른 평가 방법은 전통적인 방법과는 달리 ESD 주제에 따른 학생들의 다양한 활동과 참여에 의거하여 일회성

의 평가(one-short test)가 아닌 과정 중심의 수행평가가 적합함을 알 수 있다.

  평가는 교수·학습과 연관이 되며, 평가 결과는 환원되어 ESD를 위한 교수·학습 목표 설정과 내용 체계에 영향을 끼치므로 학생들에게 주어진 과제나 수업 시간에 시행한 내용에 따라 가장 적합한 평가 방법이 선정되어야 하며, 이에 따른 채점 기준도 객관적으로 결정될 필요가 있다.

4장 지속가능발전교육 실태 및 활용방안

1. 초중등학교에서의 지속가능발전교육 실태 분석

1) 학교 현장에서의 지속가능발전교육 실태

앞서 1장에서 밝힌 연구 방법에 의하여 학교 현장에서의 지속가능발전교육에 대한 교사의 인식을 살펴보면, 지속가능발전교육에 대한 이해도는 높지 않았으나, 학교교육에서 지속가능발전교육의 필요성은 충분히 인식하고 있었다.

다음 <그림 4-1>에서 보는 바와 같이 초·중등 교사 모두 지속가능발전교육의 필요성에 동의하고 있음을 확인할 수 있다.

또한 지속가능발전교육의 필요성을 인지하면서도 개발된 ESD 수업모델이나 교수학습지도안을 교과 지도에서 어느 정도 활용하고 있는지에 대한 질문에서는 다음 <그림 4-2>에서 보는 바와 같이 중등교사들보다 초등교사들은 가끔 사용하거나 거의 사용하지 않는 것으로 나타났다.

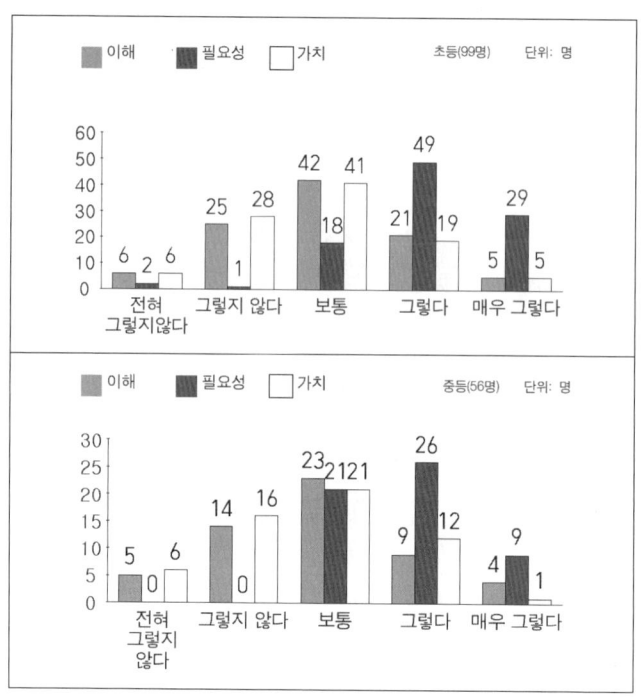

〈그림 4-1〉 교사의 ESD에 대한 인식

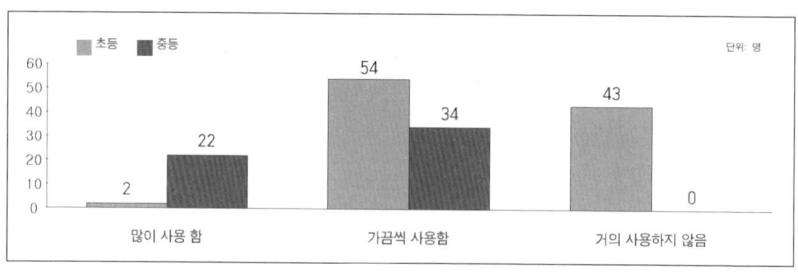

〈그림 4-2〉 수업모델 및 교수학습지도안 활용도

지속가능발전교육에 대한 수업모델 및 교수학습지도안을 '잘 활용하는 이유'와 '잘 활용하지 않는 이유'에 대한 질문에서는 <그림 4-3>과 <그림 4-4>와 같은 답을 구할 수 있었다.

질문1	정규교과에 ESD 내용이 부족해서 이를 보완하기 위함
질문2	다양하고 질 좋은 ESD 자료가 풍부하게 정리되어 있음
질문3	수업을 개발해야 하는 수고로움을 덜 수 있음
질문4	나에게 ESD 개념에 대한 이해가 부족해서 전문적인 자료가 필요함
질문5	기타

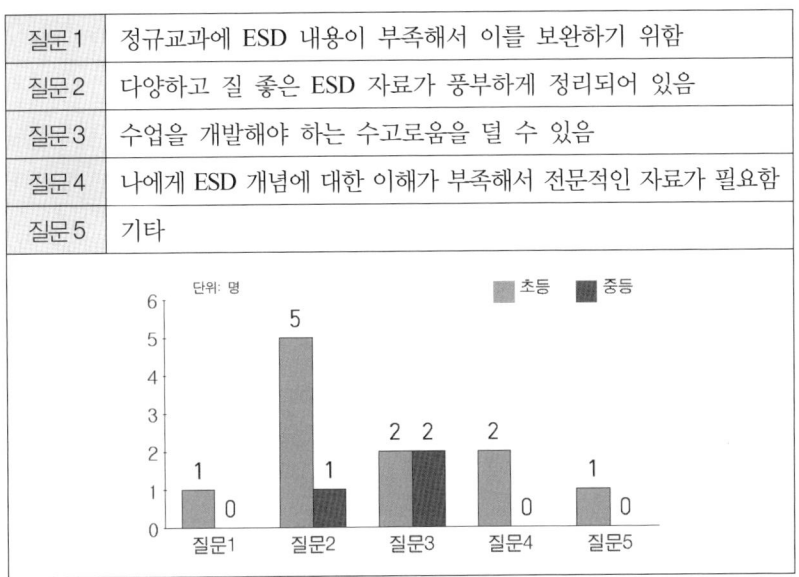

〈그림 4-3〉 ESD 수업모델 및 교수학습지도안 잘 활용하는 이유

질문1	내가 가르치는 학생의 특성에 맞지 않음
질문2	기존 수업지도안의 현장적용성이 떨어짐
질문3	직접 활용하기에는 시간적 여유가 없음
질문4	개발된 지속가능발전교육 수업지도안을 접할 수 없음
질문5	기타

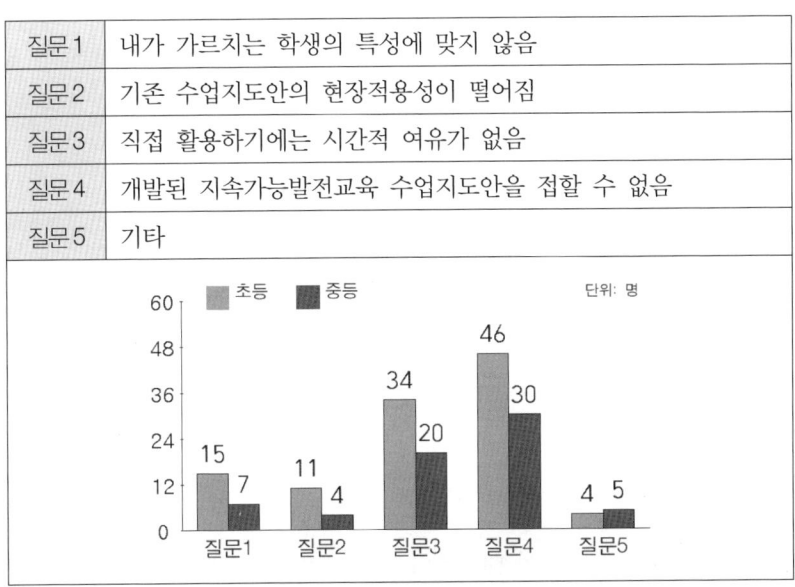

〈그림 4-4〉 ESD 수업모델 및 교수학습지도안 잘 활용하지 않는 이유

<그림 4-3>의 잘 활용하는 이유의 답으로는 '다양하고 질 좋은 지속가능발전교육 자료가 풍부하게 정리되어서', '수업을 개발해야 하는 수고로움을 덜 수 있어서'라고 하였고, '잘 활용하지 않는 이유'에 대한 질문에서는 대부분의 교사들은 '개발된 수업지도안을 접할 수 없어서'라고 하였다.

다음 질문인 '지속가능발전교육 관련 자료를 어떤 경로를 통해 얻는가?'라는 질문에서는 다음 <그림 4-5>와 같은 답을 보였다.

질문1	학교(예: 교내연수, 팜플렛, 책자, CD)
질문2	교육청 및 교육부
질문3	동료교사
질문4	ESD 관련 서적
질문5	ESD 관련 세미나 및 학회
질문6	인터넷 사이트
질문7	기타

초등(99명)　중등(56명)　단위: 명

질문	초등	중등
질문1	38	20
질문2	31	17
질문3	26	22
질문4	6	4
질문5	7	6
질문6	35	17
질문7	6	5

〈그림 4-5〉 지속가능발전교육 관련 자료를 접하는 경로

<그림 4-5>에서와 같이 대부분의 교사는 학교, 인터넷 사이트, 교육청 순으로 자료를 얻고 있는 것으로 나타났다.

위의 설문 내용들을 종합해 보면 지속가능발전교육에 대한 현장 교사들의 이해도는 낮은 편으로 나타난 것으로 볼 수 있다. 이는 지속가능발전교육에 관한 교사 연수의 필요성을 시사한다. 또한 지속가능발전교육의 우리 교육현실에 비추어 그리고 우리 사회의 미래를 위한 가치나 학교교육에서의 필요성은 인지하고 있음을 알 수 있다. 그렇지만 기존에 개발된 자료로 수업을 진행하지 않는다는 것은 단순히 교사의 문제가 아닌 전 교과에서 수업이 이루어질 수 있도록 실천 가능한 수업 지도안이 필요하다는 것을 시사하고 있다.

2) 세계시민교육과 연계한 지속가능발전교육에 대한 교사의 인식

앞서 1장의 연구 방법에 제시한 바와 같이 이번 절은 세계시민교육 영역별 주제, 목표, 내용 요소에 관한 설문지를 제작하여 관련 교사들에게 배포하였다. 설문지 제작 근거 도구는 UNESCO에서 2015년도에 발간한 『Global Citizenship Education: Topics and Learning Objectives』을 참고하였다. UNESCO(2015)에서는 세계시민교육 학습을 위한 핵심 개념 영역을 다음 세 가지로 정의한 바 있다. 첫째, 인지적 영역은 지역사회·국가·범지역·세계의 이슈를 비롯해 다양한 국가 및 사람들 간의 상호연계성·상호의존성에 대한 지식, 이해, 비판적 사고를 습득하는 것을 그 목적으로 있다. 둘째, 정의적 영역은 차이와 다양성에 대한 존중, 연대 및 공감, 가치와 책임을 공유하여 인류애를 함양하는 것을 목적으로 한다. 셋째, 행동적 영역은 더 평화롭고 지속가능한 세상을 위해 지역·국가·세계적 차원에서 효과적이고 책임감 있게 행동하는 것에 목적을 두고 있다. 이를 배경으로 한 설문 및 FGI 결과, 교사들은 세계시민교육 영역별 주제, 목표, 내용 요소들과 지속가능발전교육과의 연계성에 대해 다음과 같이 인식하고 있었다.

첫째, 세계시민교육 영역별 교육주제와 지속가능발전교육의 관련성에 대한 인식 부분이다. 지속가능발전교육과 세계시민교육의 인지적, 정의적, 행동적 영역별 교육 주제 간의 관련성에 대한 초·중등교사의 인식 결과를 살펴보았다. 먼저 인지적 영역 교육 주제와 지속가능발전교육의 관련성에 대한 결과는 다음 <표 4-1>과 같다.

〈표 4-1〉 세계시민교육 인지적 영역 교육주제와 ESD의 관련성

순위	교육주제
1	지역, 국가, 세계 수준의 공동체 간 상호의존성
2	지역, 국가, 글로벌 시스템 간의 구조
3	암묵적 가정과 권력의 역학 관계

<표 4-1>에 나타난 것과 같이, 초·중등학교 교사들은 지속가능발전교육의 관점에서 세계시민교육의 인지적 영역 관련 교육주제 중 지역, 국가, 세계가 공동체로서 연결되어 있음을 인식하는 것이 가장 중요하다고 여기고 있는 것으로 나타났다. 이는 글로컬 시대의 흐름 속에서 공동체의 기능과 다양성에 대한 관심 그리고 이에 따른 도덕적 책임이 강조되는 세계시민으로서의 자질이 교육적 주제로서 적합함을 나타내는 결과라고 여겨진다. 또한 각 수준의 공동체 간 상호의존성이 중요함을 시사하는 것이라고 볼 수 있다.

둘째, 세계시민교육의 정의적 영역의 교육주제와 지속가능발전교육의 관련성에 대한 초·중등학교 교사의 인식 결과는 다음 <표 4-2>와 같다.

〈표 4-2〉 세계시민교육 정서적 영역 교육주제와 ESD의 관련성

순위	교육주제
1	다양성에 대한 존중과 차이
2	다양한 공동체와 이들 간의 연계성
3	정체성의 수준

<표 4-2>에 나타난 것과 같이, 초·중등학교 교사들은 지속가능발전교육의 측면에서 세계시민교육의 정서적 영역 관련 교육주제 중 다양성에 대한 존중이 가장 관련이 있다고 간주하고 있다. 이는 인지적 영역의 교육주제에 대한 설문결과인 세계시민으로서의 자질의 중요성과 필요성에 대한 인식과 마찬가지로, 글로컬 시대를 살아가는 세계시민으로서 다양성을 존중하고 차이를 인정하는 평등한 관계가 중요하다는 것을 보여주고 있는 것이다. 또한, 이를 바탕으로 다양한 공동체와 이들 간의 연계성을 찾고, 정체성의 수준을 이해하고 파악하여 세계시민교육이 지속가능발전교육과 연계되어야 함을 강조하는 것이다.

셋째, 세계시민교육의 행동적 영역의 교육주제와 지속가능발전교육의 관련성에 대한 초·중등학교 교사의 인식 결과는 다음 <표 4-3>과 같다.

〈표 4-3〉 세계시민교육 행동적 영역 교육주제와 ESD의 관련성

순위	교육주제
1	도덕적으로 책임감 있는 행동
2	서로 도와 행동하기
3	개인적이고 집단적으로 행해질 수 있는 행동

<표 4-3>에서 나타난 바와 같이, 공동체적 삶을 영위하며 개인적, 집단적으로 행해질 수 있는 행동에 대한 지침으로서의 세계시민교육 학습 주제가 지속가능발전교육과 연계성이 있음을 교사들은 인식하고 있었다. 특히 초·중등교사들은 세계시민으로서 전 지구적 문제에 대한 도덕적으로 책임감 있는 행동이 지속가능발전교육의 관점에서 가장 중요하다고 인식하고 있었다.

학교 현장 교사들은 세계시민교육의 학습 주제 중 지속가능발전교육과의 관련성에 대해 인지적·정서적·행동적 영역 모두에서 관련성이 높으며, 세계시민교육과 지속가능발전교육을 다른 교육의 영역이 아닌 동일선상의 교육으로 인식하고 있었다. 설문 결과 각 영역별 순위에서는 지역, 국가, 세계 수준의 공동체 간 상호의존성, 다양성에 대한 존중과 차이, 도덕적으로 책임감 있는 행동이 가장 중요한 것으로 나타난다.

다음은 지속가능발전교육과 세계시민교육의 인지적, 정의적, 행동적 영역별 교육목표 간의 관련성에 대한 초·중등학교 교사의 인식 결과를 살펴보았다. 먼저 세계시민교육의 인지적 영역 교육 목표와 지속가능발전교육의 관련성에 대한 인식 결과는 다음 <표 4-4>와 같다.

〈표 4-4〉 세계시민교육 인지적 영역 교육목표와 ESD의 관련성

순위	교육목표
1	지역적, 국가적, 세계적 문제들이 서로 어떻게 연결되어 있는지를 이해할 수 있다.
2	주요한 세계적 쟁점 뒤에 숨겨진 내용을 이해하고, 그것이 국가와 지역 수준에 미치는 영향에 대해 인식할 수 있다.
3	시민성의 개념과 다양한 측면을 이해할 수 있다.

<표 4-4>가 보여주는 바와 같이 교사들은 글로컬 시대의 흐름 속에서 세계가 어떻게 지역적, 국가적, 세계적으로 공동의 문제로 연결되어 있는지에 대한 이해가 지속가능발전교육과의 연계성이 가장 높다고 인식하고 있었다. 다음 2순위로, 전 지구적 주요 쟁점에 대한 이해와 그 영향에 대한 인식이 중요하다고 판단하였다. 3순위로는 시민성의 개념과 다양한 측면에 대한 이해가 지속가능발전교육과 연계성이 있다고 인식하고 있었다.

둘째, 세계시민교육의 정의적 영역 교육 목표와 지속가능발전교육의 관련성에 대한 인식 결과는 다음 <표 4-5>와 같다.

〈표 4-5〉 세계시민교육 정서적 영역 교육목표와 ESD의 관련성

순위	교육목표
1	같음과 다름을 구별하고, 모든 사람이 권리와 의무를 가짐을 이해할 수 있다.
2	다양한 수준의 정체성이 다른 사람과 관계를 맺는데 어떤 영향을 미치는 지 이해할 수 있다.
3	다양한 사회 집단이 어떻게 다르고 어떻게 서로 연결되어 있는지를 이해할 수 있다.

<표 4-5>에 나타난 바와 같이, 교사들은 정서적 영역에서 차이에 대한 구별과 세계시민으로서의 권리와 의무에 대한 이해가 지속가능발전교육과 연계성이 가장 높다고 인식하고 있었다. 다음 2순위로 공동체 속에서의 정체성과 사람과의 관계와 그 영향에 대한 이해가 중요하고, 3순위로는 집단 간의 연결 관계에 대한 이해를 지속가능발전교육과의 연계성이 높다고 인식하고 있었다.

셋째, 세계시민교육의 행동적 영역 교육 목표와 지속가능발전교육의 관련성에 대한 인식 결과는 <표 4-6>과 같다.

〈표 4-6〉 세계시민교육 행동적 영역 교육목표와 ESD의 관련성

순위	교육목표
1	우리가 사는 세계가 나아지게 하기 위해 실천할 수 있는 일에 대해 탐색할 수 있다.
2	우리의 선택과 행동이 다른 사람과 지구에 미치는 영향에 대해 이해하고, 책임감 있는 행동을 선택할 수 있다.
3	시민적 참여를 위한 방법을 알고, 행동을 실천할 수 있다.

<표 4-6>에서와 같이 교사들이 지속가능발전교육의 관점에서 가장 관련성이 높다고 판단한 세계시민교육의 행동적 영역 관련 교육 목표는 세계의 발전을 위한 실천안에 대한 탐색으로 나타났다. 다음 2순위로는 집단의 행동이 전 지구적 영향에 어떻게 관여하는지에 관한 의견과 책임감 있는 행동 선택이 중요하며, 3순위로는 시민적 참여에 대한 방법 인지와 행동 실천이 지속가능발전교육과 연계성이 있다고 인식하고 있었다.

학교 현장 교사들은 ESD-GCED 연계에 대한 인식 설문 결과 교육 목표 면에서도 세계시민으로서의 자질의 중요성에 대한 교육 주제의 필요성에 대한 인식이 중요하다고 판단한다. 이와 마찬가지로 전 지구적 문제에 대한 인지적 영역과 세계시민으로서의 평등한 관계에 대한 정서적 영역이 중요하며, 이를 바탕으로 세계시민으로서의 전 지구적 참여의 중요성을 나타내는 행동적 영역이 중요하다고 인식하고 있다.

다음은 세계시민교육 영역별 교육 요소와 지속가능발전교육의 관련성에 대한 인식을 살펴보도록 하자. 지속가능발전교육과 세계시민교육의 인지적, 정의적, 행동적 영역별 교육 요소 간의 관련성에 대한 초·중등교사의 인식 결과를 살펴보았다. 먼저 세계시민교육의 인지적 영역 교육 요소와 지속가능발전교육의 관련성에 대한 인식 결과는 다음 <표 4-7>과 같다.

〈표 4-7〉 세계시민교육 교육요소와 ESD의 관련성

구분	순위	교육목표
인지적 영역	1	세계화
	2	민주주의
	3	기후변화
정서적 영역	1	문화적 다양성
	2	차별
	3	인종주의
행동적 영역	1	도덕적 책임
	2	사회정의
	3	소비습관

교육 요소는 교육주제와 교육목표를 학습하기 위한 구체적인 내용으로 구현될 수 있는 항목을 의미한다. 세계시민교육 요소와 지속가능발전교육에 대한 교사들의 인식은 <표 4-7>과 같다. 먼저 세계시민교육의 인지적 영역 관련 교육 요소에서는 세계화, 민주주의, 기후변화, 지구적 빈곤, 경제적 불평등, 시민성, 민주적인 절차, 성 평등, 거버넌스, 질병의 순으로 지속가능발전교육과 관련이 있다고 인식하였다.

세계시민교육의 정서적 영역 관련 교육 요소에서는 문화적 다양성, 차별, 인종주의, 보살핌, 상호문화적 의사소통, 연대, 협상과 중재, 차이를 조율하기, 갈등과 폭력을 예방하기, 정체성의 순으로 지속가능발전교육과 관련이 있다고 인식하였다.

세계시민교육의 행동적 영역 관련 교육 요소에서는 도덕적 책임, 사회정의, 소비습관, 공정무역, 인도주의적인 행동, 혁신, 기업가 정신 순으로 지속가능발전교육과 관련이 있다고 인식하였다.

이는 앞선 세계시민교육의 교육주제, 교육목표에서의 전 지구적 공동체와 다양성과 차이에 대한 존중과 이해, 도덕적 책임감을 관련성에서 우선순위로 꼽은 교사들의 인식과 공통성을 가지고 있다. 이는 세계시민교육의 교육과정 구성에 있어서 글로컬 공동체성과 여기에서 요구되는 다양성과 차이에 대한 존중, 그리고 도덕적 책임감을 행동력으로 실천할 수 있도록 구성해야 함을 의미한다.

2. 초·중등 지속가능발전교육 활용 방안

설문 및 전문가 FGI 결과 실제 학교 현장의 교사들은 세계시민교육과 지속가능발전교육이란 용어 자체에 대해 낯설게 반응하고 있고, 그 인식도가 현저히 낮은 것으로 나타났다. 그러나 세계시민교육 및 지속가능발전교육을 교육 현장에서는 실제적으로 교육을 수행하고 있었으며, 일부 교사는 설문 및 FGI를 통해 본인이 하고 있는 교육이 세계시민교육과 지속가능발전교육임을 인식하게 되었다고 말했다.

이 책에서는 교육 현장에 적용 중인 수업모델을 찾아내고, 설문 및 FGI 결과를 바탕으로 하여 세계시민교육과 연계한 지속가능발전교육을 실제 학교교육 현장에서 보다 효과적으로 활용하고 확대할 수 있는 방안을 교과, 범교과, 창의적 체험활동으로 구분하여 도출하였다.

1) 교과 활동

세계시민교육 연계 지속가능발전교육의 필요성에 대한 인식을 전제로 실제 학교 현장에서 이 교육을 실천하고 적용하는 가장 효과적이고 강력한 방안은 교과와 연계해야 한다는 것에 대부분 공감을 하고 있다. 특히, 공교육에 있어서 교과 교육은 필수이기 때문에 세계시민교육 연계 지속가능발전교육이 학교 현장에 교육 활동으로 자리잡기 위해서는 교과 교육

속으로 녹아들어가야 한다는 의견이 주를 이루었다.

그 사례로 교사3의 경우, 2013년 교육부에서 개발한 지속가능발전교육 수업모델3)을 본인이 근무하고 있는 학교에 적용하고 있을 뿐만 아니라, 동료교사에게 전파하고 있었으며, 광주 등 타 지역에서도 연구학교 및 기타 지속가능발전교육 관련 학교를 방문하여 전달연수 및 수업 안내를 통해 확산시키고 있었다. 초등학교의 특성상 담임전담제가 주를 이루고 있기에 여러 교과를 주제 중심으로 융합 수업을 구성할 수 있어 초등학교에 특화할 수 있는 수업이었다.

"저도 2014년도 같이 다녔지만, 연수를 광주… 뭐 어디 제가 한 연수만도 거의 10번 될 거에요. 그 한 한 학기 동안에. 그렇게 각 지역을 돌아다니면서 선생님들이 연수를 했는데도 불구하고 정말 모르고 계시더라고요 아무래도. 그래서 그 일단 이해를 시켜야 되니까 이것도 세계시민교육과 지속가능발전 그 자체에 대해서 이해하고 또 연결해서 이해하는, 이해를 시키는 그 대상이 어느 대상이든지간에 그 과정이 필요하겠지요. 그래서 1, 2년… 그 이것을 항상 생각하다 보면 좀 넓게, 넓게 잡게 되긴 하는데, 이제 국가차원에서는 빨리, 빨리… 그런 것 쪽에서 조금 대답 드리기가 어렵긴 하지만, 어쨌든 순서적으로는 이제 먼저 이해를 시켜야 되고…" (교사3)

한편, 교사5의 경우에는 수학 수업 시간에 환경문제를 테마로 이 문제를 해결하는 수업4)으로 지속가능발전교육 수업을 하고 있었다. 교사4의 경우에는 세계사 수업 속에서 제국주의에 대해 전쟁사를 세계시민의 입장에서

---

3) '지속가능발전 마을 만들기' 수업으로 지역사회와 협력하여 지속가능발전 마을을 환경, 경제, 사회 등 여러 영역에서 학생들이 실천할 수 있는 방안을 찾아 직접 적용해 보는 수업이다. 관련 교과로는 사회, 도덕, 음악, 미술, 체육, 창의적 체험활동을 융합형으로 구성해 볼 수 있는 수업이기도 함.
4) 수학 통계 문제를 환경문제를 주제로 그 문제를 통계로 차트화 하고 분석해 보는 수업임.

토론하는 수업 경험을 갖고 있었다.

"(이전 생략) 이렇게 학교에서 초등학교 뭐 4학년이나 5학년에서 어 우리가 환경문제를 뭐 다룬다. 그거를 이거는 국제교육, 세계시민교육의 일환으로 다룰 수도 있는 거고, 지속가능발전교육의 일환으로도 다룰 수 있을 것 같아요. 저는 그걸 구분하는 거는 그 학교가 그때 정책을 이렇게 어떤 정책을 쓰느냐 저는 그 차이라고 생각합니다. 그리고 왜냐면 이제 환경문제가 굉장히 이렇게 어 우리가 얼마나 다 그 지구공동체의 구성원으로서 어 이렇게 상호 연계되고, 상호의존도가 높은 세상에 살고 있는지를 어 또 어떻게 보면 굉장히 그 이해하기 쉽게 보여줄 수 있는 그런 문제이기도 하거든요. 우리 지금 기후변화문제도 그렇고, 사막화 문제 같은 것도 그렇고 어 그거는 뭐 멀리 떨어진 나라 얘기도 있고, 가까운 곳도 있고 그게 우리 삶에 어떤 영향을 미치는지는 쉽게 설명할 수 있는 거잖아요. 또 그걸 하기 위해서 이렇게 그 이렇게 뭐 오존층의 파괴 이걸 막기 위해서 이렇게 내가 할 수 있는 것, 뭐 지역사회가 할 수 있는 것, 국가가 할 수 있는 것, 이런 부분을 얘기하기도 이렇게 좋구요. 그래서 뭐 그 환경문제를 다룬다고 해서 그것만으로 지속가능발전교육이고 뭐 다른 게 세계시민교육 그건 아니니까요." (교사5)

"제가 역사과목이다보니까. 이와 관계되는 과목에서 다룰 수 있는 부분은 많지 않아요. 역사 부분에서 그렇고 세계사 뒤쪽에서 조금 다루게 되는데, 저는 늘 이젠 역사과목도 현재적인 문제를 다루어야 하다 보니까, 그런 부분이 교육과목 내에서 부족하기도 하거든요. 뒷부분은 또 수업이 안 되기도 하구요. 그런 부분은 그냥 기존에 나와 있는 미디어 자료 같은 것을 중간중간 보여주기도 하고…" (교사4)

이렇게 교과 속에서 주제 중심 또는 프로젝트 형으로 세계시민교육 연계 지속가능발전교육을 적용해 볼 수 있으며, 보다 다양한 교과형 수업모델의 개발과 적용이 실행되어야 한다. 또한, 교과형 수업을 적용하기 위해서는 담당 교사의 교육과정 재구성을 필요로 하기 때문에 교사의 수업연구 환경 조성을 위해 잡무 경감, 전문가 연수 지원 등의 행·재정적 지원이 요구된다.

2) 범교과 활동

범교과 학습의 주제 중 민주시민교육, 경제교육, 환경교육, 성교육, 진로교육, 국제이해교육 등이 세계시민교육 연계 지속가능발전교육에 적용할 수 있는 주요 주제인 것으로 설문 결과 나타났다. 이러한 범교과 학습 주제로 학교 현장에서 상당 부분 적용이 되고 있었다. 교사1의 경우 다문화를 주제로 하여 세계 인사 배우기 수업을 적용하고 있었고, 교사1이 근무하고 있는 학교에서도 한 교사는 다문화 사회 이론 이해 수업과 실천 활동을 적용하고 있었다.

교사4의 경우에는 환경 프로젝트 수업을 프로젝트 발표대회, 소논문 발표대회의 형식으로 대입과도 연계한 수업 적용으로 학부모와 학생의 호응을 얻고 있었다.

그렇지만 범교과 활동은 각 시도교육청 및 교육부의 강제 지침과 주제별 시수를 적용해야 하기 때문에 세계시민교육 연계 지속가능발전교육을 보다 심도 있게 적용하기 위해서는 학교 행정가의 노력이 우선되어야 하고 이 교육이 교육과정 계획에 반영되어야 한다.

3) 창의적 체험활동

창의적 체험활동의 경우에는 세계시민교육 연계 지속가능발전교육을 적용하기에 초등의 경우 적합하지만, 초등과 달리 중등의 경우 교과 전담제에 의한 제한되거나 및 시수 확보의 어려움이 있을 수 있다. 따라서 교과 연계 및 융합적 접근이 어렵다고 볼 수 있다.

교사1의 경우 세계전통놀이를 활용한 다문화 감수성 증진 수업을 적용하고 있었고, 교사5의 경우에는 창의적 체험활동의 하나로 현장체험학습 간 자연과 과학기술과의 연계성과 지속가능발전의 의미 찾기 수업을 하고 있었다. 중등에서는 환경 동아리활동 등 지속가능발전교육 주제 동아리활동으로 적용하는 곳이 있었다.

창의적 체험활동의 경우 교육과정 운영에 있어서 자유로운 교육과정 재구성이 허락되지만, 실제 교사의 세계시민교육과 지속가능발전교육에 대한 낮은 인식과 전문성 부족이 세계시민교육 연계 지속가능발전교육 적용의 제한사항으로 작용하는 것으로 나타났다.

4) 세계시민교육 연계 지속가능발전교육을 위한 교사의 요구

설문 및 FGI를 통해 세계시민성과 지속가능발전교육에 대한 개념을 인식하게 되면서 대부분의 교사와 지속가능발전교육 및 세계시민교육 전문교사들은 실제 학교 현장에서 이루어지고 있는 수업 안에 그 목표 및 주제, 내용 면에서 이미 지속가능발전교육과 세계시민교육이 이루어지고 있음을 자각하고 있었다. 이 때문에 세계시민교육과 지속가능발전교육이 지속적이고 중대하게 수업으로 다루어질 수 있도록 교사들의 지속가능발전교육과 세계시민교육에 대한 인식 수준을 먼저 높여야 함을 주장한다. 이를 위해 교사의 세계시민교육 및 지속가능발전교육 관련 전문성 등의 역량을 함양하기 위한 각종 연수 지원, 전문가 지도가 필요하다.

또한, 지속가능발전교육을 전문적으로 학교 현장에서 실천하고 있는 전문 교사들은 대부분 세계시민교육과 지속가능발전교육이 교육의 동일선상에 위치하고 있음을 이야기했다.

"OOO 교사의 영향으로 다문화나 세계시민교육에서 조금 관심을 갖고 있었기 때문에 조금 관심 있게 지도할 수 있었던 것 같아요. 특별한 노하우가 있었던 건 아니고, 다문화나 세계시민교육, 지속가능발전교육에 대해 인식하고 있으면 강조해서 다양성에 대하여 강조할 수 있지만, 사실 그 부분에 대해서 자신도 없고, (인식이) 없다면 전혀 적용될 수도 없거든요." (교사1)

"제가 해왔던 것과 관련해서, 자국중심주의를 벗어난다는 면에서 저는 그것을 너무 중요하게 생각하고 있는데, 세계시민교육이나 지속가능발전교육이 바로 그런 교육이 아닐까? 하고 생각을 했습니다." (교사6)

"저는 환경동아리에서 한 것이지만, 그 내용은 세계시민교육인 거죠. 그래서 그 어떤 아이디어를 좀 얻었는데, 그 아이들이 다문화 학생들과 같이 어울릴 수 있는 그렇게 만들어지면 세계시민교육이 자연스럽게 좀 되지 않을까." (교사5)

"이제 환경, 경제적인 측면에서 딱 개념을 찾다 보니 지속가능발전으로 되어 있어서 이거는 개념이 확장되어 있는 것을 보고 환경이 지구적인 요소이기 때문에 출발했겠지만, 인류가 계속 발전하는 데 있어서 지체되거나 혹은 어떤 전쟁 같은 이런 것들 때문에 퇴보하거나, '이런 것들을 극복해 나가는 것들이 다 지속가능발전교육인가보다'라고 생각을 하게 되더라고요. 그래서 그렇게 따지면 사실은 선생님들이 이야기하신 것처럼 세계시민교육하고 거의 다 비슷한 것 같아요." (교사6)

"예를 들어서 전쟁, 기아나 난민, 이런 것들이 관련이 없을 것 같은데, 결국에는 그것들이 다 연결이 되어 있는 거예요. 한 고리를 갖고 있는 거구, 그것들이 조금 초점을 인간 중심으로 초점을 둔 것이 아닐까, 예를 들어서 나무한데 우리가 잘살아봐야지, 네가 좀 잘해야지, 너 여기가 그늘이 지니까 여긴 좀 자르자 이렇겐 할 수 없잖아요. 얘네들이 알아서 자라고, 저절로 자라는 거고 자연 자체인데, 그래서 그런 부분들은 지속가능발전교육이 필요한 부분이고, 그다음에 세계시민교육에서 인간이 어떤 역할을 해야 되는가에 대해서 초점을 두고 있는 것이 세계시민교육이 아닐까 생각을 했습니다." (교사5)

"OOO학교에서의 교육이 전반적으로 세계시민교육과 관련된 부분이고, 또 세계시민교육이 지속가능발전교육과 접목되어지는 부분이라면, 3년 동안 해왔던 OOO학교에서의 교육이 지속가능발전교육이지 않았나 라는 생각은 지금 방금 들어요." (교사2)

"사실 세계시민교육 같은 것은 일선 학교현장에서는 어떻게 분리될 수가 없어요. 교육하는 그 자체에서 녹아들어서 가르칠 수밖에 없는데 교사가 여기에 대하여 인식하고 있으면 강조해서 다양성에 대하여 강조할 수 있지만, 사실 그 부분에 대해서 자신도 없고, (인식이) 없다면 전혀 적용될 수도 없거든요." (교사1)

"저는 안산에서 왔어요. 안산이 다문화 인구가 7만 명 정도가 될 정도로 굉장히 많은데요. 어쨌거나 문화다양성 수업도 그렇고, 놀이와 ESD로 해서 굉장히 많은 수업안을 적용을 해보았어요. 세계시민의식이라는 것이 동떨어져서 이루어지는 것이 아니라 수업 속에서, 그리고 생활 속에서 접할 수 있었어요. 그것을 가지고 사실 제가, 안산에서만 적용한 것이 아니라. 전남, 영광, 법성군 초등학교까지 가서 6학년 대상으로 놀이수업도 진행해 봤었고…" (교사3)

교사들은 세계시민교육과 지속가능발전교육의 위상 및 연계의 방법적 측면에 있어서 세계시민교육 안에 지속가능발전교육을 포괄할 수도 있고, 지속가능발전교육 안에 세계시민교육을 포괄할 수 있는 것으로 인식하고 있었다. 이는 수업의 목표 및 주제에 따라 세계시민교육과 지속가능발전교육의 입지를 융통성 있게 해야 함을 말하는 것이다.

아래의 수업의 경우 교사3이 지속가능한 마을 만들기 수업의 일환으로 지역사회 참여 수업을 통해 나온 학생들의 수업결과물을 직접 지자체에 요구하고 지자체의 반응까지 이끌어낸 수업이다. 이 수업을 수행하면서 교사는 이 수업을 세계시민으로서 참여하는 수업으로 인식하고 있었다.

"작년 8월에 정말 실제적으로 그 어떤 아이들이 직접적으로 거버넌스라든가 참여의식 같은 것을 직접적으로 한번 해 볼 수 있도록 하려고 제가 초등학교 1학년 담임인데도 불구하고, 사실은 일본에서 ESD교수님들이 오셨어요. 미에대학 교수님이랑, 중부대학 교수님이랑, 총 9분이 오셔가지고, 실제로 8월 24일 참관수업을 하셨는데, 그때 '놀이터를 바꿔주세요'라고 해가지고 구청장님에게 직접 민원편지를 써서 온라인 커뮤니티에 올려가지고, 실제적으로 마을 놀이터가 바뀌어가고 있고, 현재 전체 반영까지 되어버렸어요. 굉장히 좋은 수업을 했었어요. 세계시민이면서도 지역사회의 그 어떤 주체이잖아요 아이들이, 직접적인 참여방법을 제시해주는 수업들을 많이 했었습니다." (교사3)

교사들은 세계시민교육 연계 지속가능발전교육의 필요성을 인지하고 있었지만, 실제 학교 현장에서 적용하는 데 있어서의 어려움을 피력하였다. 교사의 입장에서 정규 교육과정에서 하나의 수업 주제, 내용으로는 다루어져야 하는 것으로 교육과정 적용의 강제성이 있지만 교사 개개인의 전문성 및 관심과 관련 교육 콘텐츠가 부족하다고 평가했다. 그래서 세계시민교육이나 지속가능발전교육이 직접적으로 많은 부분 다루어지는 사회나 과학, 환경(선택) 교과 이외의 교과에서는 일회성 수업으로 다루어질 뿐 그 중요성 인식이나 수업 실천 및 확산에 있어서 제한사항이 있음을 토로하였다.

"아 저는 환경과목이에요. 2학년을 다루고 있구요. 환경수업을 할 때에는 이과 쪽으로 치우쳤는데, 지속가능발전교육을 할 때에는 이과, 문과, 다 공통으로 가능해서 더 효율적이더라구요. 지속가능발전 수업을 실시함에 있어 어려운 점은 환경과목이 비교과목이기 때문에 크게 어려운 것은 없었습니다." (교사4)

"네, 사실 저는 가장 동떨어진 환경에 있어서, 일반학교이기 때문에 지속가능발전교육이라든가 세계시민교육이라는 인식이나 관심은 정말 없거든요." (교사1)

"지속가능발전교육이라는 단어보다는 그 하위영역에서 '저탄소 녹색성장'을 강조했을 때였어요. 그게 어느 순간에 교육청 장학사들이 그 부분을 '지속가능발전교육으로 용어를 바꾸자'라고 이야기를 하시더라구요. 그래서 그때부터 바꾸어서 지속가능발전교육이라고 이야기를 했는데 일반학교에 있을 때에는 일반적으로 환경과 관련된 그 부분을 가지고 지속가능발전교육을 했었습니다." (교사2)

지속가능발전교육이나 세계시민교육 관련 장학자료가 교육부 및 교육청 차원에서 학교로 제공되고 있지만, 실제 학교교육 현장에까지 전파가 안되거나 현장 전파가 이루어진다 해도 그것을 어떻게 활용할 수 있는가가 무지하다고 볼 수 있다. 다시 말해 강제성이 없는 단순 장학자료 제공보다는 장학자료에 대한 실질적인 교원 대상 연수나 관련 콘텐츠에 대한 직접적인 수업 시연 등의 설명이나 실제 교과서에 관련 내용의 단원을 편성하는 것이 보다 효과적으로 학교교육에서 세계시민교육 연계 지속가능발전교육의 확산을 도울 수 있다고 생각한다.

"사실 자료 같은 것들이 오면 학교에서 메일이나 메시지로 딱 안내하는 것이 다예요. 그냥 '읽어보세요'라고만 하고, 어떤 것이 무엇인지에 대한 설명도 없고… 사들이 워낙 너무 바쁘니까. '어, 그냥 왔구나' 하고 선생님들이 그냥 저장만 하면 끝인거에요. 그렇게 되고 있어요, 사실은 현장에서는 정말 관심이 없거든요. 그리고 제가 수업을 할 때 신경을 썼던 것은 3학년 음악교과에 세계 다양한 나라의 음악이 나와요. 가나 음악도 나오고, 민요도 나오고 그러는데 필리핀 민요 중에 붐비 아니에요? 광고 CF에 나왔던? 아이들이 그게 너무 좋아서 계속 불렀어요. 그렇게 아이들에게 익숙한 민요곡들이 있을 때 수업에서 생활에 접해봤기 때문에 수업에 호감을 가지고 수업에 집중을 하더라구요." (교사1)

다음 인터뷰 내용에서도 학생들의 교육환경(출신국, 한국 이주 배경, 다문화 사회로의 진입 현상 등)적 측면에서 교사는 세계시민교육 연계 지속가능발전교육에 대해 고민하고 있지만, 수업 콘텐츠와 교사의 역량에 있어 어려움을 느끼고 있음을 알 수 있었다.

"작년부터 난민 아이들이 이제 저희 학교에 오기 시작했어요. 그리고 나서 한참 시리아 난민의 세 살 아이, 또는 학년기 아이들이 피해를 보고, 또는 탄압을 당하고, 그런 모습들과 관련하여, 인권과 관련해서 일반아이들 하고 이야기를 나누기 시작했어요. 제가 어떤 인권이나 문화 다양성과 관련된 부분에 대한 수업을 다루려고 해도 수업하기 어려웠던 부분이었는데, 작년에 저희 학교 한 선생님이 문화다양성과 관련된 수업을 한번 공개한 적이 있었습니다. 그 선생님이 수업할 때 사용했던 매개가 컴퓨터였는데, 영어로 하는 게임이었어요. 그것을 한국어로 전환하여 한국어로 게임을 하는 거 보니까. 너무 재미있게 하더라구요. 저는 작년에도 그렇고 올해도 그렇고 일반 학년을 맡지 않고 초등 디딤돌 반을 담임을 하고 있는데, 한국어 수업을 세계시민교육이나 ESD와 관련돼서 어떻게 해볼 수 있을까 고민하던 찰나에 이 선생님의 수업방법을 보면서 많이 도전을 하게 되었어요. 그게 작년 말이었기 때문에 생각하고, 고민했던 부분들, 아직 올해 적용하지 못한 부분들이 있습니다. 해보고 싶던 부분들은 한국어 수업을 세계시민교육이나 지속가능발전교육과 어떻게 연계해서 할 수 있을 지 좀 고민을 하고 그 선생님에게 물어보려고 하는데, 그런 부분들, 그런데 사실은 많이 어려운 부분인 것 같아요. 지속가능발전교육에 대한 연수를 들어본 적이 없어요." (교사2)

세계시민교육 연계 지속가능발전교육의 확산을 위해서는 교육방법적인 측면에서 볼 때 교사들은 놀이, 게임, 토론 등 흥미 있고 실생활에서 실천할 수 있는 창의적 체험활동 연계 수업이나 체험 위주의 수업의 효과성을 주장한다.

"그다음에 교과서 말고, 창의적 체험활동으로 해서 특색과정이라고 해서 1년 동안 같이 운영을 했었어요. 특색은 1시간씩 해서 한반 마다 들어 가는건데, 거기 부분에서 활용을 하니까 또 아이들에게 만족도가 높더라구요, 정규수업 보다는 특색과정이라든가 아니면 창의적 체험활동, 동아리활동 부분에서 같이 강조를 해서 활용을 하면 좋을 것 같구요." (교사4)

"외국인 강사분들이 오셔서 수업을 2시간씩, 여러 나라 인사법, 문화를 하는데 꼭 빠지지 않는 것이 놀이예요. 그것도 있고 전통의상 같은 것도 있는데, 놀이라는 것을 보니까 굉장히 유사성이 많더라구요, 우리는 아주 다를 것이라고 생각을 했어요, 그런데, 진짜로 룰만 조금 다를 뿐인데, 다 똑같더라구요 문화를 아무리 백 번, 천 번을 설명해도 공통성이 형성이 안돼요. 공감대라든가, 어떤 이런 것이 형성이 안 돼요. 그런데 아이가 예를 들어서 필리핀아이에게 어떤 티니클링으로 변형한 고무줄놀이로 네가 한 번 엄마한데서 배워서 해 봐라고 했을 때, 자긍심도 길러주구요. 아이들의 세계에서는 너네 나라와 우리나라라는 것이 뭔가 '다르다'고 생각을 해요. 일단 피부색도 다르고 여러 가지 모든 것이 다르니까. 한 아이가 그 놀이를 알려주면 아이들이 굉장히 '아, 재미있다 우리도 한번 해보자' 해가지고, 또래끼리 놀이를 하고, 게임도 시키고 서로 경쟁도 시키고, 이렇게 하면서 아이들이 굉장히 '야, 너희 나라 놀이 너무 재밌다.' 하면서, 이렇게 도입해나가면서 충분히 아이들이 즐거워했구요. 다른 열 마디 필요 없이, 굉장히 친해졌어요. 아이들에게 가장 접근 가능했던 것이 놀이였습니다." (교사3)

"주당 1시간 2시간씩, 1년에 50시간~60시간씩 배정을 해서 이 아이들에게 한국문화, 또는 은율탈춤으로 이런 것들을 소개는 하지만 이 아이들이 가장 흥미 있어 하는 것은 선생님이 말씀하신 것처럼 놀이였어요. 세계 여러 나라 놀이 기구를 13세트정도 구비를 해서 아이들에게 체험을 시키는데, 그걸 가장 흥미로워 했는데 (…) 가장 최고의 전략은 실물 교육이에요. 선생님이 말씀하신 것처럼 보여주고, 해보고, 체험해보고, 느낀 점 이야기하기, 느낀 점도 처음에는 한국어가 안 되니까." (교사2)

초등의 경우는 담임교사제 및 전담교과가 소수이며 입시와는 조금 거리를 두고 전인교육을 강조할 수 있어 세계시민교육 연계 지속가능발전교육의 확산이 좀 더 용이하다. 하지만 중등의 경우 전담 교과제로 운영이 되기 때문에 입시 위주 교육의 풍토 속에서 입시와 연계하는 방편도 세계시민교육 연계 지속가능발전교육 확산을 위해 고려해 보아야 할 것이다. 이에 학생들의 수시입학 지원을 위한 세계시민교육 연계 지속가능발전교육 관련 발표대회, 소논문 발표, 동아리 활동 등 창의적이고 효과적인 방안들을 모색해 볼 수 있는 가능성을 열어 놓고 있다.

"지속가능발전교육수업에 관한 학생들의 반응은 고등학생의 경우 대학입시와 연계하여 프로젝트수업을 실시하면, 학생들의 참여도가 매우 높아요." (교사4)

"환경 분야가 사실은 굉장히 큰데, 어, 이것을 환경교육이라는, 지속가능발전교육자체가 환경교육이라기보다는 지속가능발전교육 자체가 환경을 기반으로 해서 그 문제를 해결하고자 하는 그러한 패러다임이잖아요. 그래서 아이들한테도 굉장히 의미가 있고, 마지막 끝날 때에는 제가 그냥 프로그램만 운영하는 것이 아니라 봉사활동을 같이 합니다." (교사5)

이렇게 세계시민교육 연계 지속가능발전교육의 확산을 위해서는 교사의 인식 제고 및 역량 강화 부분도 중요하지만, 교육부 및 교육청, 교육지원청 차원의 시스템과 정책적 강제도 요구되는 부분이 있다. 이에 교육과정 목표 및 내용 부분의 강화, 학교평가 항목 삽입, 관련 교과 및 교재의 개발 부분도 고려해 보아야 한다.

"정부의 방침도 중요한 것 같아요. 왜냐하면 지난 정부 때는 녹색성장교육이 활성화가 돼서 모든 교과에 녹색성장이라는 문구가 들어가게끔 개정을 했었고, 그래서 학교지도강의 평가를 해서 고가점을 줘서 문제가 됐었는데, 그래서 정부의 방침이 가장 중요한 것 같구요. (…) 범교과에서 활용할 수 있는 교재 같은 것을 개발을 하거나, 아니면 응모해서 시도교육청 평가의 항목에 두거나 그런 부분에 필요할 것 같구요." (교사4)

3. 교사 설문 및 FGI 결과 요약

앞 절에서 지속가능발전교육과 세계시민교육에 관련해서 실시한 교사 설문 및 FGI 조사 연구 결과는 다음과 같다. 우선 교사 설문에서 나온 내용들을 정리한 것이다. 첫째, 초·중등학교에서의 지속가능발전교육 실태는 학교현장에서의 실태와 세계시민교육 연계 지속가능발전교육에 대한 교사의 인식의 두 가지 측면으로 분석할 수 있다. 먼저, 학교현장에서의 지속가능발전교육 실태를 보면 다음과 같은 결과를 나타내고 있다.

실제 학교현장의 교사들은 지속가능발전교육에 대한 이해도가 높지 않았지만, 지속가능발전교육의 필요성에 대해서는 모두 공감하고 있다. 또한, 교사들의 지속가능발전교육에 대한 낮은 이해도와 교육부 및 교육청, 각종 민간단체를 통해 지원되는 장학자료가 현장에서 적극적으로 활용되지 못하고 사장되는 현실은 우수한 지속가능발전교육 수업모델의 보급과는 달리 실제 학교현장에서의 활용도가 낮은 원인으로 작용하고 있었다. 그뿐만 아니라 지원 보급되는 수업모델의 일부는 실천 가능한 수업 안으로서의 효용가치 미달로 활용도가 낮은 부분도 있다.

지속가능발전교육과 마찬가지로 세계시민교육 연계 지속가능발전교육에 있어서도 교사들의 이해도가 낮은 것으로 나타났다. 하지만 교사들은 학교현장에서의 세계시민교육 연계 지속가능발전교육의 필요성에 대해 공감하고 있다. 또한, 교사들은 교육 목표 및 주제에 따라 그 위상과 연계의 주체는 다르지만 세계시민교육과 지속가능발전교육을 교육의 동일선상으로 인식하고 있었으며, 교육주제·목표·내용 측면에서 깊은 관련성이 있다는 설문 응답 결과는 세계시민교육 연계 지속가능발전교육의 필요성을 말해준다.

세계시민으로서의 자질의 중요성과 필요성에 대한 인식과 글로컬 시대를 살아가는 세계시민으로서 다양성을 존중하고 차이를 인정하는 평등한 관계에 대한 정서적 영역과 다양한 공동체와 이들 간의 연계성을 찾고 정체성 수준의 학습으로 세계시민교육이 지속가능발전교육과 연계되어야 함을 교사들은 인식하고 있다. 또한, 세계시민교육의 교육과정 구성에 있어서 글로컬 공동체성과 여기에서 요구되는 다양성과 차이에 대한 존중, 그리고 도덕적 책임감을 행동으로 실천할 수 있도록 구성해야 함을 교사들은 인식하고 있었다.

다음은 교사 대상 FGI를 통해 도출된 시사점을 정리한 것이다. 첫째, 교사들은 세계시민교육과 지속가능발전교육을 그 위상과 연계 간 관계 설정이 다를 뿐, 이 둘에 대해 동일교육선상에 있다고 생각하고 있다. 실제 학교현장에서 이루어지고 있는 수업의 목표 및 주제, 내용 면에서 이미 지속가능발전교육과 세계시민교육이 포함되어 있음을 인지하고 있었다.

둘째, 교사들은 세계시민교육 연계 지속가능발전교육을 위한 선행조건으로 연수 지원, 전문가 멘토 등의 교사 인식도 제고를 우선으로 생각하고 있었다. 학교 현장의 교사들은 지속가능발전교육 및 세계시민교육에 대한 개념에 관한 이해도가 미흡하고 세계시민교육 연계 지속가능발전교육의 필요성과 중요성을 인지하고 있지만, 이를 실행하기 위한 교사의 역량에 대한 한계를 지니고 있음을 알 수 있다.

셋째, 세계시민교육 연계 지속가능발전교육을 실제 학교현장에 적용하기 위해서는 각 교과별 수업 실행과 방법적 적용이 가능한 보다 구체적인 수업모델 개발과 개발 자료의 수업시연 등이 필요하다. 이와 더불어 개발 자료를 확산하고 활용하기 위한 연수의 필요성을 제기하였다.

넷째, 교사들은 세계시민교육 연계 지속가능발전교육을 위한 교육방법적 측면에서 놀이, 게임, 토론 등 흥미 있고 실생활에서 실천할 수 있는 창의적 체험활동 연계 수업이나 체험 위주의 수업모델을 개발해야 한다고 보았다.

다섯째, 세계시민교육 연계 지속가능발전교육을 학교급별로 적용하는 데 있어서 차별성을 가져야 한다. 초등의 경우 교과 간 융합과 통합 등의 교육과정 재구성이 자유롭고 입시와 거리가 있기 때문에 다양한 주제의 독창성 있는 수업모델 적용이 가능하다. 그렇지만 중등의 경우 교과전담제 및 입시 문제로 인하여 각 교과의 특성에 부합된 수업모델을 개발·적용해야 하며, 소논문 발표대회, 동아리 및 봉사 활동 등 대학 입시와 연계한 수업모델을 개발·적용해야 한다.

여섯째, 세계시민교육 연계 지속가능발전교육의 확산을 위해서는 교사의 인식 제고 및 역량 강화 부분도 중요하지만, 교육부 및 교육청 차원의 시스템과 정책적 고려도 요구된다.

5장 세계시민교육 연계 지속가능발전교육의 모색

앞선 1장의 연구 방법에서 기술한 바와 같이 전문가 대상 인터뷰 결과, 지속가능발전교육을 세계시민교육과 연계하는 데 있어 첫 단계는 세계시민교육과 지속가능발전교육 간의 공통점과 차이점을 명확하게 규명하고 이 두 개념을 연계해야 하는 필요성을 제시하는 것이다.

1. 연계 이념 및 이론 개발

어떤 교육이든 간에 현장에 정착하고 이 교육이 효율적으로 추진되기 위해서는 무엇보다 교육 현장 내에서의 공감대를 형성하는 것이 중요하다. 이러한 공감대는 교육 현장에서의 인식 전환을 가져오고 두 개념을 연계한 교육의 확산을 가져올 수 있기 때문이다.

> "현장에서는 따로따로 지속가능발전교육을 환경이라던가, 자연보호라던가 경제 쪽에서 뭐 아껴 쓰는 거라던가 나눠 쓰는 이런 어떤 조금 지엽적 부분으로 간 게 없진 않거든요. (…) 태도나 행동 이런 거뿐만 아니라 개념들까지 겹쳐있어서, 이걸 어떤 방식으로든 위계 내지는 그거를 좀 정의해서 가야 하는데 그거를 사실 우리가 알고 싶은 거죠." (전문가2)

세계시민교육과 연계한 지속가능발전교육을 위한 이념 및 이론을 개발하는 데 있어 주목해야 할 사항으로는 이 두 개념 간의 공통점과 차이점, 연계 방식이 제기되었다. 각 항목에 대한 전문가들의 의견을 살펴보면 다음과 같다.

1) 지속가능발전교육과 세계시민교육 간의 공통점

전문가 인터뷰 결과, 세계시민교육과 지속가능발전교육은 교육의 지향점이 유사하다고 인식하였다. 이러한 인식에도 불구하고 전문가들조차 그것에 대해 구체적이고 명료한 설명을 제시하는 데 어려움을 겪었으며, 구체적인 대답을 내놓지 못했다.

> "결국, 추구하는 바는, 궁극적으로는 "우리 한번 잘살아 보자" 우리 행복일 수도 있고, 아주 가치 있는 삶일 수도 있고, 옳은 삶일 수도 있고, 좋은 삶일 수도 있고, 궁극적으로는 그런 우리가 결국 더 잘해보자고 하는 그런 면에서는 큰 지향점을 갖고 그 또 다른 어떤 하위 내용요소들 간에 굉장히 겹치는 부분이 많다고 생각이 들고요." (전문가5)

> "지구 사회가 안고 있는 이슈에 대해서 그걸 해결하는 그 본질을 그 부분을 치유하는 방법은, 본질은 같지만, 옆으로 들어가는 그 접근방식에서 차이가 있다." (전문가2)

> "세계시민교육의 목표는 더욱더 이렇게 평화롭고, 정의롭고, 이렇게 포용적이고, 지속가능한 세상을 만드는 것이거든요. 그 목표는 지속가능발전교육도 다 담고 있는 거니까…" (전문가8)

전문가들이 지속가능발전교육이 지향하는 교육의 목표와 세계시민교육의 그것이 유사하다고 인식하는 것은 지속가능발전의 개념이 확장되어 온 사실과 관련지어 이해할 수 있다. 지속가능발전은 환경 및 사회경제적 쟁점에서 시작하여 미래 세대에 대해 고려를 강조하기 위한 개념으로 제기되었지만, 시간이 지나면서 지속가능발전에 대한 논의가 환경을 넘어서 사회 전체의 지속가능성 유지로 확대되었다. 이 점에서 세계시민교육의 지향점과 유사한 점을 가지게 되었다고 본다.

또한 전문가들은 지속가능발전교육과 세계시민교육 간 교육 내용 및 내용 영역의 유사성을 지적하였고, 이러한 내용적인 중복으로 인해 이 둘이 상호보완적인 관계로 작용할 수 있다고 언급하였다.

"ESD교육을 바탕으로 세계시민교육이 나온 것 같아요. 그래서 ESD교육에서 추구하는 평화, 인권, 민주주의, 정의, 다양성, 지속가능, 이런 것들이 다 공통적으로 맨날 같이하고 있더라고요." (전문가3)

"내용 요소들을 보면 인권이라든지 환경이라든지 사회 정의라든지 어떤 의사소통이나 협력이라든지 갈등 해결 이런 것들이 다 다루어지고 있어서 세부적인 내용요소 범주들로 보면 매우 많은 점지대가 있을 수밖에 없다고 생각이 들고요." (전문가5)

"세계시민교육을 통해서 지속가능한 것이 이루어지고, 또 지속가능한 것을 통해서 세계시민교육이 이루어지는 서로 상호보완적인 관계가 아닌가, 저는 그런 생각이 드네요. 주제나 내용도 그렇고…" (전문가4)

전문가들이 이처럼 지속가능발전교육의 하위 영역 및 내용 요소가 상당 부분 세계시민교육과 중복된다고 언급한 것은 지속가능발전교육이 지속가능발전의 요소를 포함하는 모든 범주의 주제교육과 관련이 있다는 Wals(2009)의 주장에 비추어 이해할 수 있다. 예를 들어, 환경교육, 인권교육, 소비자교육, 생물다양성교육, 양성평등교육, 다문화교육, 시민교육 등과 같은 주제교육은 지속가능발전교육의 요소를 포함한다고 볼 수 있으며,

이는 세계시민교육의 내용 요소와도 중복된다고 볼 수 있다.

2) 지속가능발전교육과 세계시민교육 간의 차이점

앞에서 밝힌 이러한 유사성에도 불구하고, 두 개념을 가로지르는 차이점 역시 분명히 존재한다고 할 수 있다. 이에 대한 전문가들의 의견은 크게 네 가지로 요약된다.

지속가능발전교육과 세계시민교육 간의 차이점으로 전문가6은 세계시민교육에서는 지속가능발전교육에 비해 발전이라는 용어에 대한 강약을 뽑았다. 세계시민교육에서는 공존, 다양성, 정의 등에 초점을 맞춘다면, 지속가능발전교육에서는 세대 내 혹은 세대 간 공존을 위해서 발전을 제 정의 하고 이를 보다 강조한다고 보았다.

두 개념 간의 또 다른 점으로는 관점 및 강조점의 차이가 언급되었다. 특히 지속가능발전교육은 실천과 행동을 강조한다면, 세계시민교육은 행위 주체의 가치 형성과 역량 강화를 강조한다고 보았다.

> "ESD교육은 환경이나 지구촌에서 보이는 문제의 이슈들을 고민하고 행동으로 옮기려는 교육을 쭉 해왔다고 생각이 들구요. 세계시민교육은 어떻게 보면은 어떤 핵심역량이든지 어떤 가치 이런 쪽에 다 치중을 많이, 방점을 찍는 것 같아요. 이런 부분은 똑같지만, 차이점이 있다면 관점의 차이죠." (전문가3)

> "소위 말해서 지구사회가 안고 있는 이슈에 대해서 그걸 해결하는 그 본질을 그 부분을 치유하는 방법은, 본질은 같지만, 옆으로 들어가는 그 접근방식에서 차이가 있다." (전문가1)

> "이렇게 차이점은 뭐 좀 전에 말씀드린 것처럼 정말 어떤 그 우리가 바라는 사회의 어떤 지향하는 사회 모습, 거기에 더 이제 지속가능발전교육을 지향하

는 가를 더 앞세워 얘기한다면, 세계시민교육은 그런 지향하는 바와 함께 또 그렇게 어떤 실행의, 행위의, 실천의 주체에 더 강점을 둔 그런 교육이라고 이렇게 저는 예 생각하고 있습니다." (전문가8)

전문가마다 세계시민교육과 지속가능발전 중 어느 쪽이 더 실천을 강조하는가에 대한 이견을 가진 것으로 나타났다. 예를 들어 전문가3과 전문가8 모두 세계시민교육 관련한 업무에 종사하고 있음에도 불구하고, 전문가3은 세계시민교육보다 지속가능발전교육이 더욱 실천을 강조하고 있다고 여기지만 전문가8은 그와 반대의 인식을 나타냈다. 이는 전문가들의 전공 혹은 교과 간 차이 및 이해관계에 연관성을 가지고 있는 것으로 볼 수 있다.

전문가들 간에 맥락과 탈맥락이라는 초점의 차이가 언급되었다. 즉, 지속가능발전교육은 시간적인 차원에서의 안정성과 지속성을 강조하는 반면, 세계시민교육은 이곳에서의 나와 이곳이 아닌 곳에서의 '우리' 혹은 '그들' 간의 연결고리를 찾는 것을 강조한다고 보았다.

"어떤 차이점이라고 한다면 결국은 이건 초점의 문제가 아닌가 싶어요. (…) 지속가능교육이라고 하면은 결국은 그 초점이 어떤 그 시간에 초점이 있지 않나 싶어요. 지금의 나와 미래의 나 또는 어떤 지금의 우리 지역과 우리 도시와 미래의 우리도시, 지금의 우리 지구와 한참 후의 우리 지구, 이거 간의 어떤 그 지속성, 안정성 안정적으로 유지되는 그런 것을 하려면 어떻게 해야 되겠냐를 강조한다면 세계시민교육은 저는 지금의 나라기보다는 이곳의 나, 그러니까 나일 수도 있고, 나가 아닐 수도 있고, 이곳의 나와 또는 이곳에서의 어떤 쟁점 이곳과 이곳이 아닌 곳에서의 어떤 누군가 또 이곳이 아닌 곳에서의 어떤 쟁점 다른 곳에서의 그리고 여기 바깥 결국은 맥락과 탈 맥락의 문제와 관계가 되는 것 같고요." (전문가5)

이와 같은 전문가5의 주장은 지속가능발전교육과 세계시민교육의 개념에 기초한 내용으로서 두 개념 간의 차이를 설명하는 데 있어 유용한 관점을 제공한다.

지속가능발전교육과 세계시민교육 간의 차이에 대해 또 다른 견해로는 이 두 개념 간 근본적인 전제가 다르며 이로 인해 긴장 관계가 발생할 수 있다는 점이다. 진정한 지속가능발전이 가능하기 위해서는 생태 독재가 일어나야 하는데 이는 세계시민교육이 기본 전제로 하는 대의민주주의 사회와 모순 관계에 놓이게 된다는 입장이다.

> "우리가 지금 시장경제의 원리인 거예요. 자 보세요. 이제 시장경제의 원리에 지향을 둔 대의민주주의란 말이에요. (…) 다른 한편으로는, 그런데 이것이 말이죠, 실질적으로 지속가능한 정책이라는 의미에서 가혹하고 엄격한, 지구온난화가 머릿속에 연상되니까 금방 이해가 되지만, 가혹하고 엄격한 국가개입 아닙니까. 세계시민교육은 국가개입과 양립하기 어렵게 된다는 거죠." (전문가7)

전문가7은 지속가능발전에서 주장하는 '발전'의 개념이 보다 현실가능성 높은 대안으로서 작동하기 위해서는 '발전' 대신 '절제'나 '제한'의 용어를 사용해야 한다고 주장하였다. 지속가능발전에 내포된 핵심 전제가 세계시민교육의 그것과 근본적으로 다르다는 전문가7의 주장은 지속가능발전교육에 관한 국제사회의 논의에서는 간과되고 있다고 할 수 있다. 그러나 지속가능발전교육과 세계시민교육 간의 연계에 관한 깊이 있는 이론적 논의에 있어서 다루어질 필요가 있다고 여겨진다.

3) 지속가능발전교육과 세계시민교육 간의 연계방식

지속가능발전교육과 세계시민교육 간 연계를 위한 첫 번째 방식은 지속가능발전교육의 핵심 내용을 중심으로 세계시민교육의 내용과 연계하여 운영하는 방식으로 볼 수 있다.

"문, 이과 통합형인 단원으로 지속가능발전교육에 관한 단원이 정말 잘 맞는다고 저는 생각했거든요. 당연히 뭐 영역이 환경도 있고, 사회 경제도 있으니까. 그런 쪽의 단원 구성을 할 때에 이런 내용을 정말 적재적소에 넣어서 다루어지면 효과적일 것 같아요. 저는 사실은 제가 이제 과학교육과에 있어도, 제 원래 전공이 통합과학 교육이라서 워낙 통합 쪽, 융합 쪽 이쪽을 항상 생각하고 있는데, 우리 학생들도 지속가능 '발전교육과 과학교육'이라는 과목이 있어요." (전문가6)

"일단은 지속가능발전교육이라는 게 환경에만 국한되지 않았다는 의미에서 우리나라가 추구하는 교육환경이 융합학문과 굉장히 맞다 그죠? 그래서 이런 의미에서 지속가능발전교육에 기존의 사회과목, 자연과목, 탐색과목 이런 걸 다시 포함할 수 있는 영역이다." (전문가9)

이 두 전문가의 입장은 지속가능발전교육을 세계시민교육보다 훨씬 더 포괄적인 개념으로 보고 있는 것으로 판단할 수 있다.

지속가능발전교육과 세계시민교육 간 연계를 위한 두 번째 방식은 세계시민교육의 핵심 내용을 중심으로 지속가능발전교육의 내용과 연계하여 운영하는 방식이다.

"오늘날에는 지구온난화, 쓰레기문제, 사막화 현상, 물 부족, 에너지 문제, 또 최근에는 난민문제라든가 등 이러한 심각한 문제들이 산적되어 있는데, 세계시민교육은 이러한 지속가능발전교육의 내용과 성과, 도전을 그대로 받아들여 세계시민교육의 핵심 내용으로 연계하여 운영할 수 있다고 생각합니다. 저는 세계시민교육속에, 세계시민교육을 ESD를 핵심 과제로 그동안 했던 그런 것들을 가지고 진행했으면 좋겠습니다." (전문가3)

"그것을 해결하기 위한 세계시민사회. 그담에 지속가능한 개발. 저는 발전을 싫어하니까. 지속가능한 개발. 그다음에 미디어. 이거 정보화까지 포함해서 네트워크 세계. 그래서 5대 주제영역이 바로 우리 지구촌 시대의 시민들이죠. 즉, 세계시민교육이 다루어야 할 기본적인 주제의 영역이다. (…) 그동안 국제기구나 관련된 단체에서 제시한 여러 가지 접근방법들을 종합적으로 고려해볼 때, 일단 세계시민교육이 더 포괄적인 개념이라고 하는 게 제 입장입니다." (전문가7)

이 두 전문가의 입장은 세계시민교육을 지속가능발전교육보다 상위의 개념으로 보는 입장이라고 할 수 있다.

한편, 지속가능발전교육과 세계시민교육의 연계를 강조하기보다는 현재와 같이 별개의 교육으로 진행하자는 입장도 있었다. 어떤 특정 교육 개념에 순서를 매겨 상위에 놓기보다는 각각의 교육 개념의 장단점을 살려 보다 효과적인 교육을 시행하자는 입장으로 볼 수 있다.

"지속가능발전 입장에서 보면 우리보다는 요 부분은 세계시민에 좀 세계시민교육 영역이나 어떤 방법이나 이런 게 조금 더 좀 더 잘 설명할 수 있을 것 같고, 더 효과적일 것 아니에요. 반대로 세계교육입장에서 볼 때는, 우리는 좀 요런 쪽에 초점이 있었는데, 지속가능의 요런 걸 좀 가져와야 우리가 이 목표를 조정… 그런 식의 어떤 협력적 어떤 상생으로 하나를 품고, 하나를 이렇게 하위로 놓고 하는 그런 거보다는 (…) 이 연계가 어떤 그 포함이나 어떤 우선순위나 이런 문제라기보다는, 좀 그런 느낌. 그 어떤 협력적인 그런 느낌이 나게끔 그렇게 하시면 좋을 것 같아요." (전문가5)

이러한 입장은 지속가능발전교육과 세계시민교육 간에 분명히 차이가 있으므로 어떤 교육 영역 및 내용을 지도하고 특정 교육 방법을 시도하는 데 둘 중 더욱 효과적인 관점을 적용하거나 다른 하나로부터 시사점을 추출하여 더욱 생산적인 교육을 수행하자는 주장이다.

이 융합적 접근은 지속가능발전교육과 세계시민교육을 융합하여 주제교육 중심으로 실시하자는 견해가 있었다. 여기에는 교과 활동이나 창의적 체험활동에서의 주제 학습이 해당된다고 본다.

"ESD와 세계시민교육 간의 여러 간의 아젠다가 있을 때 공통되는 내용들이 있는데, 주제교육을 하게 되면 당연히 융합교육이 될 수밖에 없고, 그러다 보면 지속가능발전교육과 연관되어서 되지 않을까 저는 그런 생각이 들어요. 학교에서 가능하기 위해서는 주제중심교육, 사회과에서 교과서에 어떤 그런 내용의 차시별 수업이 아닌, 주제별 수업을 하는 거죠." (전문가4)

전문가4는 중·고등학교 교장으로서 학교에서의 실천에 주안점을 두고 세계시민교육과 연계한 지속가능발전교육을 위한 방안을 제안하였다고 할 수 있다.

2. 교육과정

1) 교육과정 편입을 위한 사전 검토

지속가능발전교육과 세계시민교육을 교육과정으로 편입하고자 하는 수준과 적정성에 대해서 전문가5는 우선하여서 해야 할 업무가 현행 교육과정을 면밀히 검토하고 그 교육과정 내에 투영된 지속가능발전교육의 요소와 세계시민성교육의 요소를 분석해내야 한다는 의견을 제시했다.

"장기적으로는 교육과정을 개정할 때 세계시민교육과 그러니까 세계시민교육을 품은 지속가능교육이 될 수 있는 그런 요소가 있어야 해요. 그러면은 지속교육은 굉장히 그러면은 교과서가 거기에 맞춰 나오게 되고, 연구하게 돼요 사람들이. (…) 중기적으로는 분명 지금 교육과정 가지고 해야 할 거 아니에요. (…) 교육과정을 좀 분석을 해봐야 하겠지요." (전문가5)

2) 교육과정 내용으로 편입

대부분의 연구 참여 전문가들은 세계시민교육과 지속가능발전교육이 적절한 수중으로 교육과정에 편입되어야 한다는 의견을 가지고 있었다. 편입 수준 및 내용에 대해서 다양한 방법을 제시하였다. 우선 교과내용으로 편입하자는 주장을 제시하고 있다.

"세계시민교육과 지속가능발전교육을 위해서? 음… 일단 교육과정이라는 것은 그 교과가 있으니까 비교과는 좀 너무 약하고요, 파워가 약하니까 교과내용으로 들어가야 되고, 어 교과 내용 중에서 사실 요즘 그 생각을 많이 했었거든요. 문, 이과 통합한 교육과정이잖아요. 요번에 2015 교육과정이… 그래서 그, 문, 이과 통합형인 단원으로 지속가능발전교육에 관한 단원이 정말 잘 맞는다고 저는 생각했거든요. 당연히 뭐 영역이 환경도 있고, 사회 경제도 있으니까. 그런 쪽의 단원 구성을 할 때에 이런 내용을 정말 적재적소에 넣어가지고 다루어지면은 예 효과적일 것 같아요." (전문가6)

전문가3은 2015 개정교육과정에서 세계시민교육과 지속가능발전교육 요소가 모두 녹아들어 간 것으로 파악하고, 추구하는 인간상 및 핵심역량 부분에서 "국가, 세계 공동체의 구성원에게 요구되는 가치와 태도를 보이고 공동체 발전에 적극적으로 참여하는 공동체 역량입니다"라는 내용을 통해 이 두 가지 교육의 요소를 탐색하고 있다.

"2015 개정교육과정이 많이 바뀐 건 아니지만, 눈에 띄게 달라진 게 있다면 ESD와 세계시민교육이 메인에 들어가 있다는 것, 예를 들어서 2015 개정교과정이 추구하는 인간상이 무엇이냐? 하면요 2015 교육과정에서 추구하는 인간상은 의식을 가지고 세계와 소통하는 민주시민으로서 배려와 나눔을 실천하는 '더불어 사는 사람'입니다. 더불어 사는 사람, 여기에 다 들어가 있어요. 그리고 2015년 개정교육과정의 핵심역량이 무엇이냐면요. 지역, 국가, 세계 공동체의 구성원에게 요구되는 가치와 태도를 보이고 공동체 발전에 적극적으로 참여하는 공동체 역량입니다. 범교과학습 주제로 안전, 건강교육, 인성교육, 진로교육, 민주시민교육, 인권교육, 다문화, 통일, 독도, 경제금융교육, 환경, 지속가능발전교육 등 이런 주제는 교과에 상관없이 다 다루라고 하는 것입니다. 여기에 ESD내용도 다 들어 있네요. 이런 것들을 정부에서는 이런 교육과정을 제시해주는 역할, 교육청에 방향을 제시하는 역할을 하기 때문에 저희는 선생님들에게 교육과정을 어떻게 짜라, 너희네 교육과정은 이렇게 해라, 하고 있습니다. 2015 교육과정은 당장 시행되는 것 아니지만, 앞으로 2017년도부터 시행을 해요." (전문가3)

3) 세계시민교육과 지속가능발전교육의 상관성

전문가6은 세계시민교육과 지속가능발전교육에 대해 연계성이 높다고 평가하면서 교육과정 상에서도 지속가능발전교육의 영역이 세계시민교육을 포괄하는 개념으로 이해하고 있었다.

"저는 연계가 많이 된다고 생각을 하는데요, 지속가능발전교육 아시다시피 그 영역이 경제, 사회, 환경이고 세계시민교육은 아무래도 이제 사회 분야에서 어떻게 보면 가장 교육의 궁극적인 목표라고 알고 있는데요, 교육과정 상에도 그렇게 표현이 되어있는 거로 알고 있고, 그런데 어 지속가능발전교육의 영역, 세 영역의 한 부분인 사회 부분이라고 보기에는 사회시민교육이 너무 협소한 의미 같고요." (전문가6)

아울러 같은 전문가6은 2015 개정교육과정에 사회교과 영역에 지속가능발전교육이 상당한 부분 포함되면서 세계시민성교육과 지속가능발전교육의 밀접한 연계에 대해 언급하였다.

"그래서 요번에 그 2015 교육과정에서 저희 2015년 교육과정 과학 쪽에 교육과정이 기초연구를 했었어요. 제가 가기 전에 14년도에. 그리고 그래서 이제 그 사회 쪽 하신 분들 많이 만났거든요. 저희 기초연구 하고 그것을 바탕으로 교육과정이 만들어진 거라서 거의 같아요, 내용이 그런데 거기서 사회하시는 분들 많이 오셔서 얘기했었는데, 사회 속에 많이 들어가 있어요. 현재 2015 세계 교육과정에. 그런데 저는 이제 과학에서 주장을 많이 했는데, 과학하시는 분들은 잘 아직은 그 저기 하는데, 사회 쪽에서는 아예 막 단원으로 들어가고 막, 굉장히 많이 하시더라고요. 훨씬 앞으로는 더 언급되긴 할 것 같은데요."
(전문가6)

교육과정을 구성할 때 세계시민교육과 지속가능발전교육의 적절성에 대해 상호보완적 관계를 주장하는 의견들을 다수 확인할 수 있다. 특히 주제나 내용에서의 공통점들을 거론하는 부분에서 논의하고 있다. 전문가 3과 4는 상호보완적 관계 혹은 유사한 관계를 주장하였다.

"ESD도 제가 찾아보니까, ESD를 바탕으로 세계시민교육이 나온 것 같아요. 그래서 ESD에서 추구하는 평화, 인권, 민주주의, 정의, 다양성, 지속가능, 이런 것들이 다 공통적으로 맨날 같이하고 있더라고요. (…) 세계시민교육과 ESD가 거의 주요 내용이라든지, 영역이든지 거의 비슷한 것 같습니다. 공통적인 부분은 그런 거죠. 지구촌의 문제, 세계평화, 인권문제, 민주시민의식, 다양성, 문화다양성, 특히 환경, 환경이나 에너지, 환경 회의에서부터 시작되었잖아요. 제가 ESD가 당연히 과학과에서 주로 많이 하는 걸로, '환경, 에너지 절약, 생태보호 이런 거겠지' 하고 생각하고, '그러면 세계시민교육의 일부네' 하고 생각을 했습니다. 그런데 공부를 해보니까 ESD교육이 어떤 가치, 태도, 변화를 유도하고 또 이런 사고를 통해서 행동으로 이어지는 그런 역할을 했더라구

요. 저도 이런 부분은 세계시민교육과 일맥상통한다고 보구요." (전문가3)

"근데 결국은 제가 보니까 세계시민교육을 통해서 지속가능한 것이 이루어지고, 또 지속가능한 것을 통해서 세계시민교육이 이루어지는 서로 상호보완적인 관계가 아닌가, 저는 그런 생각이 드네요. 주제나 내용도 그렇고…" (전문가4)

몇몇 전문가는 교육과정을 구성할 때 세계시민교육을 확대된 개념으로 설정하고 세계시민교육의 내용요소의 교육과정 편입에 우선을 두거나 중점을 두는 경향을 보인다.

"분명히 세계시민교육, 저는 이걸 좀 더 크게 봤는데요. 세계시민교육에서 강조하는 이런 것들이 궁극적으로 교육과정 속에 녹아 들어가야 될 거 아니에요? 기존에 있는 어떤 그런 개념과 충돌이 생겼을 경우에는 어떻게 돌파할 것이냐. 뭐 저는 이제 그런 생각은 좀 듭니다." (전문가1)

현행 교육과정 속에서 세계시민교육과 지속가능발전교육이 범교과 영역이며, 병렬적 구성임을 지적하면서 교사들의 교육과정 재구성을 강조하였다.

"저희 이제 경기도 교육과정에 보면 그 세계시민교육하고 지속가능발전교육이 들어가 있는 게 범 교과영역이라고 아시잖아요? 거기 보면 민주시민교육도 들어가 있고 세계시민교육도 들어가 있고 지속가능발전교육도 들어가 있어요. 그러니까 병렬적으로 구성되어있는 상태죠. 그리고 거기서 범 교과영역에서 세계시민교육과 지속가능발전교육을 얘기하고 있어요. 그러니까 그거는 교사들이 교육과정을 재구성하거나 교과 연계 수업을 해서 하라는 얘기가 되는데 실질적으로 그렇게 이루어지지 않죠. 기존 교과하기도 바쁜데 그것까지 하기는 어렵고요." (전문가2)

전문가8의 경우 지속가능발전교육과 세계시민교육의 강한 연계성을 주장하면서 공통점과 차이점에 대해 다음과 같이 기술하면서 두 가지 교육을 실천하는 데 있어서 상호연계 및 호환성에 대해 언급하고 있다.

"지속가능발전교육을 제외한 세계시민교육을 생각할 수 없는 거고, 지속가능발전교육을 이야기함에 있어서 내가 속한 우리 지역사회만의 지속가능발전교육이 아니라, 지구 공동체의 지속가능발전교육을 이야기하는 데에, 세계시민의식, 뭐 국제 이해의 증진, 다양성의 존중 증진 이런 부분을 빼놓고 얘기할 수 없는 부분이거든요. 그러니까 굉장히 이게 상호보완적이라는 점, 굉장히 유기적으로 연결되어 있다는 점, 그런 부분도 역시 공통점이 될 것 같아요. 다만 차이점은 제가 생각하는 이렇게 차이점은 뭐 좀 전에 말씀드린 것처럼 정말 어떤 그 우리가 바라는 사회의 어떤 지향하는 사회 모습, 거기에 더 이제 지속가능발전교육을 지향하는가를 더 앞세워 얘기한다면, 세계시민교육은 그런 지향하는 바와 함께 또 그렇게 어떤 실행의, 행위의, 실천의 주체에 더 강점을 둔 그런 교육이라고 이렇게 저는 생각하고 있습니다. 그러니까 이게 이제 더 어떤 개념문제, 뭐 방법 문제, 그 실행의 문제 이런 부분에서는 사실은 굉장히 그런 여러 가지 공통점이 많고요, 접근방식도 공통점이 많고, 어 그리고 무엇보다도 지속가능발전교육에서 그 접근하는 방식, 또 핵심교육에서 접근하는 방식을 얼마든지 이렇게 서로 바꾸어 해서 쓸 수 있는 이런 부분들도 있으므로, 세계시민교육을 추진해 나가는 데에서도 그동안 지속가능발전교육에 어떤 경험 이런 부분들이 잘 그런 경험이 잘 반영이 되어야 한다고 생각하고, 또 지속가능발전교육을 추진함에도 세계시민교육에서 이렇게 그 논의하는 뭐 내용들 이런 게 지속가능발전교육의 틀 안에도 잘 좀 반영이 돼야 한다고 생각하고요." (전문가8)

4) 교육과정 구성의 방향

세계시민교육과 지속가능교육의 공통점과 차이점으로 교육과정의 경계가 불가피하다는 의견을 내놓으면서 세계시민교육을 세계시민성이라고 세계시민의식이라고 하는 정체성 문제를 주로 다루는 것으로, 지속가능발전교육은 주로 토픽 중심으로 이루어지고 있다는 점을 주장하고 있다. 세계시민교육을 의식 부분에 주로 집중하면서 의식을 바꿔나가고 실천까지 하게 하는 교육과정 구성이 필요하다는 의견을 밝혔다.

"세계시민교육을 세계시민의식이라고 하는 정체성 문제를 주로 포커스로 다루는 거라면, 저는 이제 제가 가지고 있는 상식에서는 지속가능발전교육은 주로 토픽 중심으로 이루어지지 않는가. 뭐 그런 생각을 했어요. 제가 가지고 있는 상식에서. 그래서 세계시민교육이라고 하는 것 이건 의식 부분에 주로 이제 그 집중하면서 의식을 바꿔나가고 의식 속에서 그 사람의 어떤 감성이라던가, 인지라던가 이런 것들 공감하게 하고 그런 다음에 실천까지 하게 하거든요 사실. 그래서 인식, 인지, 그뿐만 아니라 감성, 공감, 그다음에 이제 실천. 그런 것들이 쭉 단계적으로 이루어지는 교육과정을 저희는 생각하고 있는데, 지속가능발전교육은 제가 생각했을 때는 주제중심으로 이루어지는 그런 뉘앙스를 받았다. 그래서 그런 부분에서 조금 차이점이 있지만, 아까 말씀드린 대로 지구적인 연대, 그다음에 지구가 가지고 있는 앞으로의 지구붕괴를 시나리오로 삼고, 지구붕괴에 대해서 방관하게 할 것인가 아니면 동참해서 지구멸종이라던가 생태계 위기를 이렇게 좀 예상하고 상상해서 상상력과 감수성 교육을 통해서 조금 함께 할 수 있는 길을 모색하는 그런 것이 지속가능발전교육이 아니었나. 그런 점에서 공통점과 차이점이 있지 않았나. 그렇게 생각할 수 있죠." (전문가2)

전문가3은 세계시민교육을 중점으로 하고 지속가능발전교육 연계를 통한 교육과정 구성을 주장하고 있다. 무엇보다 세계시민교육을 더 포괄적인 카테고리로 보고 있다는 점이 주목된다.

"저는 세계시민교육 속에, 세계시민교육을 ESD를 핵심 과제로 그동안 했던 그런 것들을 가지고 진행했으면 좋겠습니다. 제일 접근하기는 실은 ESD 현장에서는 더 쉽죠. 특히 어떤 문화, 우리 인천에도 문화유산이 많고, 문화다양성,

문화유산, 환경보존활동, 생태환경, 이런 것들을 핵심내용으로 해서 세계시민 교육을 거기에다가 이런 것들을 통해서 가치관까지 확립하는 것까지 연계해서 하고 싶습니다. 두 가지 교육을 어떠한 방법으로 연계할 것 인지에서는 세계시민교육 중심으로 지속가능발전교육 연계입니다. 세계시민교육을 더 포괄적인 카테고리로 보고, 지속가능발전교육을 연계하는 것이며, 다양한 정책 간 연계와 방법들을 통해 세계시민교육과 ESD가 가능한 환경조성이 필요하다고 봅니다." (전문가3)

전문가5의 경우 세계시민성교육과 지속가능발전교육의 연계의 측면보다는 초점 혹은 목표에 따라 상대적으로 강조하는 부분이 다르기 때문에 두 가지 교육의 교육과정상 연계에 대해 회의적인 견해를 보인다.

"그런데 그게 그 공통점이 있기 때문에 반드시 뭐 이렇게 연계가 돼야 한다거나 그런 어떤 차원보다는요, 어… 그게 무슨 이야기냐 하면은 뭐 보니까 그렇게 있는 거지. 사실 그렇게 이제 그렇게 살펴보니 너희는 뭐하니 너희는 뭐하니 보니까 이제 너네 인권 하니 우리도 인권 하는데 같이 합칠까 뭐 이런 건 아닌 것 같고요. (…) 저는 그 연계라고 하는 게 뭐 뭐랄까요. 이렇게 좀. 그냥 같은 게 있으니까 연계한다는 거는 조금 너무 형식적인 모습인 것 같고요. 그러니까 목적이 전제되지 않은 그런 거 같고… 글쎄요." (전문가5)

전문가9는 세계시민교육의 실질적인 내용이 지속가능한 발전교육이라는 내용의 콘텐츠로 되어 있는 것으로 파악하면서 교육과정 구성 시 지속가능발전교육을 기본으로 하는 것을 주장하고 있다.

"제 입장에서 보면 세계시민교육과 지속가능발전교육 간의 차이점이라는 것은 저는 세계시민교육이라는 것은 여기는 이렇게 조금 나왔지만 하나의 베이스 같은 방법론이고 실질적인 내용은 지속가능한 발전 교육이 지속가능발전이라는 내용의 콘텐츠로 되어있는 게 아닌가 생각이 들거든요. 교육적 측면에서 보면 이게 핵심이 된다고 그러지만 저는 보기에는 지속가능발전이라는 것이 미래세대에게도 지금같이 큰 의미를 제공해준다는 의미에서는 이것이 콘텐츠가 되어야 한다. (…) 그런 의미에서 어느 게 먼저다 이런 것보다는 실제로 옳은 사회가 가르쳐주는 이런 문제를 극복하는 그런 단계로서의 세계시민교육과 지속가능발전교육은 양 측면에서 강조해야 할 것도 강조를 하고 그러면서 하나하나 협의하고 다른 사람의 의견을 구하고 그 담에 서로 네 것을 창의적으로 뭔가 이렇게 문제를 해결해주려고 해결하려고 하는 의도가 반영되어야 하는 교육과정이 아닌가 하는 생각이 듭니다." (전문가9)

위 전문가와는 상반적으로 전문가7은 세계시민교육이 가장 큰 우산으로 교육과정상 그려져야 하고, 세계화라는 사회문화적 패러다임 변화에 따라 민주시민의 개념에서 세계시민으로 전환해야 하기에 교육과정상 모든 것에 우선시 되게 세계시민성을 설정해야 한다고 강력하게 주장하였다.

"특히 우리가 너무 귀 따갑게 듣는 세계화시대 또는 세방화 시대의 적절한 접근 방안으로써는 방법론적인 세계시민주의가 요청된다. 그래서 이쪽으로 방향전환. 어떤 패러다임의 전환이 요청된다. 이런 건 솔직히 우리나라에 거의 별로 소개가 안 되어 있는, 그런 것은 좀 참신하지 않나. 그래서 제가 일부로 한번 적어본 겁니다. 그래서 이 세계시민교육과 지속가능발전교육은 세계 수준으로 들어오는 거죠. 이제 세계 수준과 지방 수준, 국가 수준과 국제 수준 또 우리와 또 다른 사람들 타자 사이의 이런 기존의 명백한 규정, 경계 이런 것이 있었는데, 그런 것들을 지양을 하고 이 두 가지 준거에 결합, 융합, 혼합, 교차 따위를 경험적으로 분석한 후에 주된 관심을 두고 있는 것이 두 가지. 우리가 지금 거론하고 있는 키워드가 아니겠냐, 그런 이야기를 해봅니다. 그 정도에서 제가 목표 수준과 방법론적 수준에서 공통점을 찾아볼 수 있다고 한번 생각을 해 봤구요. 세계시민교육이 지속가능발전교육의 일부분이 될 수도 있고, 또 거꾸로 지속가능발전교육이 세계시민교육의 일부가 될 수도 있다. 하지만 제 입장은 세계시민교육이 지속가능개발교육을 포괄하고 있다고 봐요. 교육과정에서도 이런 생각들이 반영되어야 하고요." (전문가7)

위 전문가7과는 다른 제삼의 의견을 개진한 전문가8의 경우 세계시민교육과 지속가능발전교육의 교육 내용의 융합적 방향을 제안하고 있다. 그 이유는 학교 현장에서의 구체적인 활동 사례를 들면서 이 활동에서의 유사성에 기인하고 있기 때문이다. 따라서 교육과정 구성 시 융합적 형태를 가져야 하는 것으로 주장하였다.

"지속가능발전교육이 중심이 되는 그런 교육. 또는 세계시민교육이 중심이 되는 교육. 뭐 사실 그럼 지속가능발전교육 중심의 세계시민교육 그럼 그거는 지속가능전교육을 하는 건가요, 세계시민교육을 하는 건가요. 그게 애매하거든요. 그러니까 차라리 지속가능발전교육을 더 이제 중점적으로 추진하면서 어떻게 이제 지속가능전의 그 가치와 또 세계시민의식 함양을 같이 갈 것인가. 또 이제 어떻게 세계시민의식 함양을 증진하면서 또 지속가능발전에 가치도 같이 증진할 것인가. 그냥 그렇게 그런 쪽으로 생각해야 하지 않을까. 그럼 이제 필연적으로 좀 융합해서 갈 수밖에 없지 않을까. 다만 이렇게 학교에서 이걸 더 구체적인 활동형태로 본다고 하면, 이렇게 학교에서 초등학교 뭐 4학년이나 5학년에서 어 우리가 환경문제를 뭐 다룬다. 그거를 이거는 국제교육, 세계시민교육의 일환으로 다룰 수도 있는 거고, 지속가능발전교육의 일환으로도 다룰 수 있을 것 같아요. 저는 그걸 구분하는 거는 그 학교가 그때 정책을 이렇게 어떤 정책을 쓰느냐 저는 그 차이라고 생각합니다. 그리고 왜냐면 이제 환경문제가 굉장히 이렇게 우리가 얼마나 지구공동체의 구성원으로서 이렇게 상호 연계되고, 상호의존도가 높은 세상에 살고 있는지를 또 어떻게 보면 굉장히 그 이해하기 쉽게 보여줄 수 있는 그런 문제이기도 하거든요. (…) 뭐 그 환경문제를 다룬다고 해서 그것만으로 지속가능발전교육이고 뭐 다른 게 세계시민교육 그건 아니니까요." (전문가8)

3. 교과서 및 교재 개발

교과서와 교재 개발은 어떤 유형의 교육이던 학교 현장에 착근하기 위한 형식적인 체계를 가질 수 있는 데 계기를 마련한다. 전문가3의 경우 교육과정 개발에 있어서 세계시민교육 요소와 지속가능발전교육 요소가 포함되긴 했지만 이를 구현하는 교과서와 교재 개발이 체계적으로 이루어지고 있지 않다는 점을 부각하면서 교과서 및 교재 개발의 필요성을 피력하였다. 특히 몇몇 교육청 및 연구회 등에서의 교과서 개발 현황을 소개하면서 교과서 및 교재 개발의 시급함을 주장했다.

> "특히 청소년을 대상으로 하는 다양한 프로그램이 있잖아요. 청소년 인센티브, 캠프라든지, 유네스코에서 하는 세계시민학교, 세계시민교실이라고 있습니다. 교실에서 강사가 가서 필요로 하는 학교로 가서 교육시키는 것, 이런 것들이 확산되고 있습니다. 교육과정개정이나 교과서 개발은 교육과정은 2015가 개정되었고요. 그거에 따라서 지금 교육과정 개발하고 있습니다. 큰 세계시민교육 연구회중심으로 교과서가 개발되고 있구요. 경기도, 서울, 인천이 세계시민교육 교과서를 개발하고 있습니다. 3개 도시가 합력하고 있습니다. 세계시민핵심역량, ESD핵심역량 중심으로 개발하고 있습니다. 지금은 교과서가 많이 나와 있지 않아서 없어요. 교과서 개발이 시급하다고 생각합니다." (전문가3)

전문가5의 경우 교과서 개발에 있어서의 개념의 구체성과 절차의 합리성을 제안하고 있다.

> "교과서에 처음 등장할 때는 당연히 개념에 대한 설명이 들어가긴 할 거예요. 그런데 매우 재미없는 설명이겠죠. 왜냐하면, 초등은 교과서 하나지만 중, 고등학교는 검정이잖아요. 검정을 통과하려면 점점 맛이 없어져요. 점점 밋밋해지더라고요. 처음에 좀 참신하게 뭘 해도요 다 잘리고요. 고치라고 하기때문에, 그거 안 하면 합격 안 시켜주는데 어떡해요. 그러니까 그런 뭐 아무튼 맞아요. 그렇게 해서 처음에 등장할 때는 그 어떤 개념이 이렇게 좀 들어가고, 또 지도소에서 좀 새롭게 가는 저기는 보강이 되고 그렇게 가야겠죠." (전문가5)

또한 전문가7은 교과서의 서술 방식을 제삼자적, 타자적 방식을 지향해야 하며, 스토리텔링 방식으로 흥미롭게 구성되어야 한다는 견해를 보인다.

> "사회적 관점 취득의 첫 번째 단계의 일단, 다른 사람의 마음속에 들어가야 되잖아요. 그게 타자의 마음… 괄호 열고 사고의 감정 속으로 들어가기… 이게 첫 번째 단계. 두 번째 단계, 그럼 그 사람의 입장, 관점을 취득해서 세상을 바라볼 수 있겠죠. 그 후속 활동이 타자의 관점이 아니라 입장 또는 시각에서 또는 그 사람의 눈으로 이 세상이나 인간관계나 사물을 바라보기. 예. 이거 별거 아니야. 이게 핵심인 거예요. 근데 그런 게 또 교과서에 있어요. 전쟁의 고통을 받는 아동의 관점을 취득해서, 스토리텔링 비슷하게 재구성을. 교과서로 딱 나오더라고 사례로. 그러면 이제 정리할 때는 이제 우리 요즘 이렇게 하니까 어떻게 되겠지? 이렇게 나오더니 교과서에 보통, 이거예요. 별거 아니잖아요. 적용하기 쉽다는 거죠." (전문가7)

교과서는 교육과정을 기반으로 제작되기 때문에 교육과정을 세계시민교육을 연계한 지속가능발전교육의 관점을 녹여 넣어 개정한다고 하더라도, 이러한 관점을 반영한 교과서가 개발되기까지는 교육과정 개정과 시차가 존재한다. 이러한 이유로 전문가5는 세계시민교육과 연계한 지속가능발전교육을 실행하기 위한 중장기 계획에 있어 현장 파급력을 높이기 위해서는 교과서를 보완할 수 있는 교재를 개발하고 보급하여 현장의 교사들이 활용하도록 안내하는 것이 필요하다고 보았다. 교재 개발 시 세계시민교육과 지속가능발전교육 내용의 적절성, 내용의 연계성 등을 밀도 있게 기획하고 구성해야 한다고 보았다.

"교과서가 이제, 지금 저는 교과서 쓰고 있는데, 중학교 고등학교 쓰고 있는데 교과서가 이제 2018년에 배포가 될 거에요. 이제 올해하고 내년까지 이제 심사 받고 뭐 이렇게 해서 2018년인가 나온다고. 그러면은 이미 지금 그 교과서들은 이런 요 세계시민교육을 품은 지속가능발전이라는 하는 거를 발행하지 않고 있어요. 왜냐면 지금 교육과정에 안 돼 있으니까. 그러면은 이제 교과서 2018년부터 이제 배포가 되면 그때 교육과정이 도입된다는 것은 앞으로 일 년 반이 남았잖아요. 그러면은 그 정도로 놓고 보면은 이제 결국은 그 교육과정을 분석하고 과연 어 세계시민교육하고 그 지속가능발전교육이 이렇게 좀 접목될 수 있는 단원이냐. 주제가 뭐가 있는가를 이제 추리해 봐야겠죠. 그러고 나서 거기에 따른 교과서를 개발할 수 없으니까 교재에 있는 거기, 뭐 저 자료집 같은 거나, 선생님들한테 제일 좋은 거는 연수하면서 그냥 강의만 할 게 아니라 자료집을 주면서 요걸 가지고 이제 해보시라고 하시는 게 제일 좋아요. (…) 물론 연수도 당연히 하고 해야 하는데, 사실상 연수를 안 받아도 교재가 있으면 어떻게 해 볼 저기라도 있는데, 이게 가장 저는 중요하다고 봤고 (…) 수업 모델이나 프로그램개발 이런 거는 저는 사실은 좀 부차적이라고 봤습니다."
(전문가5)

한편, 지속가능발전교육이나 세계시민교육은 특정 교과이기보다는 전 교과의 학습내용 속에 그것의 개념, 관점, 목표가 녹아 들어가야 한다. 전문가8의 경우 세계시민교육과 지속가능발전교육에 관한 국정 교과서 개발이 어려워서 참고할 수 있는 교육자료 개발의 필요성을 언급하고 있다.

"세계시민, 지속가능발전교육 이게 국정 교과서가 될 거는 아니니까. 그리고 사실 없지 않아요. 이건 또 어떤 하나의 교과가 아니므로 이것도 다 이제 뭐 참고할 수 있는 뭐 하나의 교육자료, 교재 뭐 이렇게는 될 수 있을 텐데, 이게 교과서로, 한번 교과서하고 교재 하고 그 경계가… 어 그렇게 아주 딱 명확하게 될 것 같지는 않습니다." (전문가8)

4. 수업모델 및 프로그램 개발

전문가들은 세계시민교육과 연계한 지속가능발전교육을 위한 방안으로서 수업모델 및 프로그램개발에 대해 언급하였다. 교육청 장학사인 전문가3은 교사가 주축이 되는 학습공동체 및 연구회를 중심으로 수업모델을 개발하게 하고, 우수한 프로그램을 공유하는 것이 효과적이라고 주장하였다.

"제일 중요한 것 수업모델, 프로그램개발을 해야겠죠. 수업모델은 교육연구회, 세계시민교육연구회, ESD연구회, 각 교과별 연구회가 있습니다. 영어교과, 수학교과, 과학교과연구회 이런 교사들을 연구회, 전문적 학습공동체에 많이 키워서 지원해주어서 이 사람들이 수업모델을 개발해서 프로그램을 공개하는 거죠. 저는 국제특구에 모델학교가 있어서 수업공개를 하면은 주변에 모든 학교를 다 불러서 그것을 공개하고 그것을 어떻게 운영했는지 프로그램을 공유하는 것이 중요하죠. 협업이 중요하죠. 그리고 연구회 간에, 공유도 하고, (중략) 프로그램개발 시 주안점은 교육과정과 동떨어지면 안 되겠죠. 교육과정과 연계해서 하는 것이 제일 중요하고요. 또 인천의 교육 전체의 자유학기제, 동아리 활동, 이런 것과 연계하고, 아무래도 고등학교는 입시와 연계되기 때문에, 그래서 개발은 그렇게 하는 게 제일 빠릅니다. 뽑아서 확산시키는 것이 중요할 것 같고, 확산시키는 방법은 모둠 개발해서 전문가 양성해서 컨설팅 지원해주는 거죠, 학교에 지원해주고, 컨설팅 지원해주고, 선도교사를 학교마다 한두 명씩 점차 매년 늘려서 이 사람들이 주도적으로 확산시킬 수 있게 하는 것입니다." (전문가3)

또한 전문가5는 수업모델 및 프로그램 개발과 관련하여 연속적인 차시를 구성해서 모듈로 제공하는 것이 효과적이라고 제안하였다.

"세계시민교육과 연계한 지속가능발전교육을 위한 그게 하나의 프로그램이 된다면 그걸 위한 교육과정이 또 있어야지요. 그러니까 그거는 프로그램 교육과정을 말하는 거죠. 이제 우리가 문서상에 큰 이런 대규모 국가 수준의 교육과정을 말하는 것이 아니라 그 예컨대 그게 뭐 15차시가 될 수도 있고, 30차시가 될 수도 있고 그게 어떤 모듈처럼 막 이렇게 저 그 패키지로 묶어서…."
(전문가5)

6장 세계시민교육 연계 지속가능발전교육의 실천

이번 장에서는 1장에서 기획한 연구 방법에 의거 전문가들이 생각하는 세계시민교육 연계 지속가능발전교육을 효율적으로 실천하기 위한 방안을 모색 해볼 것이다. 이 방안으로 교육 관계자 연수, 관련 기관의 역할, 교육의 홍보 및 확산 방법 등을 살펴볼 것이다.

1. 교육 관계자 연수

몇몇 전문가는 학교 현장에서 교육을 수행하는 일선 교사들에게 가장 필요한 사항이 교사 연수라고 주장하였다. 특히 교사역량강화 측면에서 직무 연수의 필요성을 강하게 피력하면서 예산 확보에 주력해야 한다는 정책 제안을 하였다.

"이럴 때 교사가 제일 먼저 중요하다고 생각을 하고, 교사 연수 쪽에 많은 공을 들이고 있습니다. 그래서 교사들이 정말 시키고 나면 달라지더라고요. 어디선가 무언가 실천하고 있어요. 그래서 저는 너무 뿌듯하고 정말 '돈이 아깝지 않다' 생각합니다. 예산을 엄청 쓰고 있습니다." (전문가3)

"일단 교육과정 들어가는 거고, 그리고 지금 이제 또 다른 한 축이 이제 그 교사들의 역량강화 문제, 또는 어떤 교육자료의 문제. 이런 부분이 그 될 것 같은데요. 그렇게 뭐 교사 역량강화라든가 뭐 교육자료 개발이라든가 이런 걸 하기 위한 뭐 그 또 이런 관련 경험들이 확산될 수 있는 그런 면에서 제도적인 뒷받침. 이거는 이제 그 뭐 정부차원에서도 교육부, 또 뭐 교육청이 같이 협력해서 가야될 것 같아요. 뭐…지금 교사 역량강화 이쪽은 현재는 세계시민교육 선도부에서 역량강화 요런 정도에 있는데, 이거는 사실 예산이 별로 그렇게 많지도 않거든요. (…) 적어도 당분간은 그럼 이쪽으로 해서 더 많은 어떤 예산지원도 되고, 제도적인 뒷받침도 되고 그렇게 한다면, 그걸 활용해서 또 지속가능발전교육도 어 더 증진할 수 있도록 하면 어떨까 하는 생각도 들고요." (전문가8)

아울러 전문가8은 교사 연수에 대한 구체적인 제안을 하였다. 시도교육청별로 교원 연수과정에 세계시민성교육 연계 지속가능발전교육 연수과정을 반드시 포함하여 운영해야 하며, 이에 따른 연수원 활용에 대한 구체적인 제안을 하고 있다.

"교육연수원들, 뭐 시도교육청별로 있는 교육연수원의 연수과정 중에 뭐 거기도 근데 연수원들도 연수과정 넣을게 정말 많다. 그런데 그게 그 결국엔 특히 이제 직무연수, 자격연수 같은 거 학교 관리자 대상 어 또 뭐 1종 자격연수 뭐 이런 자격연수 과정의, 이거는 어떤 특정과목 교과 담당의 문제가 아니라 모든 교무들의 인식도 재고가 필요하고, 그중에도 또 특히 뭐 선도교사라든가 뭐 연구학교, 시범학교 같은 경우에는 더더욱 더 역량강화가 필요하니까 그걸 좀 더 체계적인 그런 교원역량강화 쪽이 강화되어야 할 것 같고요. 아 근데 이게 말씀드리다 보니까 죄송합니다. 너무 그냥 뻔한 얘기만…" (전문가8)

전문가5는 일명 '지속가능연수'라는 연수를 한 경험을 이야기하면서 구체적으로 사회문화, 경제, 과학 등의 패키지 및 모둠 연수형태 개발을 주장하였다.

"지속가능함, 지속가능연수라고 한 적이 있어요. 거기 보면 그렇게 막 패키지로 들어있어요. 2시간짜리, 3시간짜리. 2시간짜리 사회문화 하고 또 어떤 분은 3시간짜리 경제를 하고, 어떤 분은 과학을 하고 뭐 이렇게. 그렇게 해서 이제 일종의 모둠식으로 개발한 거거든요. 그렇게 그런데 개발하는 거는 우리 국가 수준의 교육과정과는 무관한 거잖아." (전문가5)

전문가8은 연수방법의 다양함을 설명하면서 연구회 중심으로 동료 연수를 수행하는 것이 가장 좋은 연수방법이 아니겠냐는 반응을 보이면서, 동료 연수의 필요성과 구체적인 사항을 언급하였다.

"그런 연구회 활동이 됐건, 뭐 시범학교나 연구학교가 됐건, 그게 좀 그 많은 선생님이 이런 저희가 연수를 그렇게 할 때도 어 이렇게 강의를 통해가지고 하 뭔가 이렇게 각성의 순간을 이렇게 경험하게 되는 그런 경우도 물론 있지만, 그것 못지않게 다른 선생님과 함께… 함께 그 비슷한 고민을 하고 있다는 거를 나누게 되고 어 이런 경우에 나는 어 이렇게 했다 그러면서 이런 어려움이 있었고, 또는 이런 부분은 어떻게 극복을 했다 그런 부분 이렇게 그 경험을 같이 공유하고 하는 게 어떻게 보면 가장 효과적인 동료연수의 방법 중에 하나가 되는 것 같더라고요. 그래서 그런 어떤 이제 그 경험을 공유할 수 있는 그런 기회 (…) 선생님들한테 시도차원의 연구대회, 또 전국단위 연구대회 이렇게 해가지고 그게 어 선생님들도 독려하고 뭐 이런 연구점수라든가 이렇게도 이제 인센티브로도 연결이 되면, 그것도 좀 좋을 것 같고요. 모든 제도가 다 그 실제로 잘하고 있지만, 실제로는 잘하고 있지만 그런 뭐 이렇게 외부에 보이는 게 약한 선생님들도 있고, 실제로 하고 있는 거에 비해서 포장을 잘하는 선생님들도 있고 그러잖아요." (전문가8)

전문가3은 교사 연수 기획의 경험에 의존하여 구체적인 교사 연수 방법을 피력하였다. 특히 수업방법 기획을 비롯하여 의사 표현, 체험, 토론 및 발표 등의 구체적인 방법에 대해 설명하였다.

학교 간도 학교 간끼리, 꼭 외국학교하고 하는 게 아니라 다른 지역과도 네트워크 연결해서 하고, 여기 주변에 있는 학교에서 다른 학교끼리 같이 하는 프로젝트도 있습니다. 이런 것들을 교육청에서 프로그램으로 지원하고 있는 부분이구요. 제가 굉장히 심혈을 기울이고 있는 것이 교원 연수입니다. 제가 연수기관을 6개 정도 지정을 했어요. 처음에는 영국문화원의 연수는 관리자, 교장, 교감, 교사 연수인데 이런 세계시민교육이나 국제화교육, 이런 교육을 하는데, 영국에서 직접 강사가 비행기를 타고 오십니다. 여기는 35명씩 3번을 하는데, 100명 정도 하고 있구요. 경인교대에서 제가 연수위탁을 했는데 세계시민교육 전문가 과정이라고 있어요. 이 사람들은 세계시민교육 선도교사를 중심으로 전문가 과정에 들어가면 교수님 한 분이 5명을 멘토교사로 주잖아요. 선생님과 5명의 교사가 만나서 학습, 교육과정 모둠부터 짜요, 모둠을 개발하고 멘토교사가 수업, 수업방법을 짜는 것까지 다 관여하고, 그리고 나서 수업을 공개하고, 그 후 수업을 했던, 개발했던 것들을 자료화, 데이타화하는 거죠. 이 과정이 1년을 하면 너무 길어서 한 학기씩, 3개월씩 전문가 양성을 경인교대에다가 위탁을 했구요. (…) 유네스코 아시아태평양 국제이해교육에다가는 외국 선생님들과 연합해서 하는 펠로우십 프로젝트가 있습니다. 그것도 우리 선생님들이랑 같이 하는 게 있구요. 또 우리 인천교육연수원에도 세계시민교육 연수를 진행하고 있고, 또 학생캠프, 중학생대상으로 영어로 세계시민교육을 체험하고 토론하는 캠프, 1박2일 캠프도 있구요. 이러한 다양한 프로젝트를 수행하고 있습니다. 작년 같은 경우에는 미국에 있는 학생들을 데려다가 우리나라 아이들과 함께 하는 프로젝트를 했었습니다." (전문가3)

전문가8은 교사 연수의 지속성에 대해 거론하면서 관련 특정기관, 이를테면 한국과학창의재단에서 주관하는 교사 연수가 지속적으로 수행되어야 함을 주장했다.

"그러니까 이제 한국과학창의재단에서 얼마 전까지도 교무직무연수가 굉장히 활발하게 진행이 됐는데, 이게 비록 환경교육 중심의 지속가능발전교육이라고 하더라도 이런 부분이 이제 상당히 이제 많이 줄었잖아요. 근데 그거는 좀 더 이렇게 정책적인 지원이 필요한 거는 필연적일 것 같고요, 그 세계시민교육 이름으로 뭐 지금 역량강화 이런 거 있지만, 이거 굉장히 학교 현장에 착근하기엔 굉장히 좀 한정적이다." (전문가8)

전문가3은 자신의 업무에 대해 긍정적인 마인드를 가지고 있으며 책임감도 남달랐다고 보인다. 특히 수업을 바꾸어야 하는 데 방점을 두고 "학습자 중심으로, 탐구학습, 토론수업, 프로젝트학습, 역전학습(Flipped Leaning) 이런 식으로 수업이 바뀌어야지 우리도 국제화 수준의 수업에서 학생들을 키울 수 있는 거죠."라면서 수업의 혁신을 주장하였다. 나아가 연수를 마친 교사들이 연수에서 배운 것을 교육현장에서 실천한다면 그 효과는 대단할 것이라고 자평했다.

"이런 것들을 위해서 교육연수를 지금 국제특구업무를 4년 차 하고 있는데, 지속적으로 하고 있습니다. 제가 직접 가서 선생님들 수업 공개할 때 가서 보면, 연수해서 했던 것을 다 적용해서 하고 있더라구요. Flipped Leaning을 연수를 시켰더니 실제로 그걸 적용하고 있더라구요. 아, 연수가 받고 끝난다는 그런 생각을 했는데, 이중에 누군가는 실천하고 있다, 한 명이라도 실천하고 있으면 이것은 돈이 아깝지 않다고 저는 생각하고 있어요." (전문가3)

전문가6은 연수에 있어서 가장 중요한 부분의 하나가 학교관리자 연수라면서 학교장들이 세계시민교육 연계 지속가능발전교육에 관한 인식의 변화, 마인드의 혁신을 가져야 한다면서 관리자 연수의 중요성을 강조하였다. 특히 관리자 연수가 가장 큰 효과를 가져올 것이라고 전망하였다.

"일단 가장 중요한 것은 인식전환인 것 같아요. 이 인식전환이 먼저 되어야 하는데… 그러니까 뭐 연수라든지 아니면 관리자인 교장들 연수 (…) 그 아까 교수님이 말씀하셨는데 관리자들이 굉장히 중요하잖아요. 시키면 또 마인드가 굉장히 따라가지 않을 때도 (…) 교장 마인드를 바꾸어야지요. 교장선생님들은 교육청에서의 어떤 정책에 또 따라갈 수밖에 없는 그런 구조이기 때문에 교육청 자체에서 많이 움직여 줘야 될 것 같긴 해요. 그런 시스템적으로도 그렇고, 저희는 또 하나 2014년도에 노력했던 게 파급과 홍보 때문에 그 저기 신문 예 그 신문에 홍보하는 것에 굉장히 주력했었어요." (전문가6)

2. 관련 기관의 역할

1) 교육부의 역할

대부분의 전문가들은 세계시민교육 연계 지속가능발전교육을 활성화하기 위해서는 교육부가 큰 틀에서 방향 제시 및 예산 지원과 교육과정 속에 포함을 시켜야 한다고 주장하였다.

"교육부나 정부에서 하는 그런 일은 프레임이나 프로그램방향을 제시해주어야 하구요. 국가 수준에 지침이나 방향을 제시해주면 훨씬 저희가 수월하죠. 그리고 이걸 이행하기 위한 어떤 지침을 제공하고, 예산도 지원해주어야겠습니다. 그리고 교육과정 속에 도입한다든지…" (전문가3)

"교과서에서, 사례제시라든가, 교사용지도서, 대학입시에도 그런 부분에 대해서 넣는다든가. 융합에 관해서 좀 더 놓고, 통합화시키고, 문제도 제시할 수도 있고, 특별히 좋은 것은 대학별 고사에서 애들이 논술이라든지, 인터뷰할 때 그런 주제들이 사실은 대학에서도 융합적 사고를 알아볼 수 있는 좋은 방법이 아닐까요." (전문가4)

"교육부를 염두에 둔다면, 세계시민교육 지속가능교육이 어떤 조합이든 독자적인 경우든 간에 결국 정부가 할 수 있는 최고의 어떤 수단은 교육과정이죠.

이건 두말할 것도 없이 가장 강력한 것이니까요. 교육과정은 우리 법으로 지정한 헌법이잖아요. 교육계에서는 교육과정이 헌법이잖아요. 그러니까 이거는 빼도 박도 못 하는 거잖아요. 교육과정에서 지속가능교육의 어떤 비중이라든지 출발점은 용어부터 시작이 되는 것입니다. (…) 교육부나 교육청이 방향과 목표와 콘텐츠를 잡고 주도하고 거기엔 간섭하지 말고 이제 지원해주는 쪽으로…" (전문가5)

"그런 어떤 제도적인 면, 정책적인 면에서 담당을 해야 되고, 예산지원 역할이 있기 때문에 중요성은 두말할 필요는 없을 것 같은데요. (…) 다만 정부차원에서 우리가 학교 교육 안에서 본다면 결국에 어떤 교육과정 반영문제, 또 교사 역량강화 문제, 그리고 실제로 학교 현장에서 확산하기 위한 여러 가지 제도적인 지원 같은 것, 이런 부분이 있을 수 있겠는데, 어떤 그 구체적인 제안보다도 정부차원에서는 제도적인 지원책을 계속 만들어 내는 것밖에는 없습니다." (전문가8)

교육부에서는 큰 틀에서 교육청에 교육과정을 제시해주는 역할뿐만 아니라, 방향을 제시하는 역할을 하고, 예산 지원은 하지만 간섭을 하지 않는 그런 역할을 전문가들은 요구하였다. 그런 교육부의 역할은 여러 어려움이 있겠지만, 전문가는 그렇게 할 수 있으면 가장 이상적일 것이라고 의견을 제시하였다. 그뿐만 아니라 교육부가 타 부처와 연계하여 콘텐츠를 공유함으로써 시너지 효과가 더 클 것이라고 기대하고 있었다.

"이제 광주 같은 곳은 서울에서도 교통이 좋아져 가지고 2시간도 안 걸려요. 1시간 40분 이 정도니까. 그런 쪽, 그런 기관들, 그러니까 그런 교육부 산하는 아니지만 거기는 문화관광체육부일걸요. 그런 부분들 그러니까 교육을 담당하는 다른 부서 기관들 이런 쪽하고도 연계하면 좋지 않을까 싶습니다." (전문가5)

"통합적으로 잘 되기 위해서는 중앙정부도 한 부처만의 문제가 아니라, 부처 간의 연계와 통합적인 지원 그런 부분이 설사 실질적으로 잘 안될지라도, 적어도 우리가 정책을 지향하는 방향은 그렇게 가야 하지 않을까 싶은데요." (전문가8)

교육부가 부처 이기주의에서 벗어나 타 부처 및 지자체와 공유를 하게 될 경우 그 효과는 극대화 될 것으로 본다. 타 부처에서 가지고 있는 인적·물적 자원들은 교육을 활성화하는 데 활용될 수 있기 때문이다.

2) 교육청의 역할

대부분의 전문가들은 교육청의 역할에서 교사 연수의 중요성을 강조하였다. 특히 교사들이 자율적으로 참가할 수 있는 자율연수의 여건을 만들어 주는 것이 필요하다고 보았다.

"교육청에서는 자율학기제를 통해서 그런 부분에 대한 강의를 많이 하고 선생님들이 그렇게 갈 수밖에 없도록 하고 있거든요. 그런 연수들이 좀 활발히 이루어졌으면 좋겠어요. 연수가 강제적이 아니라 자율적으로 이루어져야 효과가 극대화됩니다." (전문가4)

"실제로 교육부에서 연수를 하는 건 아니니까 교육청 같은 데서 하는데, 그럴 때 이제 어떤 논리를 가지고 이 사람들은 잘 아시겠지만, 그냥 아무 근거 없이 보다는, 데이터라든지 교육과정이나 왜 이런 게 필요한지 보여줘야 설득이 되잖아요. 그랬을 때 거기에 이제 꼭 들어가고 특히 초반에 모를 때 연수 강사를 잘 배치하셔서 호응 좋을 만한 분들 배치하셔서 그렇게 하시면 확산이 되는 데 도움이 될 것 같고…" (전문가5)

"교사 연수를 지난번에 시교육청 장학사랑 그런 협의도 했고 시범으로 환경교사 대표 한 두 명을 몽골에 가서 직접 느끼고 온 다음에 그것을 올해 프로그램하자고 그랬는데 그것도 중단…" (전문가9)

"학교에 대한 장학활동과 더불어 예비교사를 위한 교육 및 현직교사를 위한 연수를 활성화할 필요가 있다." (전문가7)

"교육연수원들, 시도교육청별로 있는 교육연수원의 연수과정 중에 거기도 연수원들도 연수과정 넣을 게 정말 많나고 봐요." (선문가8)

특히 교사를 양성할 때와 교원자격증을 취득할 때, 이런 교육은 필수로 포함되어야 한다고 주장한다. 교대와 사범대에 전공에 관계없이 이 교육과정을 필수화하는 방안이 검토될 필요가 있다. 또한 현직 교사를 위한 전문연수, 역량강화연수가 절대적으로 필요할 것임. 왜냐하면 교사가 교육현장에서 직접적으로 학생들을 가르치는 선봉장의 역할을 하기 때문에 교사 연수는 교사들의 교수학습방법을 변화시키거나 계획안을 실천하는 데도 도움을 줄 것으로 본다.

또한 교육청이 교사동아리를 지원함으로써 시민교육연계 지속가능발전 교육을 확산시킬 수 있다고도 주장하였다.

"교육청에서 하는 일은 첫 번째, 교사동아리를 통해서 제일 먼저 학습공동체라고 보통 얘기하는데, 다 아실 거예요. 교사동아리에 세계시민 부분을 이제 포함시키고 그런 차원에서 접근하는 거 하나 하고… 교사동아리… 교사 전문성 동아리 좀 필요하네요. 그런데 그게 학교가 운영되려면 그런 분들이 모여서 한 학교에 가 있으면 그 학교는 부흥하는데, 그런 분들이 뿔뿔이 흩어져 있잖아요. 그것이 전도사 역할을 해요. 다른 학교에 교화시킬 수 있는 단초가 되잖아요." (전문가1)

"대부분의 교육청에서 연구회의 지원을 교육청에서 담당하고 있으니까 교육청에서 연수도 시키면서, 또 하나는 공식적인 어떤 현장 확산을 위한 그런 제도적인 지원책 마련과 함께 그 제도적 지원책 중의 하나가 이제 연구회 활동 지원입니다. 그런 부분이 같이 가면, 세계시민교육이 먼저 나오든 지속가능발전교육이 먼저 나오든 충분히 효과적일 수 있다고 생각합니다." (전문가8)

교사 연구회나 전문적 학습공동체에 속하는 교사들은 수업모델을 개발하고 프로그램을 공개하는 경우가 많다. 그러한 프로그램들을 인근의 모든 학교에 공개하고 어떻게 운영했는지 공유하는 것이 중요하다. 따라서 이러한 교사 연구회를 지원하는 것은 교육을 확산시키는 데 중요한 역할을 할 것으로 본다. 이와 아울러 교직원들의 인식 제고 및 전환이 필요하다는 주장도 제기되었다.

"일단 가장 중요한 것은 인식전환인 것 같아요. 이 인식전환이 먼저 되어야 하는데, 교장선생님들은 교육청에서의 어떤 정책에 또 따라갈 수밖에 없는 그런 구조이기 때문에 교육청 자체에서 많이 움직여 줘야 할 것 같긴 해요." (전문가6)

"교육청 직원들의 인식 제고도 필요합니다. 교육 전문직들, 장학사님들도 교육청에 들어오셨다가 또다시 이제 장학사, 장학관님들이 교장, 교감으로 또 나가시잖아요. 사실 교육청에서 이런 정책지원 어떤 연수 이런 걸 한다고 하더라도 자기가 어느 정도 중요하다고 필요성에 공감해야지 더 활발하게 되는 거잖아요?" (전문가8)

교육부나 교육청 차원에서 학교관리자들을 대상으로 교육에 대한 인식 제고 차원의 연수 또는 특강을 실시할 경우, 최소한 적극적인 지원이 아니더라도, 최소한 반대하지는 않을 것이라고 생각하는 교사들이 많다고 한다. 이렇게 소극적인 지원이라도 교사들에게는 상당한 힘이 될 것으로 본다.

3) 시민단체의 역할

대부분의 전문가들은 시민단체의 자료와 프로그램 및 경험들을 학교와 공유함으로써 세계시민교육 연계 지속가능발전교육을 활성화시킬 수 있다고 주장하였다.

"시민단체들은 여러 멤버십과 배경, 구조를 통해 ESD지원에 있어 다양한 범위의 전략과 활동은 하고, 시민단체들은 캠페인이나 민간부문과의 협력을 추진하여, 커리큘럼을 지원, 자료제공, 학교연수, 교사 연수도 많이 하고 있어요." (전문가3)

"저희 민주시민교육 할 때 시민단체에, 지역사회에 시민단체를 모아서 뜻있는 시민단체를 모아서 지역사회의 힘 있는 단체, 연합을 만들어요. 그래서 25개 시도교육청이 있는데, 그 시도교육청 안에 지역사회 시민단체 연합이 있어요. 그러면 같이 모여서 그 지역교육청에서 한 번 검증을 하죠. 그래서 그 시민단체가 가지고 있는 프로그램을 학교에 가서 수업하는 그런 작업이 지금 되어있어요. 현재 되어있고요." (전문가2)

"시민단체의 역할은 일정 부분 우리 학교에 도움을 주고 있는 것이, 우리가 월드비전에서 와서, 발표도 하고, 월드비전에서 하는 일들도 동영상으로 보여주기도 하고, 거기 보면 아프리카 학생들의 사진도 있어요. 우리 학생들이 돈을 모아서 아프리카 학생들을 돕고 있어요. 그런 일들을 우리 학교 전체적으로 그런 일들을 감당하고 있고, 특히, 학교에서 학생들에 대한 연수가 필요할 때, 동아리 별로, 지역 NGO단체서 보내주는 일을 하고 있습니다, 거기서 그런 일들을 회의 없이 잘해줍니다. 그런 부분에 있어서는 몇몇 선생님들이 아직 그런 부분에 대해서 관심이 많아요. 스스로도 외국에 많이 나가고, 연결해서 교사들이 그런 일들을 많이 하고 있어요." (전문가4)

"시민단체 분들이 가지고 있는 어떤 풍부한 경험과 현장의 사례들이 이렇게 밖으로 많이 나왔으면 좋겠어요. 학회를 한다든지, 전문가 회의를 한다든지 그럴 때, 밖으로 나와서 말씀도 해주시고 그렇게 해서 소통이 많이 되는 것이 좋겠다는 생각이 듭니다. 세계시민 이쪽은 제가 정확하게 그런 경향이 있는지는 모르겠는데, 다문화 쪽은 전문성도 있고 너무 좋은데 저희가 너무 모를 수밖에 없는 그런 부분들에 대한 경험도 있고 좋으신데, 그게 간혹 동굴 이런 느낌이 일부 있어요. 책상물림들에 대한 불신들이 있거든요. 현장은 현장 책상물림에 대한 그런 불신이 있고 이렇게 책상에 앉아서 하는 사람들은 현장을 잘 모른다고 폄하하고 그렇잖아요. 그렇게 되지 않게 시민단체들이 그런 경험들을 서로 이상적으로 교육과정에 시민단체사람들 부르지도 않죠. 사실, 학교 선생들을 부르고, 대학교 교수도 부르고, 연구원들을 부르지, 이렇게 좀 동떨어져 있단 말이에요. 말로는 참여하는데요. 참여하려는 시민단체하고 연계가 되는지 그건 정말 잘 모른단 말입니다. 그런 부분에서도 시민단체에 이론적인 상대적인 이런 부분보다는 참여를 경험할 수 있는 장을 마련해주는데 시민단체가 문을 열고, 어떤 연구기관에서는 그것을 존중하고, 이렇게 배려하면서 이렇게 접목할 수 있으면 좋겠습니다." (전문가5)

"몽골의 북쪽에 가면 바이칼호수 중심으로 툰드라 지역 아니에요? 엄청난 수풀이 우거진 그런. 그런데 그게 점차 북쪽으로 꺼져가고 사막화가 심각하게 진행되고 있다. 그래서 제가 이런 것이 진짜 살아있는 실제로 학생들을 저희가 이렇게 쭉 데리고 가는데… 가서 하루에 페트병 하나 줘요. 그리고 나무를 심고 하나. 그리고 돌아와서는 손이 부르트고 이렇게 하면서도 물의 소중함에 대한 자기평가 등등…" (전문가9)

시민단체는 학교에서 하지 못하는 다양한 역할을 담당할 수 있다고 본다. 이 단체들은 예를 들어 ESD 교육 지원 등 다양한 전략과 활동을 하고 있으며, 특히 캠페인 등 모금 활동을 담당하고 있고 직접 실현하고 있다. 또한 시민단체들은 여러 멤버십과 배경, 구조를 통해 캠페인이나 민간부문과의 협력을 추진하고 있으며, 커리큘럼 지원, 자료제공, 학교연수, 교사 연수 등도 많이 하고 있다. 이러한 단체들은 독특한 노하우를 통해 일선 학교나 시민들에게 정보를 전달하고 있다.

또한 정부기관 및 시민들과 연계하여 교육프로그램을 활성화시킬 수 있다고도 하였다.

"시민단체의 역할은 이제 조금 NGO 쪽이잖아요. 이쪽이 굉장히 역할을 많이 하고 있습니다. 사실 전국적으로 통영 쪽에서 하는 것도 아주 많고 그런데 조금 아쉬운 점은 시민단체하고 이런 어떤 관, 정부 단체에서 하는 그런 활동하고 연계가 되거나 서로 협동적으로 하면 좋은데, 조금 아쉬움은 있어요. 그리고 늘 하다시피 학교 환경 교육 내지 학교에서 하는 지속가능발전교육하고 사회 쪽에서, 사회 환경 교육 내지는 사회 쪽에서 하는 지속가능발전교육하고 연계가 돼야 하는데, 그게 조금 잘 안 되고 있고, 같은 맥락이에요." (전문가6)

"녹색환경지원센터의 역할은 교육만이 아니라 원래 취지는 환경부와 인천시가 50대 50으로 투자해서 만든 것이기 때문에 환경에 국한되어있어요. 그래서 이게 한계가 있고 그래서 이걸 뛰어넘는 녹색지역센터 내지는 녹색교육센터가 이런 면에서 하천 살리기 문제라던가 나무 심기, 몽골사업 이런 것을 전부 아우르는 이런 것을 하자 이렇게 제안을 했었습니다. 그런 의미에서 굉장히 중요한 콘텐츠가 된다는 거지. 몽골사업도 이런 의미에서 환경뿐만 아니라 사회적 접근, 경제적 접근 다 같이 해야된다. 그러니까 시민들도 같이해야 된다." (전문가9)

"지역 수준을 넘어서는 과제를 실현하기 위해서는 지속가능발전교육과 관련된 활동을 사람들에게 계속 교육을 실시해야 한다. 이렇게 하기 위해서는 지역 간 시민교육 네트워크가 결성되어 상호 조율해야 할 것이다." (전문가7)

지방자치단체와 시민단체들과 연계를 통해 일반시민을 대상으로 교육을 확산시킬 수 있을 것이다. 지방자치단체와 대학교에서 운영하는 주민 대상 평생교육프로그램들, 노인대학이나 노인복지관에서 노인 대상으로 다양한 강좌들은 시민단체를 통해 운영해 나갈 수 있을 것이다. 그뿐만 아니라 평생학습 프로그램들을 담당하는 관계자 연수도 지역 간 시민교육 네트워크를 통해 가능할 것이다.

4) 지방자치단체의 역할

전문가들은 지방자치단체의 역할에 있어서 다른 기관과의 연계를 통한 네트워크 구축을 강조하였다.

> "지방자치단체에서는 다양한 성인교육을 위한 다양한 학습센터라든지, 평생학습관이라든지, 이런 것들을 제공하는데, 제가 있는 국제화특구에서도 많이 하고 있습니다. 인천 연수구에 열린외국어 센터, 계양국제어학관, 교육청에서 운영하는 평생학습관, 학생수련원, 야외학습센터 이런 프로그램들을 지자체에서 같이 해주시면 좋을 것 같습니다." (전문가3)

> "환경교육 같은 경우는 환경교육 네트워크가 있거든요. 그래서 이제 얼마 전에 또 경기도 부도지사께서 환경포럼을 만드신대요. (…) 이제 환경교육이면 다 지속가능발전교육에 이제 쪽에 포인트를 두고 하는데 그렇게 그 네트워킹에 대해서 신경을 많이 쓰는 것 같아요. 특히 경기도에서… 그래서 그 포럼에 참여해 달라고 얼마 전에도 전화가 왔더라고요." (전문가6)

> "일반시민을 대상으로 한 그런 확산방안은 지방자치단체, 시민사회단체들과 연계가 정말 필요한 부분인 것 같아요. 지자체에서 운영하는 뭐 주민 대상 그 평생교육프로그램들, 대학에서 운영하는 평생교육 프로그램들, 또 심지어 노인대학이라던가 노인복지관에서 이렇게 그 노인 대상으로 하는 여러 가지 강좌들이 있잖아요. 서울 같은 경우는, 구청 차원에서 이렇게 그 평생학습 프로그램들 담당하는 관계자 연수도 합니다. 그래서 그런 쪽을 모든 평생학습기관 하고 이렇게 연계하는 것이 좋습니다." (전문가8)

전문가들은 세계시민교육을 연계한 지속가능발전교육은 개별 기관에서 관련 프로그램을 전부 충족시키기는 어렵기 때문에 다양한 기관 간 연계의 필요성을 인식하고 있었다. 기관 간 연계 체계를 구축하면, 지역사회에서 개별 기관들이 제공하는 프로그램들의 중복을 피하고 한정된 자원을 효율적으로 활용하여 보다 많은 학습자에게 양질의 프로그램을 제공할 수 있을 것이다. 따라서 지방자치단체는 지역사회 기관과 학교 현장의 동반관계를 구축할 수 있도록 협조체계를 마련하고, 적극적으로 유도해 나가야 한다.

아울러 예산상의 문제들을 해결할 수 있는 정책적인 지원과 더불어 제도적인 뒷받침을 지방자치단체들이 지원해주어야 한다고 주장하였다.

"지역사회에서는 형식교육 이외에 어떤 정책이 포함되어서 경제발전, 사회적, 환경적 책임을 위한 필요한 지식, 기술, 가치습득을 가능하게 하도록 하는 지원이 필요합니다. 지방자치단체에서는 이런 것들을 같이 지원해주어야 하겠습니다." (전문가3)

"이제 도의회나 자치단체가 예산을 그렇게 좀 밀어주고 또 이렇게 나중에 무슨 이제 그 어떤 학회를 한다거나 또는 연수를 한다거나 그럴 때 좀 지원을 해주는 그런 방식으로 가면 좋을 것 같고, 그 보통 많이 받는 유혹이 돈을 줬기 때문에 우리 기관장이나 누구 한 번쯤은 뭐 이렇게 갈 때 그 전체 그림에 어긋나는 예도 있는 것 같아요." (전문가5)

"재정적·인적·이념적으로 지원을 해줄 수 있는 교육인프라를 구축할 필요가 있다." (전문가7)

"정부와 지방자치단체의 역할이 무엇보다도 이제 가장 그 밑받침이 되는 또 그런 어떤 제도적인 면, 정책적인 면에서 그 담당을 해야 하고, 예산지원 역할이 있으므로 그 뭐 중요성은 뭐 두말할 필요는 없을 것 같은데요." (전문가8)

지방자치단체와 교육청 간의 상시적인 협의 체제를 구축하여 예산 운영에 관해 실제적인 연계·협력이 필요하다는 데 전문가들은 공감하고 있다. 예산 운영 과정에서 관련 유사·중복사업을 방지하기 위해 재원 주체 간에 책임소재를 명확히 하고, 사업 구분이 모호하지 않도록 협의·조정하기 위한 예산 협력 운용 시스템을 마련해야 한다.

5) 학교의 역할

전문가들은 학교에서 교사들이 수업 지도안이나 실제 사례들을 공유해서 학교 중심으로 서로 교육과정을 협의하는 것이 좋을 것이라고 이야기하고 있다. 이렇게 함으로써 좋은 사례들이 다른 학교에 전파되어 활용할 수 있는 가능성이 높다고 볼 수 있다.

> "학교에서는 이제 선생님들 업무 경감 차원에서 그냥 클릭만 하면 바로 다운받아서 수업에 쓸 수 있게, 그러다 보니까 수업 지도안 쪽으로 갖는 것 같아요. 제가 보기엔 이 프로그램들이. 그러다 보니까 일부 선생님만 어차피 하는 거예요. 일부 선생님들만. 그래서 이 범교과 영역을 좀 축소시키는… 그러면서 그 미래지향적인 시민교육, 지속가능발전교육 이거가 범교과 쪽의 테마로 들어가야 하는 건 뭐 당연한 거고요." (전문가1)

> "실제 사례를 보여주기만 하면 저는 얼마든지 학교에서 이루어질 수 있다고 보거든요. 그러니까 선생님들은 항상 실제로 한 사례를 보면 가르쳐주지 않아도 선생님들이 내용 영역에서 아 어느 정도를 하면 되겠구나. 이게 가능하다는 거죠. 그런 사례들에 대한 제시가 많이 되면…" (전문가4)

> "작년에 선도교사로 활동했던 서울 선생님 한 분이 이제 그 학교는 UN 기념일, 그거를 주제로 가지고 했어요. 거기에 지구의 날도 있는 거고 또 책의 날 이런 것도 있는 거고, 그거를 자기학교 선생님들이 최대한 부담 없이 할 수 있도록

하기 위해서 PPT 같은 거나 이런 여러 가지 팸플릿을 만들어 가지고 활용을 한 거예요. 그런 거는 정말 훨씬 수월하죠. 수월한데, 그거는 그 학교에서 나름대로 학년별로 어떻게 나눠서 하고, 이걸 학교 안에서 서로 선생님들 협의도 하고, 연수도 하고, 이렇게 해서 했으니까 효용성도 좋았던 거구요." (전문가8)

"이 교사들 같은 경우에, 연수 프로그램 같은 경우가 굉장히 많이 자기들한테 영향을 많이 준다고 이야기를 하더라고요. 그래서 연수를 많이 하면, 그러니까 연수를 할 경우에도 그러니까 직접 손가락으로 이 뭐냐 입술에다가 밥을 떠 넣어주다가 아까 그 프로그램을 직접 만들어 가지고 이렇게 해봐라 이게 가장 자기네들한테 가장 좋은 방법이라고 하더라고요. 그럼 이제 컨설턴트 양성이라든지 주작 시험 같은 경우도 이제 그렇게 될 경우에는 자기네들이 연수를 받은 교사들이 이제 뭐 중점학교를 이제 만약 교육청에서 지정을 한다 하면은, 자기네들이 이제 프로그램을 만들라고 교육청에다 신청을 한다는 거죠. 굉장히 연수의 필요성을 굉장히 많이 강조하더라고요." (전문가5)

"제가 생각할 때는 프로그램모델 확산방안이 예전에는 창의성 모델학교의 그런 시스템으로 연결되어서 하면 참 좋지 않겠냐는 그런 생각이 들더라구요. 그래서 몇몇 학교가, 잘할 수 있는 학교를 모델학교로 선정하고, 그 학교를 통해서, 그 학교에서 잘할 수 있는 선생님들로 컨설팅으로 양성을 해서 강의할 수 있도록 하고, 그리고 점차 확산하면서, 액수는 처음에는 많이 주다가 그다음에는 줄어들고, 줄어들고 해서 자체적으로 할 수 있는 그런 예산이 될 수 있는 그런 경우, 그래서 우리 학교도 창의학교 중심학교였는데, 그것을 하면서 처음에 돈을 많이 주다가 그다음에 우리가 해보니까 너무 좋으니까 자체예산을 세워서 우리학교에서 할 수 있도록 그런 프로그램이 돼서…" (전문가4)

전문가들은 우리나라 교사들이 모든 자료나 프로그램을 공유하지 않는 경우가 많다고 지적한다. 하지만 전문가 양성과 학교에 컨설팅을 지원하고, 선도교사를 선정해서 각 학교마다 한두 명씩 배치할 경우, 이 교사들이 교사 간, 학교 간 네트워크를 구성하여 확산시킬 수 있다.

아울러 모든 교직원, 특히 학교장들의 마인드 제고와 교사들의 인식이 변화되어야 한다고 강조하였다. 왜냐하면 교사들이 현장의 최일선에서 학습을 실천하고 있기 때문이다.

"제가 그래서 우리 관리자들, 교장, 교감, 교무부장들 연수를 했어요. 교육과정을 짤 때, 연간 교육과정을 12월~2월까지 짜거든요. 3월에 바로 투입하기 위해서… 그래서 제가 교육과정을 짜면, 교감, 교무부장중심으로 연수를 했습니다." (전문가3)

"제가 학교장이라면, 세계시민 의식 또는 여기 지속가능발전교육이라는 차원에서 한 번 학교 교육과정 전반을 정리해보겠습니다. 그래서 세계시민의식이라는 관점이 드러나는 학교 교육과정 전체 디자인을 그렇게 한 번 해본다면, 선생님한테 굳이 세계시민의식을 말하지 않고 지속발전교육을 말하지 않더라도 전체적으로 그런 관점을 가지고 학교 교육과정을 디자인 할 수 있도록 교육지원청에서도 컨설팅하고 장학을 해야 하겠죠." (전문가2)

"가장 중요한 것은 이런 것들을 하기 위해서는 교사의 마인드 제고, 학교장이나 교원의 마인드 제고가 중요하고요, 특히 교사가 제일 중요한 이유는 다 아시죠." (전문가3)

"학교는 제 생각에는 학교장의 생각이 바뀌는 것이 가장 중요하다고 봐요." (전문가4)

"학교의 역할이라고 굳이 얘기한다면 교육청과 학교는 학교 교육과정에 넣어줘야 하는데 완전히. 네. 그 역할은 아직 안 되는 것 같고, 그래서 저희 2014년도에 연구할 때도 교장 선생님을 많이 이렇게 뭐라고 해야 할까. 대화를 많이 나눴거든요. 교장 선생님의 생각이 바뀌어야 학교가 바뀌기 때문에요. 그런데 그것도 교장 선생님들도 지속가능교육의 중요성이나 필요성은 충분히 인식은 하는데, 이렇게 실제로 학교에서 그것을 위해 학교의 시스템을 바꾼다거나 이렇게까지는 못하고 계시고, 아무래도 그것은 교육청, 학교 쪽은 국가 차원에서 교육과정에 들어가야지 될 것 같아요." (전문가6)

"어떤 특정 과목 교과 담당의 문제가 아니라 모든 교직원의 인식도 제고가 필요하고, 그중에도 또 특히 뭐 선도교사라든가 뭐 연구학교, 시범학교 같은 경우에는 더욱 역량강화가 필요하니까 그걸 좀 더 체계적인 그런 교원역량강화 쪽이 강화되어야 될 것 같고요." (전문가8)

지속가능발전교육과 세계시민교육을 연계할 경우 현장에서 가장 중요시되는 것은 학교장과 교사의 인식이라고 지적하고 있다. 학교장의 리더십은 추구해야 할 목표와 그 목표의 달성방법을 최종적으로 결정하고, 학교의 교육 지도자로서 교사의 사기에 직접적인 영향을 미치기 때문에 학교장의 인식의 방향에 따라 학교교육의 질 혹은 효과가 달라질 것이다.

3. 교육의 확산 및 홍보 방안

1) 학교로의 확산 및 학생 관심 제고 방안

세계시민교육 연계 지속가능발전교육을 확산하기 위해서는 세계시민교육 연계 지속가능발전교육 모델학교 운영이 효과적이라고 본다. 또한, 학교 및 교사의 세계시민교육 연계 지속가능발전교육 전문성 향상을 위한 컨설팅단 운영이 필요할 것이라는 의견이 있다.

"몇몇 학교가, 잘할 수 있는 학교를 모델학교로 선정하고, 그 학교를 통해서, 그 학교에서 잘할 수 있는 선생님들로 컨설팅으로 양성을 해서 강의할 수 있도록 하고, 그리고 점차 확산하면서…" (전문가4)

이러한 모델학교 운영 및 컨설팅단 지원을 학교기관 내 활성화를 위해서는 세계시민교육 연계 지속가능발전교육을 위한 학교 예산 지원이 요구된다.

"액수는 처음에는 많이 주다가 그다음에는 줄어들고, 줄어들고 해서 자체적으로 할 수 있는. 해보니까 좋다고 생각하면 학교 자체 예산을 가지고도 할 수 있게 되거든요. 그런 부분에 대해서도 그런 모델이 좋은 모델이 아닌가?" (전문가4)

이와 더불어 교원의 세계시민교육 연계 지속가능발전교육 역량 강화를 위한 정책 지원이 필요하다. 이러한 정책지원책의 실효성을 제고하기 위해서는 세계시민교육 연계 지속가능발전교육 역량 강화를 위한 교원의 자발적 참여 유도가 필요하다.

"꾸준히 이제 그 교원 역량강화가 꾸준히 또 이렇게 필요한 거고 어떻게 위에서 이제 정책적인 지원하고 (…) 또 이렇게 교사들에게 자발적인 참여가 이렇게 균형 있게 그 어 유지될 수 있도록 할 건가. 고런 부분이 핵심일 것 같거든요." (전문가8)

또한, 세계시민교육 연계 지속가능발전교육 확산을 위해서는 관련 수업 모델 개발 보급과 교육과정 내 적용 강화가 병행되어야 할 것이다.

"세계시민교육과 연계한 지속가능발전교육 이런 부분도 굳이 순서를 따지자면 아무래도 교육과정부분, 뭐 이쪽이 조금 더 약간 좀 더 먼저… 그러나 아 잘 모르겠어요. 이게 병행으로 가야 될 것 같아요. 왜냐하면 당장 하고 계시는 분들도 수업모델이라던가 이런 것도 현실적으로 필요한 거고…" (전문가8)

세계시민교육과 연계한 지속가능발전교육에 관한 학생들의 관심을 유도하기 위한 방법으로 관련 행사를 주최하는 것을 제안하였다. 이러한 유인책 외에도 학생들의 자발적인 관심을 이끌어내기 위한 장치를 고안할 필요가 있다.

"교육청을 통해서 과학탐구 토론대회 있잖아요, 왜 그거. 그거 굉장하잖아요 그 붐이. (…) 지속가능발전 교육도 하나의 이렇게 이벤트로, 과학의 달에 과학탐구 토론대회를 하면서 학교에서 1등 하면 교육청에 가고, 교육청에서 1등 하면, 전국으로 가거든요. 이게 창의재단에서 이제 교육부 장관상도 타고 그러는데, 그런 것처럼 하나의 행사를 만드는 거예요." (전문가5)

2) 일반시민을 대상으로 한 확산 방안

모든 전문가들은 세계시민교육 연계 지속가능발전교육을 위한 방안으로 학교교육과 병행하여 일반시민교육이 이루어져야 함을 주장했다. 특히 전문가3은 세계시민교육 연계 지속가능발전교육을 위한 일반시민교육을 효과적으로 운영하기 위해서는 지자체 주관 강좌 운영이 효과적이라고 지적하였다.

"일반시민들은 세계시민교육과 연계해서 ESD교육을 확산해야 되겠죠. 일반시민이 제일 문제이죠, 왜냐하면 누구도 지금 안 시키고 있으니까. (…) 일반시민들을 대상으로 할 수 있는 방법은 있습니다. 지자체, 지역사회에서 성인을 위한 프로그램을 운영하는 것이죠." (전문가3)

세계시민교육 연계 지속가능발전교육을 위한 일반시민교육 강좌는 시민들이 자발적으로 참여할 수 있도록 하기 위해 자기계발 연수, 각종 체험활동, 봉사활동, 동호회 운영, 센터 강좌 등 참여율을 높일 수 있도록 시민의 삶과 관련한 강좌를 개설해야 한다.

"연수나 체험, 함께 하는 봉사활동, 자기 지역사회를 위해 연구를 같이 한다든가? 아니면 스포츠동호회라든가 통해서 자연스럽게 참여할 수가 있구요. 다문화지원센터라든가, 이런 것을 통해서 할 수 있죠." (전문가3)

이러한 지자체 운영 강좌와 더불어 세계시민교육 연계 지속가능발전교육을 위한 민간단체 강좌는 남성보다 여성 수요자의 요구에 맞는 문화강좌, 자녀교육 강좌 등의 수요자 중심 흥미를 고양시키는 강좌를 개설해야 한다.

"시민들이 듣는 강좌들 중에 이제 결국은 많이 가는 게 저기잖아요. 뭐 그 동사무소나 구청이나 공공기관 그런 게 있고, 민간으로는 백화점이나 이제 대형마트 홈플러스 뭐 이런 데인데, 물로 그런 데에서는 재밌어야 되고 쉬워야 되잖아요. 그 좀 아이 키우는, 어린아이 키우는. 우리 아이를 세계시민으로 키우기 막 이런 식으로 제목을 이제 네. 자녀교육에 그런 식으로, 자녀교육으로 안하면 안 오겠죠. 당연히 그러니까 그거를 갖다가 그거를 전면에 드러낸다기보다는 오히려 이거를 이제 좀 이제 끌리게끔 만들어야 되는 거죠." (전문가5)

세계시민교육 연계 지속가능발전교육을 위해서는 다문화 사회로의 진입 등의 사회변동 요인과 흐름을 읽고 인류의 공존과 번영을 위한 '나'와 '타자'의 도덕적 관계를 정립할 필요가 있다. 이를 통해 인류의 지속가능발전을 위한 세계시민성의 중요성에 대한 일반시민의 인식 수준을 끌어올려야 한다. 또한 다문화 사회 도래로 인한 이주민 문제(난민, 종교 갈등 등) 등 전 지구적, 국내·외적 이슈에 대한 대안으로서 세계시민성의 필요성을 지속가능발전교육으로 풀어낼 수 있어야 한다.

이를 위해 세계시민성과 인류의 지속가능발전의 연계의 의미 이해를 위한 이론 강좌 개설, 세계시민교육 연계 지속가능발전교육을 실제 시민들의 삶 속에서 실천할 수 있는 방안을 제시해 줄 수 있는 시민강좌 개설 등이 요구된다. 또한, 일반시민들이 거주하고 있는 지역의 문화와 환경, 경제 등 지역성과 개별적·집단적 특성을 반영한 세계시민교육 연계 지속가능발전교육 시민교육이 이루어져야 할 것이다.

3) 홍보 방안

학교기관의 부담을 줄이고 세계시민교육 연계 지속가능발전교육의 홍보를 효과적으로 하기 위해서는 시도교육청 차원의 홍보 지원이 필요하다.

> "교장선생님들은 교육청에서의 어떤 정책에 또 따라갈 수밖에 없는 그런 구조이기 때문에 교육청 자체에서 많이 움직여 줘야 될 것 같긴 해요." (전문가6)

세계시민교육 연계 지속가능발전교육 관련 다양한 교육적 행사 추진을 통해 사회적 이슈로 부각시킬 필요가 있으며, 이러한 세계시민교육 연계 지속가능발전교육 행사 개최 및 긍정적 효과에 대한 각종 언론매체 및 SNS를 활용한 입체적인 미디어 홍보가 필요하다.

> "저희는 또 하나 2014년도에 노력했던 게 파급과 홍보 때문에 그 저기 신문에 그 신문에 홍보하는 것에 굉장히 주력을 했었어요. 아시다시피 거의 한 10건 이상 12건 정도 한겨레도 실고, 중앙일보도 실고 그랬어요. 그게 생각보다 파급효과가 있더라고요. 그리고 그렇게 파급을 했을 때에 또 오히려 역으로 이렇게 교육청이나 이런 데에서 관심을 가져주고…" (전문가6)

세계시민교육 연계 지속가능발전교육 이미지 제고를 위한 홍보 전략

강화가 필요하다. 이를테면, 국가 및 교육부 차원의 지속적 홍보, 공익광고 등 이미지 홍보 활용, 일반시민 및 학생의 이해를 돕고 홍보 효과 강화를 위한 세계시민교육 연계 지속가능발전교육 용어 개선 등 이미지화 및 브랜드화, 세계시민교육 연계 지속가능발전교육 홍보를 위한 시민·교사·학생 홍보단 육성 방안이 있다.

7장 공유된 미래를 위하여

1. 지속가능발전교육을 위한 논의

　이 책은 서문에서 밝힌 바와 같이 앞으로 지구에서 살아갈 후속 세대를 위하여, 그 들이 지금 비록 지구상에서 삶을 영위하지 않더라도, 그들을 위하여 자원의 개발을 유보하고, 대체 에너지를 개발하여 나아가 아름다운 지구를 후속 세대에게 계승하고자 하는 지속가능발전교육의 실천적 대안을 모색한 것이다. 이를 위해 세계시민교육 연계 지속가능발전교육을 실천하기 위한 교육 현장의 목소리를 기록하였다.

　이를 위해 이 책의 집필 목적은 이 두 교육, 즉 지속가능발전교육과 세계시민교육을 연계하는 이론적 토대를 구축함하고 나아가 세계시민성을 함양한 지속가능발전 사회 구현에 기여하고자한 것이다. 이에 본 저술에서는 세계시민교육과 지속가능발전교육의 이론적인 연결고리를 찾아 이를 교육 실천으로 구현하기 위한 구체적인 방안을 제안하기 위해 문헌연구, 교사 대상 설문조사 및 FGI, 전문가 심층면담 연구, 자문위원회의 등의 양적 및 질적 연구의 통합적 수행을 하였다.

　본 저술을 통해 얻어낸 내용은 크게 세 가지이다. 첫째, 지속가능발전교육과 세계시민교육에 관한 국제사회의 동향, 둘째, 지속가능발전교육 및 세계시민교육에 관한 초·중등 현장교사의 인식, 셋째 세계시민교육 연계 지속가능발전교육 활성화 방안을 위한 제언 등이다.

먼저 지속가능발전교육과 세계시민교육에 관한 국제사회의 동향을 정리하면 다음과 같다. 최근에 제안된 SDGs에서는 <목표 4>의 세부목표로 지속가능발전을 증진하기 위한 지식과 기능을 습득하는 데 있어 세계시민의식을 함양하는 것을 강조하는 목표가 삽입되었으며, 각 지속가능개발목표에 대해 국가별로 이행률을 공유하는 것을 합의하였다. 또한 2015년 '인천선언'에서 세계시민성을 강조하였다는 점에서 한국은 SDGs의 지속가능개발목표를 이행해야 한다는 국제적 책임뿐 아니라, '인천선언'이 갖는 상징적 의미를 수행해야 하는 역할을 갖게 되었다고 할 수 있다.

지속가능발전교육이 국제사회의 환경과 발전에 관한 의제로부터 등장한 교육 패러다임인 반면, 세계시민교육은 세계화와 더불어 지속가능발전교육과 별개로 국제사회를 비롯하여 국내외 학계와 교육계에서도 꾸준히 연구되어 온 영역이다. 세계시민교육에서 핵심이 되는 세계시민의식은 학계에서 여전히 합의되지 않은 개념이며, 이에 따라 세계시민교육의 구체적인 목표와 내용 요소를 선정하는 데에도 다양한 견해가 존재한다. 따라서 세계시민교육을 국제사회의 글로벌 교육의제로서 지속가능발전교육과 연계하여 논의하기 위해서는 세계시민교육의 교육적 본질에 대한 깊은 성찰을 바탕으로 지속가능발전교육의 핵심적 가치를 구현하는 데 있어 세계시민교육이 갖는 교육적 의의를 먼저 진단해야 할 것이다.

둘째, 지속가능발전교육 및 세계시민교육에 관한 초·중등 현장교사의 인식을 조사한 것이다. 설문조사 결과로, 학교현장에서의 지속가능발전교육 실태를 보면 실제 학교현장의 교사들은 지속가능발전교육에 대한 이해도가 높지 않았지만, 지속가능발전교육의 필요성에 대해서는 모두 공감하고 있다. 또한, 교사들의 지속가능발전교육에 대한 낮은 이해도와 교육부 및 교육청, 각종 민간단체를 통해 지원되는 장학자료가 제대로 활용되고 있지 못하는 현실은 우수한 지속가능발전교육 수업모델의 보급과는 달리 실제 학교현장에서의 활용도가 낮은 원인으로 작용하고 있었다. 그뿐만 아니라 지원 보급되는 수업모델의 일부는 실천 가능한 수업안으로서의 효용가치 미달로 활용도가 낮은 부분도 있다.

지속가능발전교육과 마찬가지로 세계시민교육 연계 지속가능발전교육에 있어서도 교사들의 이해도가 낮은 것으로 나타났다. 하지만 교사들은 학교현장에서의 세계시민교육 연계 지속가능발전교육의 필요성에 대해 공감하고 있다. 또한, 교사들은 교육 목표 및 주제에 따라 그 위상과 연계의 주체는 다르지만 세계시민교육과 지속가능발전교육을 교육의 동일선상으로 인식하고 있었으며, 교육주제·목표·내용 측면에서 깊은 관련성이 있다는 설문 응답 결과는 세계시민교육 연계 지속가능발전교육의 필요성을 말해 준다. 또한 세계시민으로서의 자질의 중요성과 필요성에 대한 인식과 글로컬 시대를 살아가는 세계시민으로서 다양성을 존중하고 차이를 인정하는 평등한 관계에 대한 정서적 영역과 다양한 공동체와 이들 간의 연계성을 찾고 정체성 수준의 학습으로 세계시민교육이 지속가능발전교육과 연계되어야 함을 교사들은 인식하고 있다. 나아가, 세계시민교육의 교육과정 구성에 있어서 글로컬 공동체성과 여기에서 요구되는 다양성과 차이에 대한 존중, 그리고 도덕적 책임감을 행동으로 실천할 수 있도록 구성해야 함을 교사들은 인식하고 있었다.

이와 아울러 교사 FGI 결과를 정리하면 다음과 같다. 첫째, 교과 활동 속에서는 세계시민교육 연계 지속가능발전교육의 필요성에 대한 인식을 전제로 실제 학교현장에서 교과 연계를 통해 세계시민교육 연계 지속가능발전교육이 교과 교육 속으로 녹아들어가야 한다는 의견이 주를 이루었다. 그리고 교과 연계 수업으로 들어갈 수 있는 효과적인 교육방법으로 교육과정 재구성 및 프로젝트형 수업이 필요하며, 양질의 세계시민교육 연계 지속가능발전교육 실행을 위한 잡무 경감, 전문가 연수 지원 등의 행·재정적 지원이 요구된다.

또한 범교과 활동 속에서는 그 학습 주제 중 민주시민교육, 경제교육, 환경교육, 양성평등교육, 진로교육, 국제이해교육 등이 세계시민교육 연계 지속가능발전교육에 적용할 수 있는 주제로 설문 결과가 나타났다. 이러한 주제 학습 속에서 세계시민교육 연계 지속가능발전교육의 효과성을 높이기 위해 놀이수업, 입시 연계 소논문 발표 행사 개최, 동아리 및 봉사활동 연계 등의 실질적이고 체험적인 수업의 교육방법적 측면을 고려해야 한다고 현장 교사들은 이야기한다. 하지만 다양한 학습 주제의 수업이 이루어지는 범교과 활동 속에서 세계시민교육 연계 지속가능발전교육이 보다 심도있게 적용되기 위해서는 학교 행정가의 노력과 교육과정 계획 반영이 요구된다고 할 수 있다.

창의적 체험활동의 경우에는 세계시민교육 연계 지속가능발전교육을 적용하기에 초등의 경우 적합하지만, 초등과 달리 중등의 경우 교과 전담제 및 시수 확보의 어려움으로 인해 교과 연계 및 융합적 접근에 제한사항이 있었다. 따라서 현장체험학습, 환경동아리 활동, 봉사활동 등 창의적이고 보다 전문성 있는 수업모델을 개발과 교육과정 재구성 사례 확산 등을 통해 세계시민교육 연계 지속가능발전교육의 적용 가능성을 높일 필요가 있다.

이 책에서 제시하는 세계시민교육 연계 지속발전교육 활성화 방안을 위한 중장기 정책을 제언하면 다음과 같다. 우선 교육과정 영역의 경우 세계시민교육과 지속가능발전교육을 교육과정에 편입시키기 위해서는 교육과정을 사전에 검토한 후에 적절한 수준으로 교육과정에 편입시켜야 한다는 전문가들의 의견이 다수를 차지하고 있다. 교육과정을 구성할 때 세계시민교육과 지속가능발전교육의 적절성에 대해 상호보완적인 관계를 주장하는 전문가들도 있었다. 그러나 어떻게 교육과정을 구성할지에 대한 방향성은 전문가들의 시각이 각각 다르게 나타나고 있다. 이와 같은 전문가들의 의견을 바탕으로 교육과정 구성의 예시를 제안하면 다음 <표 7-1>과 같다.

<표 7-1> 세계시민교육과 지속가능교육의 교육과정 운영안

A안	B안	C안
ESD > GCED	ESD < GCED	ESD ∞ GCED

<표 7-1>에서와 같이 A안은 이른바 '세품지(세계시민교육을 품은 지속가능발전교육)'의 방향이다. 이 안의 경우 현실적으로 우리 교육계가 추구할 방향을 나타내고 있다. 기존의 지속가능발전교육이 환경교육 혹은 경제교육에서 출발했지만 지금은 사회문화교육 영역으로 확대되어 범교과적으로 운영되고 있는 실태를 반영했기 때문에 사회과교육에서 수행해온 세계시민성교육을 포함하여 범교과적으로 운영할 가능성이 있다. 이 경우 통합교육을 수행하는 초등교육기관에서는 활성화될 수 있는 가능성이 높지만 교과 위주의 중등교육에서는 활성화의 장애가 예상될 수 있다. 그러나 교과 내에서 역량중심 교육과정을 운영해야 하기에 '세품지' 교육을 역량강화 교수법으로 활용할 수 있도록 해야 한다.

다음은 B안으로서 '지품세(지속가능발전교육을 품은 세계시민교육)'의 방향이다. 이 안의 경우 세계시민교육을 범교과적인 교육목표로 두어 행동과 실천 중심, 즉 태도와 가치 영역으로 설정하고, 지속가능발전교육을 주제 중심으로 축소시켜 지식, 이해적 측면으로 설정할 경우이다. 이 안은 지속가능발전교육이 세계시민교육을 위한 전 지구적 차원에서의 초국적 문제 영역을 제공한다.

C안은 융합형 안으로 교과별로, 수업의 형태별로 교수자가 적절하게

지속가능발전교육의 요소와 세계시민성교육 요소를 융합하여 활용하는 방법이라고 볼 수 있다. 수업 운영에 있어서 탄력적인 장점은 있으나 교수자의 역량에 따라 운영의 효과가 다양하게 나타날 수 있는 단점이 있을 수 있다.

본 저서에서는 A안을 제안한다. A안은 세계시민교육을 품은 지속가능발전교육으로서 교육현장과 현실에 가장 적합한 안으로 채택하고자 한다. 이에 따른 중장기 사업 단계를 다음 <표 7-2>와 같이 제안하고자 한다.

<표 7-2> 단계별 추진 사업 내용

1단계	2단계	3단계
• 이론 및 이념 개발 • 기존 교육과정 분석 및 새로운 교육과정에 '세품지' 교육 편입 • 교육과정 개발 관련 • 교과서 및 교재 개발	• 수업모델 및 프로그램 개발 • 컨설턴트 양성 • 관련 교사 연수 • 중점학교 지정 • 교사연구회 지원	• 교과서 배포 • 수업장학 및 컨설팅 • 시범학교평가 • 교원양성기관 교과목 설치

<표 7-2>에 제안한 단계별 주요내용을 정리하면 다음과 같다. 먼저 이념 및 이론 개발 영역 단계이다. 지속가능발전교육과 세계시민교육 간의 공통점과 차이점 및 연계방식에 대하여 전문가들의 의견이 전공별 이해관계가 있어서 엇갈리고 있다. 특히 연계방식에서 세계시민교육을 중심으로 할 것인지, 세계시민교육을 중심으로 할 것인지 아니면 각자의 상호보완성을 인정하는 별개의 교육을 할 것인지, 두 교육을 융합적으로 접근할 것인지에 대한 검토가 필요하다. 관련 학회의 라운드 테이블 및 전문가 워크숍 등을 통하여 두 영역 간의 연계 방식 및 방안에 관한 세밀한 연구가 이루어질 필요가 있다고 본다. 1단계의 이론 및 이념 개발의 방향 세팅에 따라 2단계 및 3단계에 중요한 영향을 주므로 이론 및 이념 개발을

위해 지속가능발전교육 관련 학회, 세계시민교육 관련 학회 그리고 관련 교사 단체, 시민단체 등 범학술적 관련 단체와 연구자들의 공청회, 관련 심포지엄 등에서 이론 및 이념 개발을 추진해야 한다.

교과서 및 교재개발 영역을 살펴보면, 전문가들은 교과서 개발의 필요성과 구체성 및 교과서를 보완할 교재개발과 보급이 시급하다고 주장하고 있다. 특히 세계시민교육과 지속가능발전교육이 연계될 경우, 교사 연수가 매우 중요한데 연수에 사용될 교재가 시급히 개발되어야 한다고 본다.

모듈 및 프로그램 개발 영역의 경우 몇몇 전문가들은 교사가 주축이 되는 학습공동체 및 연구회를 중심으로 수업모델을 개발하게 하고, 우수한 프로그램을 공유하는 것이 가장 효과적이라고 주장하고 있다.

관계자 연수 영역의 경우 교육을 수행하는 일선 교사들에게 가장 중요한 것이 교사 연수라고 몇몇 전문가들은 강조하고 있다. 특히, 교사역량강화 측면에서 직무 연수의 필요성이 강하게 대두되면서 예산을 확보해야 할 것이다. 또한 동료 교사 연수를 수행하는 것이 가장 좋은 방법이라고 구체적인 방안까지 제시하고 있다.

각 기관의 역할 영역을 살펴보면 교육부가 기본적으로 큰 틀을 제시한 후에 예산 지원과 교육과정 속에 포함을 시켜야 한다는 주장이 전문가들의 공통적인 의견이었다. 대부분의 전문가들은 교육청이 교원연수를 담당해야 한다고 강조하였고, 시민단체가 가지고 있는 자료와 프로그램 및 경험들을 학교와 공유함으로써 세계시민교육 연계 지속가능발전교육을 활성화시킬 수 있다고 주장하였다. 또한 교사들이 수업 지도안이나 실제 사례들을 공유해서 학교 중심으로 서로 교육과정을 협의하는 것이 학교의 역할이라는 의견을 제시하였다. 전문가들의 의견을 종합하여 각 기관의 역할을 제시하면 다음 <표 7-3>과 같다.

⟨표 7-3⟩ 각 관련 기관의 역할

교육부	교육청	지역사회 및 시민단체
• 교육과정 개정시 '세품지' 포함 개발 • 운영 예산 배정 및 지원 체계 구축 • 교원양성기관 교과목 설치 • 국가단위 자문위원회 설치 • 관련 연구기관의 전담 연구팀 신설 • 교육부 정책과제 발주 • 해외 관련 연구 동향 파악 및 배포	• 수업모델 및 프로그램 개발 지원 • 컨설턴트 양성 • 관련 교사 연수 • 전담 부서 설치 • 중점학교 지정 • 교사연구회 지원 • 교과서 배포 • 수업장학 및 컨설팅 • 시범학교 지원 및 자체평가	• 관련 자료 및 프로그램의 공유 • 인적, 물적 자원의 교육기부화 • 지역사회 학교 운영

확산 및 홍보 방안 영역의 경우 우선 학교로의 확산 방안으로 모델학교를 지정하고 운영하는 것과 학교 및 교사의 세계시민교육 연계 지속가능발전교육 전문성 향상을 위한 컨설팅단의 운영이 필요하다고 강조하고 있다. 더욱이 학생의 자발적인 참여를 이끌어내기 위한 교육적 장치를 구안할 필요도 제기되었다. 또한 학교의 부담을 줄이고 교육의 홍보를 효과적으로 하기 위해서는 시도교육청 차원의 홍보 지원과 SNS를 활용한 미디어 홍보 및 공익광보 등 이미지 홍보 활용이 필요하다. 특히 일반시민을 대상으로 한 교육을 효과적으로 운영하기 위해서는 지자체 주관 강좌 운영이 효율적이라고 지적하고 있다.

2. 공유된 미래를 위한 참여와 실천

지속가능한 발전, 지속가능한 사회, 지속가능한 세계를 위한 시민으로 우리가 해결할 과제는 과연 무엇일까. 이는 쉽게 말하자면 다른 사람들과 더불어 사는 세상을 만들기 위한 노력이라고 볼 수 있다. 이를 위해서 지구 마을 이웃들에게 어떤 일이 벌어지고 있는지를 먼저 인식하는 게 중요하다.

우리가 '글로벌 이슈'라고 인터넷에 치면 대부분의 경제적인 이야기만 나온다. 글로벌 이슈이면 어디 경제가 어떻고, 주식 동향이 어떻고, 어떤 대기업이 어디에 진출하고, 이런 굉장히 경제적인 측면만 부각되어 있다. 최근 들어서는 미국의 새 대통령의 대중정책이나 동아시아에서 나타나고 있는 나라들 간에 영토 문제들 등 이런 부분들이 글로벌 이슈의 내용으로 등장한다. 그런데 이러한 문제들은 우리 개인이 나서서 해결하기가 굉장히 어렵다. 우리 한국이 직면한 문제도 아니고 개인적으로 시민이 나서서 해결할 수도 없는 것이다. 권력 주체의 문제이고 이 문제들 간에 관계가 있는 국가적인 차원의 것이다.

이런 세계문제, 초국적인 문제들을 해결하기 위한 시민의 책무는 과연 무얼까? 가장 중요한 것은 가까운 이웃부터 배려하고 존중하는 공감력을 발전시키는 것이다. 이를 위해 문화다양성을 인정하고 그 다양성을 차이가 아닌 다름으로 인정하게 되면 다른 차이가 있는 것들에 대해 이해 할 수 있다.

이웃을 배려하고 존중하는 공감력을 발전시키기 위해서는 일상생활에서 어떻게 해야 하는 것인가에 대한 측면이에요. 이런 공감력을 습득할 수 있는 것 중에 하나는 우리가 아침에 일어나서 저녁에 잠이 들 때까지 그날 일어났던 일들을 여러 가지 사건들을, 서로 가지고 있던 정보들을 교류하는 그런 시간들을 가져 보는 것이다. 이를 소통을 준비하는 노력이라고 생각한다면, 소통은 늘 공감의 전제조건이 되기 때문이다. 자신의 일상과 이야기를 다른 사람들과 공감하기 위한 소통행위를 하는 것은 중요하다. 대부분은 늘 관심이 있는 부분에만 댓글을 단다. 그렇지만 관심이 없는 부분에도 댓글을 달면서 공감을 표현하는 것이 중요하다. 그런데 이 공감 수준이 높아야 한다. 댓글을 보면 무슨 맛있는 걸 친구가 먹었다고 하면 '어 맛있겠다. 언제 함께 같이 가자'라고 말한다. 이것도 어떻게 보면 그 친구와 함께하려는 심리적인 공감이다. 좀 넘어서서 새로운 먹을거리 장소라든가 새로운 것을 제시해 주는 것들은 공감을 넘어서 그 사람들에게 새로움을 제안하는 것이다. 이것이 모색이다. 이를 구체적으로 우리가 한번 생활 속에서 실천하는 것도 세계시민이 되는 가장 작고 소박한 노력이다.

세계시민이 되기 위해 공감 능력은 필수적이다. 문화적 차이, 즉 다양성을 인정하는 행위가 어떻게 보면 공감이기 때문이다.

앞에 이야기한 댓글 달기만큼 대화라는 것은 공감을 할 수 있는 가장 좋은 하나의 통로로 볼 수 있다. 최근 들 혼밥이나 혼술을 하는 젊은 층이 늘었다. 대화할 상대, 친구가 없기 때문이거나 혹은 대화를 부정하고 홀로 생활을 고수하는 사람들이 늘어서이다. 그렇지만 대화를 할 수 있는 상대를 찾고 그 대화를 통해 공감할 수 있는 시간을 만들어야 한다.

세계시민은 세계에서 일어나는 상황을 수동적으로 받아들이지 않고 비판적으로 사고하고 바람직하지 않은 것을 개선하려고 노력해야 한다. 세계에는 잘 사는 나라와 못 사는 나라가 존재한다. 독일은 통일을 통해 서로 이질적이던 문화들이 동질화되고 있는 사례를 가지고 있는 나라다. 남북한이 갈려 있지만 언젠가는 통일될 그 날을 위해 독일의 사례는 우리에게 좋은 모형이라고 볼 수 있다. 독일 통일 이전에 독일은 서독과 동독, 즉 자유경제주의와 독재경제주의라고 할 수 있는 사회주의가 공존하고 있었다. 우리는 부자 나라와 그렇지 않은 나라 간에 발생하는 문제들의 해결을 통독 이전 서독의 노력을 배울 필요가 있다.

　우리 모두 정의롭고 평화로운 세상을 좋아하지 않는 사람이 없다. 모든 일이 다 행복하고 풍성한 삶을 누릴 수 있는 세상을 만들 수 있기 위해서 세계시민의 지식을 보유하는 차원이 아니라 적극적으로 실천하고 행동하는 세계시민의 자세와 역할을 배워야 한다. 세계시민이 되는 것은 곧 지속가능한 사회에 기여하는 시민이다. 우리가 시민으로서 우리 사회의 평화, 지구촌의 평화를 위해 어떻게 할 것인지를 늘 고민해야 한다. 전 지구적 문제에 대해 관심을 가지고 해결을 위해 노력해야 한다.

　이 책을 통해서는 교육현장에서 지속가능발전교육을 위해 세계시민교육을 연계하여 학교 현장에서의 실천방안을 모색하였다. 모든 교육정책과 교육 프로그램에는 참여자들의 열정이 중요하다. 프로그램 실행자인 교수자 그리고 참여자인 학습자 모두 열정이 있어야 한다. 그리고 전 지구적 문제에 대한 이해와 시민적인 공감이 필요하다. 공감은 참여와 모색의 출발이가 때문이다. 우리 모두 지금 지속가능한 사회, 지속가능한 세계를 위한 세계시민의 대오에 서 있다.

■ 참고문헌

강운선(2010). "지속가능발전교육의 측면에서 2007 개정 중학교「환경」교과서의 내용분석", 한국지리환경교육학회지, 18(3), 339-354.
강운선(2011). "사회과에서 범교과 학습의 맥락으로서 지속가능발전교육의 실현 가능성: 교사의 이해 수준과 실천 의지를 중심으로", 학습자중심교과교육연구, 11(1), 1-27.
강운선(2017). "관심기반 선택모형에 근거한 지속가능발전교육에 관한 초중등 교사의 관심 분석", 교과교육학연구, 21(1), 47-58.
강현선, 손연아(2016). "사회문제해결형 지속가능발전교육 수업모델의 수업 적용 및 효과분석", 環境敎育, 29(1), 79-95.
강호감, 최지연, 이상원, 이태석, 황동국(2013). "초등교원을 위한 지속가능발전교육 연수 프로그램 개발 및 적용", 학습자중심교과교육연구, 13(4), 495-522.
곽노의, 박원순, 이상원(2013). "유아를 위한 지속가능발전교육 프로그램 개발 연구", 열린유아교육연구, 18(4), 419-436.
곽노의, 이봉자(2016). "지속가능발전교육관점에서 본 유아 숲 교육의 전망", 한국초등교육, 27(3), 151-171.
교육과학기술부(2009). 고등학교 교육과정 해설. 서울: 교육과학기술부.
교육과학기술부(2010). 교과영역의 통합 및 연계를 위한 '창의적 체험활동' 실천 사례집. 서울: 교육과학기술부.
구혜현(2017). "지속가능발전교육에 근거한 유아 원예활동 프로그램 개발", 한국교원대학교 대학원, 박사학위 논문.
구혜현, 김숙자(2017). "지속가능발전교육에 근거한 유아 원예활동 프로그램 개발", 幼兒敎育 硏究, 37(6), 5-27.
국가인권위원회(2007). 학교인권교육의 이해, 서울: 국가인권위원회.
권영임(2009). "유아를 위한 지속가능발전교육 방안 연구", 생태유아교육연구, 8(2), 211-230.

권영임(2010). "영국의 지속가능발전교육 추진 현황에 관한 연구", 생태유아교육연구, 9(1), 119-136.
김갑철(2016). "세계시민성 함양을 위한 지리교육과정의 재개념화", 대한지리학회지, 51(3), 455-472.
김갑철(2016). "중학교 지리교육과정에 재현된 세계시민성 담론 분석", 사회과교육, 55(4), 1-16.
김경은, 이나라(2012). "사회과 세계시민교육을 위한 교수-학습 방안: 세계적 문제에 대한 민감성 함양을 중심으로", 교과교육학연구, 16(1), 231-256.
김광호(2016). "지속가능한 발전을 위한 세계시민교육", 통상법률, 132, 3-8.
김다원(2011). "청소년 글로벌 리더십 교육의 문제점과 방향 논의", 한국지역지리학회지, 17(4), 477-492.
김다원(2016). "세계시민교육에서 지리교육의 역할과 기여: 호주 초등 지리교육과저 분석을 중심으로", 한국지리환경교육학회지, 24(4), 13-28.
김미경(2014). "만2세 영아의 사회성발달을 위한 지속가능발전교육 프로그램 개발 및 효과", 강남대학교 대학원, 박사학위 논문.
김민경(2014). "지속가능발전교육관점으로 살펴본 「5세 누리과정 교사용 지도서」 활동 분석", 열린유아교육연구, 19(5), 495-518.
김봉석(2016). "지속가능발전교육 모델로서 전주한옥마을의 적합성 모색", 학습자중심교과교육연구, 16(1), 595-614.
김숙자, 구혜현(2015). "지속가능발전교육으로의 공존지향적 유아 교육내용 분석", 幼兒敎育硏究, 35(1), 243-257.
김숙자, 김유선(2015). "A 유치원의 이야기 나누기 활동에서 나타난 지속가능발전교육으로의 공존지향적 유아교육에서의 교육내용과 교수-학습 방법", 幼兒敎育學論集, 19(1), 179-205.
김숙자, 김현정(2015). "지속가능발전교육으로의 공존적 접근에 터한 유아 교육내용 분석: 3, 4, 5세 누리과정 교사용 지도서를 중심으로", 미래유아교육학회지, 22(2), 333-354.
김숙자, 변선주(2015). "표준보육프로그램에 나타난 지속가능발전교육으로의 공존지향적 영아 보육내용 분석", 幼兒敎育學論集, 19(2), 55-74.
김숙자, 이가경, 홍희주(2016). "지속가능발전교육으로의 공존지향적 유아 교육에 대한 예비유아교사의 인식", 정기학술대회 논문집, 2016(1),

174-174.

김숙자, 이경혜(2015). "지속가능발전교육으로의 공존지향적 영유아교육에 대한 보육교직원 인식 연구", 열린유아교육연구, 20(5), 435-464.

김숙자, 홍희주, 김현정, 송시내(2015). "지속가능발전교육으로의 공존지향적 유아교육에서의 교육내용 분석: 만 3세 일일교육계획안을 중심으로", 幼兒敎育學論集, 19(4), 321-338.

김숙자, 홍희주, 김현정, 한미선(2014). "지속가능발전교육으로의 공존지향적 유아교육에서의 교육내용 분석: 만 5세 누리과정 교사용 지도서를 중심으로", 幼兒敎育學論集, 18(5), 527-540.

김영순 외(2015), 창의적 체험활동 교육 프로그램의 운영과 실제, 북코리아.

김영순 외(2016), 세계시민교육과 연계한 지속가능발전교육 중장기 정책 연구, 한국과학창의재단.

김영순 외(2018). "교양수업에 참여한 대학생의 협동학습 경험에 관한 연구", 열린교육연구, 26(1), 145-164.

김영순, 김창아, 최승은, 이남형, 윤현희(2015). "지속가능발전교육(ESD) 프로그램 개발에 참여한 초등교사의 경험에 대한 연구", 열린교육연구, 23(2), 129-152.

김영순, 모경환 외(2013), 사회과 창의·인성수업 설계와 실제, 사회평론 출판사.

김영순, 윤현희(2018). "세계시민교육 연계 지속가능발전교육 활성화를 위한 지원 방안 탐색", 교육문화연구, 24(4), 35-52.

김영순, 정소민, 윤현희(2016). "세계시민교육과 지속가능발전교육의 연계 방식에 관한 탐색적 논의", 중등교육연구, 64(3), 521-546.

김영인(2002). "법 교육과 참여학습방법", 시민교육연구, 34(1), 45-60.

김은정, 유영의(2016). "지속가능발전교육에 대한 유치원 교사의 개념인식과 실천 의지", 순천향인문과학논총, 35(4), 89-114.

김은정, 유영의, 박은혜(2016). "지속가능발전교육의 실천적 역량 증진 프로그램개발에 대한 유치원 교사의 인식 및 요구 조사", 미래유아교육학회지, 23(2), 409-432.

김은정, 유영의, 신은수, 박은혜(2013). "독일, 영국, 호주의 지속가능발전교육 분석과 학교 교육과정 및 유아교육 과정에의 시사", 열린유아교육연구, 18(4), 75-100.

김재진, 이상원(2010). "지속가능발전교육 프로그램의 개발을 통한 초등학교 학생의 문제해결력 신장에 관한 연구", 한국실과교육학회지, 23(4), 45-70.

김정원, 최소린(2016). "지속가능발전교육 수업에서 표출된 예비유아교사의 '지속가능발전교육'에 대한 인식 연구", 幼兒教育學論集, 20(5), 59-80.

김정은, 이상원(2010). "지속가능발전교육에 기반을 둔 초등학생 대상 생물다양성 교육프로그램의 개발 및 효과", 實科教育研究, 16(3), 161-182.

김지선, 손지현(2014). "지속가능발전교육에서 공동체의식 형성을 위한 초등설치미술 지도방안", 造形教育, 52, 63-97.

김지수, 김은정, 유흥옥(2016). "지역문화자원인 '제주해녀' 주제의 탐구과정에서 유아가 경험한 지속가능발전교육의 의미", 아동교육, 25(4), 161-185.

김진희(2015). "Post 2015 맥락의 세계시민교육 담론 동향과 쟁점 분석", 시민교육연구, 47(1), 59-88.

김진희, 차승한(2016). "세계시민의식과 도덕 교육의 이론적 관계 정립: 세계시민이론과 중학교 도덕 교육과정 분석", 한국교육, 43(3), 31-55.

김찬국(2017). "우리나라 지속가능발전교육 연구 동향과 연구 방향", 環境教育, 30(4), 353-377.

김찬국, 이선경, 김남수, 주형선, 장미정, 권혜선(2012). "우리나라 초·중등학교에서의 지속가능발전교육 교사 인식과 실천 사례", 環境教育, 25(3), 358-373.

김창식, 이화국, 권재술, 김영수, 김찬종(1991). 과학학습 평가. 서울: 교육과학사.

김항원(2002). "학교에서의 세계시민교육을 위한 방안", 백록논총, 4(1), 73-90.

김형숙(2015a). "미술을 통한 지속가능발전교육의 가능성 탐색", 美術教育論叢, 29(4), 23-48.

김형순(2015b). "초등 사회과 교과서에서의 지속가능발전교육 관련 내용 변화", 사회과수업연구, 3(1), 109-131.

나영란(2015). "지속가능발전교육의 환경영역에 대한 보육교사의 인식 및 태도", 홀리스틱융합교육연구, 19(3), 41-60.

나장함, 조대훈(2017). "세계시민교육 유관기구 발간 교육자료에 나타난 세계시민교육의 양상 분석", 학습자중심교과교육연구, 17(24), 907-933.

남경희, 조의호(2014). "호주의 지속가능성교육의 성립과 특징", 홀리스틱교육연구, 18(1), 29-48.

남상준, 김영란, 박상우(1994). 중학교 '환경'교과의 교수·학습 및 평가 방법 연구. 서울: 한국교육개발원.

남영숙, 장호창, 지승현(2008). "지속가능발전교육 활성화를 위한 환경교육 시범학교 운영 개선 방안", 環境敎育, 21(4), 1-11.

남영숙, 조현래(2005). "학교기업제도와 지속가능발전 교육의 연계방안 연구: 실업계 고등학교를 중심으로", 환경영향평가, 14(4), 203-215.

남유선(2009). "독일 환경교육의 변화: 환경교육에서 지속가능한 발전을 위한 교육으로", 독일언어문학, 46, 247-266.

노상충, 정홍식, 서용원(2012). "글로벌 역량 척도(GCS) 개발 및 타당화", 한국심리학회지; 산업 및 조직, 25(4), 801-831.

노찬옥(2004). "다원주의 시대의 세계시민교육", 사회과교육, 43(4), 207-224.

노희정(2006). "지속가능한 발전을 위한 환경윤리교육", 환경철학, 5, 1-32.

류영주, 최지연(2010). "주제 중심 통합적 접근을 통한 실과의 지속가능발전교육 프로그램 개발 및 효과", 한국실과교육학회지, 23(4), 95-121.

류지선, 김지은(2016). "지속가능발전교육에 기초한 나눔 프로젝트 활동이 유아의 이타성 및 공동체의식에 미치는 효과", 육아지원연구, 11(2), 85-111.

모경환, 김선아(2018). "2015 개정 초등 사회과 교육과정에 나타난 세계시민교육 내용 분석", 시민교육연구, 50(1), 29-51.

문찬(2014). "지속가능발전교육에 기반 한 산업디자인교육과 업사이클링 브랜드의 방향", 문화산업연구, 14(2), 43-51.

문찬(2016). "지속가능발전교육(ESD)의 지역사회연계·대학교디자인교육 실천연구", 문화예술교육연구, 11(2), 83-103.

문현병(1993). 프랑크푸르트학파의 사회비판이론. 서울: 동녘.

박수경(2016). "세계시민교육에서 다원적 정체성의 의미와 내러티브 교수법 연구", 중등교육연구, 64(3), 585-610.

박은종(2007). "세계화·정보화 시대의 바람직한 민주 시민 교육 방향 모색", 교육연구, 21, 39-71.

박은혜, 박세령(2014). "유아기 지속가능발전교육 학습모형을 활용한 생물다양성교육의 과정과 의미", 교과교육학연구, 18(1), 1-26.

박태윤, 정완호, 최석진, 최돈형, 이동엽, 노경임(2001). 환경교육학개론. 서울: 교육과학사.

배영주(2013). "세계시민의 역할 과제를 중심으로 한 세계시민교육의 재구상", 교육과학연구, 44(2), 145-167.

백은주, 정미라, 허미화, 지옥정(2014). "지속가능발전교육의 관점에서 본 어린이집 교사의 물교육 실태, 인식 및 요구", 어린이미디어연구, 13(1), 191-221.

서윤희, 지옥정, 강지애, 정애경, 조부경(2014). "지속가능발전지향 유아교사 환경교육 프로그램 개발", 유아교육연구, 34(5), 249-273.

서현정, 조부경(2015). "유아기 지속가능발전교육 관련 연구 동향 분석", 幼兒敎育硏究, 35(6), 241-269.

서현정, 조부경(2017). "5세 누리과정 교사용 지도서의 지속가능발전교육 내용 분포 및 연결망 분석", 열린유아교육연구, 22(4), 427-450.

설규주(2001). "탈국가적 시민성의 대두와 시민교육의 새로운 방향: 세계시민성과 지역시민성의 조화로운 함양을 위한 후천적 보편주의 시민교육", 시민교육연구, 32, 151-178.

설규주(2004). "세계시민사회의 대두와 다문화주의적 시민교육의 방향", 사회과교육, 43(4), 31-54.

성열관(2010). "세계시민교육 교육과정의 보편적 핵심 요소와 한국적 특수성에 대한 고찰", 한국교육, 37(2), 109-130.

손경원(2006). "도덕과 교육에서의 세계시민교육의 방향과 과제", 윤리교육연구, 11, 1-24.

손승현, 이예다나, 문주영(2014). "지속가능발전교육(ESD) 교직교양과목 운영을 통해 살펴본 중등예비교사들의 지속가능발전교육 경험 분석", 한국교육, 41(3), 147-179.

손연아(2013). "지속가능발전교육(ESD)을 중등 과학 교수학습에 접목하는 과정에서 나타나는 예비 과학교사들의 인식 분석", 環境敎育, 26(4), 515-531.

손연아(2014). "초·중등학교 지속가능발전교육(ESD)에 대한 인식 및 현장 학교에서 ESD를 위한 관리자와 교사의 학교평가 차이 분석", 環境敎育, 27(4), 500-520.

손연아(2016). "사회적 책임을 접목하기 위한 과학교육의 구조 및 지속가능발전교육과의 통합 교육 전략 제안", 교육문화연구, 22(6), 279-312.

송응식(2014). "지속가능발전교육을 위한 유아교육과정 지역화의 재방향 설정", 열린교육연구, 22(1), 307-321.

송인숙, 천경희(2016). "지속가능발전교육(ESD)의 관점에서 본 윤리적소비 교육프로그램의 특성과 의의", 소비자정책교육연구, 12(3), 191-215.

신동원 외(2010). OECD국가 ESD 실행체계 및 국가전략 현황 연구. 유네스코한국위원회.

신동일, 서예진(2017). "지속가능발전과 적정교육을 위한 생태주의 언어교육의 탐색", 다문화와 평화, 11(2), 59-82.

신미순(2015). "유아를 위한 지역사회자원 활용 지속가능발전교육 프로그램 개발 및 적용효과", 중앙대학교 대학원, 박사학위 논문.

신배은, 이상원(2016). "지속가능발전교육에 기반을 둔 경제교육 프로그램 개발 및 적용", 한국실과교육학회지, 29(1), 75-95.

신영준(2017). "2015 개정 교육과정에 제시된 적정기술, 지속가능발전, 기후변화, 에너지 교육 내용 분석", 에너지기후변화교육, 7(1), 15-23.

신은수, 박은혜(2012). "지속가능발전 교육을 위한 유아교육과정의 재방향 설정", 육아지원연구, 7(1), 27-49.

신은수, 박은혜, 김은정, 유영의(2013). "지속가능발전교육으로 살펴본 0-2세 보육과정, 3-5세 누리과정의 내용 분석", 유아교육학논집, 17(2), 171-195.

신지연(2017). "초등학교 지속가능발전교육 STEAM 프로그램의 개발과 적용 효과", 環境敎育, 30(2), 199-222.

신지연, 정민정(2015). "미국, 영국, 캐나다의 숲과 자연교육 현황과 국내 숲유치원의 정책 및 활성화에 대한 시사", 생태유아교육연구, 14(3), 18-42.

안경숙(2015). "구성주의 교실공동체에서 이루어진 '에너지' 주제 탐구과정이 주는 교육적 시사점 탐색: 지속가능발전교육 측면에서", 구성주의유아교육연구, 2(1), 25-47.

양미석, 김정겸, 김기덕(2017). "중등 예비교사와 현장교사의 세계시민교육 교수효능감과 관련된 변인 연구", 글로벌교육연구, 9(3), 77-104.
오세경, 오영훈, 최희(2016). "세계시민교육과 연계한 지속가능발전교육에 대한 초·중등학교 교사의 인식", 인문사회 21, 7(5), 87-101.
오영재, 염미경(2014). "고등학교『사회』교과서에 반영된 지속가능발전교육 관련 내용 분석", 環境敎育, 27(2), 217-238.
오윤정, 장지영, 유효숙, 김성원, 이현주, 최경희(2011). "2007 및 2009 개정 고등학교 과학과 교육과정에 제시된 지속가능발전 교육 내용 분석 및 비교", 학습자중심교과교육연구, 11(2), 95-113.
오윤정, 장지영, 최경희(2010). "2007 개정 중학교 과학과 교육과정의 지속가능발전 내용 분석", 한국과학교육학회지, 30(8), 1075-1083.
오윤정, 최경희(2012) "중학교 과학과 교육과정에 제시된 지속가능발전교육 내용 분석 및 비교", 環境敎育, 25(1), 89-104.
옥일남(2014). "글로벌 시민성 함양을 위한 사회과 교수·학습 방안", 시민교육연구, 46(3), 105-140.
온정덕(2009). "역사적 탐구와 통합된 지역사회봉사학습 프로그램의 교사평가 및 실행사례 분석", 시민교육연구, 41(4), 81-105.
원혜련, 김효정(2016). "지속가능발전교육에 기초한 미술과와 사회과 통합수업이 초등학교 5학년의 공동체의식에 미치는 영향", 문화예술교육연구, 11(1), 79-97.
유구종, 함은지, 가신현(2016). "지속가능발전 교육활동이 유아의 환경친화적 태도와 배려행동에 미치는 효과 분석", 열린유아교육연구, 21(2), 491-516.
유길한(2011). "교육대학의 지속가능발전 가능성 탐색", 초등교육연구, 24(4), 301-323.
유네스코 아시아태평양 국제이해교육원(2015). 세계시민교육: 학습 주제 및 학습 목표(Global Citizenship Education: Topics and Learning Objectives).
유네스코(2014). 글로벌시민교육: 21세기 새로운 인재 기르기(Global Citizenship Education: Preparing Learners for the Changes of the 21st Century).
유네스코(2015). 세계시민교육: 학습주제 및 학습 목표(Global Citizenship Education: Topics and Learning Objectives).
유네스코(2016). 교육 2030 인천선언과 실행계획.

유선영(2014). "수업사례를 활용한 지속가능발전교육 프로그램 개발과 예비 유아교사의 역량 증진에 미치는 영향", 이화여자대학교 대학원. 박사학위 논문.

유선영, 박은혜(2015). "수업사례를 활용한 예비유아교사 지속가능발전교육 프로그램 개발", 한국교원교육연구, 32(1), 59-87.

유영억(2010). "일본에서의 지속가능발전교육(ESD)에 관한 교사, 학생 및 학부모의 인식에 관한 연구", 환경교육, 23(3), 115-125.

유영의, 김은정, 신은수, 박은혜(2013). "지속가능발전교육에 관한 한국의 교육정책 및 현 국가수준 교육과정의 분석", 幼兒敎育學論集, 17(3), 319-341.

유혜영, 김남순, 박환보(2017). "시·도교육청의 세계시민교육 정책 현황 분석", 글로벌교육연구, 9(4), 3-33.

유흥옥(2016). "지속가능발전교육 관점에 기초한 생활주제 "세계 여러 나라"의 실천적 의미 탐색", 幼兒 敎育學論集, 20(3), 243-271.

유희정(2016). "지속가능발전교육(ESD)의 관점에서 본 호주의 EYLF 교육내용과 실제", 국제이해교육연구, 11(1), 97-124.

윤노아, 최윤정(2015). "한국 사회과교육에서의 세계시민교육 관련 경험적 연구 분석: 1993-2015", 사회과교육, 54(4), 35-48.

윤지현(2013). "'노동'의 관점에서 본 지속가능발전교육(ESD)의 비판적 성찰 및 수용", 實科敎育硏究, 19(1), 23-52.

이건남, 정남용(2010). "지속가능발전교육과 실과교육의 관계", 실과교육연구, 16(1), 141-166.

이경란(2013). "지속가능발전교육의 관점에서 본 숲유아교육", 인하대학교 대학원, 박사학위논문.

이경란(2014). "지속가능발전교육으로서의 숲유아교육 실천 모색에 관한 연구", 생태유아교육연구, 13(3), 301-332.

이경한(2015). "유네스코 세계시민교육과 세계지리의 연계성 분석", 국제이해교육연구, 10(2), 45-75.

이관춘(2011). "글로벌 시대의 시민청소년 역량: 행복을 위한 적극적 시민성을 중심으로", 시민청소년학연구, 2(2), 5-29.

이긍연(2017). "한국 공교육 내 세계시민교육 정책과 실행", 국제개발협력, 3, 39-62.

이동민(2015). "중등 지리 교육과정에 반영된 세계시민교육 관련 요소의 구조적 특성에 관한 연구", 사회과교육, 54(3), 1-19.

이동수, 김영순, 윤현희(2017). "중학교 사회 교과서 탐구활동의 지속가능발전교육 내용 분석", 중등교육연구, 65(1), 91-113.

이두현(2015). "지속가능발전교육 프로그램 개발 및 적용: 지속가능한 마을 만들기 프로젝트를 중심으로", 한국사진지리학회지, 25(4), 39-53.

이두현, 박희두(2015). "프로젝트 기반 학습의 지리학 중심 융합인재교육(G-STEAM) 교수학습현장 적용: 독도 지속가능발전 공간 만들기 프로젝트"를 중심으로", 한국사진지리학회지, 25(1), 63-85.

이민부, 김걸(2017). "지속가능한 발전을 위한 지리교육의 역량 고찰", 한국지리환경교육학회지, 25(3), 97-107.

이병준(2016). "역량기반 지속가능발전교육 프로그램개발 연구", 학습자중심교과교육연구, 16(6), 701-715.

이병준, 어용숙, 서영승, 최송실(2014). "지속가능발전교육 관점에서의 일 지역사회 주민의 건강교육 요구조사", 성인계속교육연구, 5(1), 55-88.

이병준, 정미경, 박응희, 황규홍(2013). "지속가능발전교육과 학습공동체: 부산의 s초등학교에 대한 실행연구 사례", 實科敎育硏究, 19(4), 153-174.

이상원, 최지연, 이태석, 황동국, 유동현(2014). "지속가능발전교육 컨설팅 방안", 학습자중심교과교육연구, 14(8), 285-309.

이선경, 강상규(2009). "「유네스코 지속가능발전교육 세계회의」의 성과와 시사점", 環境敎育, 22(3), 1-14.

이선경, 이재영, 이순철, 이유진, 민경석, 심숙경, 김남수, 하경환(2006). "지속가능발전 및 지속가능발전교육에 대한 대학생과 교사들의 인식", 環境敎育, 19(1), 1-13.

이선경, 정미정, 김나수, 김찬국, 주형선, 권혜선(2012). "국내 민간단체(NGO)의 지속가능발전교육 현황과 과제", 한국지리환경교육학회지, 20(1), 111-123.

이선경, 주형선, 김남수, 김찬국, 장미정, 권혜선(2011). "우리나라 대학에서의 지속가능발전교육의 가능성과 과제", 환경교육, 24(1), 88-101.

이성회(2016). "세계시민교육에 대한 교사들의 인식과 현실적 딜레마", 다문화교육연구, 9(2), 31-55.

이성회, 김미숙, 정바울, 박영, 조윤정, 송수희, 이승진(2015). 세계시민교육의 실태와 실천과제(RR 2015-25). 서울: 한국교육개발원.

이성희 외(2015). 세계시민교육의 실태와 실천과제. 한국교육개발원.

이소연, 성경희, 이정우(2017). "2009와 2015 개정 초등 사회과 교육과정에 나타난 세계시민교육 내용요소 비교 분석", 시민교육연구, 49(3), 79-103.

이수연, 성혜린, 김승인(2015). "지속가능한 디자인이 지역 공동체에 미치는 영향", 디지털디자인학연구, 15(3), 789-798.

이순옥, 이상원(2015). "초등실과 '가정생활' 영역의 지속가능발전교육 프로그램 개발 및 효과", 實科敎育硏究, 21(4), 99-121.

이연승, 이유나, 김현정(2017). "지속가능발전에 대한 유아기 부모의 인식 및 부모교육 요구", 어린이문학교육연구, 18(1), 357-378.

이연승, 차숙경(2016). "지속가능발전교육에 기반한 교사용 유아 친환경 태도 척도 개발 및 타당화 연구", 어린이미디어연구, 15(1), 133-169.

이영면, 박준우, 신태중(2015). "대학의 지속가능경영 전략 수립을 위한 제언", 윤리경영연구, 15(2), 77-109.

이옥화 외(2016). 지속가능교육발전 연차보고서 발간을 위한 국내외자료 조사 분석 연구. 한국과학창의재단.

이윤주(2016). "세계시민성 함양과 세계시민교육의 실천방안", 사회과학연구, 27(1), 225-245.

이은경, 오민아, 김태준(2015). "한국 청소년의 글로벌 시민성 유형 분석: 학교급별 시민교육에 주는 함의", 아시아교육연구, 16(3), 157-179.

이재혁, 성정희, 김응빈(2012). "지속가능발전 물 교육 내용체계를 활용한 대학생들의 물 인식 조사", 環境敎育, 25(2), 254-271.

이정우(2017). "사회과 교육과정에 반영된 세계시민교육: 제6차 교육과정에서 2015 개정 교육과정의 변화를 중심으로", 교육연구, 68, 57-88.

이주진, 최돈형(2009). "지속가능발전을 위한 소비자 교육용 교육 연극 프로그램 개발", 環境敎育, 22(1), 31-42.

이지선(2015). "유네스코 지속가능발전교육 공식프로젝트에 나타난 공간스케일의 유형", 글로벌교육연구, 7(2), 63-80.

이지혜(2017). "초등학교 사회과 지속가능발전교육에 대한 연구", 사회과교육, 56(1), 95-108.

이학곤(2008). 갯벌 환경교육의 실제. 서울: 월드 사이언스.
이희수(2009). "홀리스틱 관점에서 지속가능발전의 평생교육적 의미", 홀리스틱융합교육연구, 13(1), 37-59.
임영희(2016) "지속가능한 지역교육발전 지원모형탐색: K지역의 학부모 등 이해관계자의 교육연구를 중심으로", 공공사회연구, 6(1), 202-250.
임옥기, 조성화, 김효남(2013). "2007 및 2009 개정 초등학교 과학과 교육과정에 제시된 지속가능발전교육 관련 내용 분석", 환경교육, 26(4), 565-580.
임혜원, 공완욱, 최은영, 나선엽, 이주연(2017). "미술교육에서 지속가능발전 교육의 교육적 함의와 실행 방안 제안", 미술교육연구논총, 51, 27-61.
장석경, 최현정(2015). "지속가능발전교육에 대한 예비유아교사의 인식 연구", 한국교육문제연구, 33(4), 235-254.
장의선, 이화진, 박주현, 강민경(2016). "세계시민성에 대한 중학생과 교사의 인식 실태 연구", 글로벌교육연구, 8(3), 3-28.
장호창(2012). "지역에 따른 학습자 흥미와 교육환경을 고려한 지속가능발전교육 정책 결정 방안 연구", 한국교원대학교 대학원, 박사학위 논문.
장호창, 남영숙(2014). "학습자 중심의 지속가능발전교육을 위한 학습자 교육환경 분석 연구", 環境敎育, 27(1), 31-50.
전소영, 김은정(2016). "지속가능발전교육의 관점을 적용한 음식주제 활동이 유아의 친사회적 행동, 환경친화적 태도, 경제 생활습관에 미치는 영향과 의미", 아동교육, 25(1), 227-244.
전희옥(2006). "학교 문화교육에서 세계시민교육 내용요소 분석: 초등학교 사회 교과서 분석을 중심으로", 사회과교육연구, 13(3), 123-146.
정경희, 김영순, 홍정훈(2014). "지속가능발전교육으로서 대학-고교 연계 R&E 참여자들의 경험과 의미에 관한 연구", 학습자중심교과교육연구, 14(8), 439-465.
정기섭(2010). "독일에서 지속가능발전교육의 생성 및 전개", 교육의 이론과 실천, 15(3), 153-173.
정기섭(2017). "지속가능발전 교육프로그램에 대한 비판적 고찰", 학습자중심교과교육연구, 17(18), 749-775.
정남용(2012). "실과교과 농업생명과학영역에서의 지속가능발전교육 실현을 위한 프로그램 개발", 實科敎育硏究, 18(1), 69-100.

정남용(2013). "녹색성장과 지속가능발전교육의 실현을 위한 초등학교 환경교육 프로그램 개발", 농업교육과 인적자원개발, 45(2), 1-20.

정대련(2017). "지속가능발전 유아교육의 관점으로 옛이야기그림책 읽기", 교육철학연구, 39(3), 115-142.

정문성(2006). 협동학습의 이해와 실천, 서울: 교육과학사.

정미라, 백은주, 허미화, 지옥정(2013). "지속가능발전교육의 관점에서 본 유치원 교사의 물교육 실태 및 인식", 幼兒敎育硏究, 33(5), 115-137.

정용교(2013). "다문화시대 세계시민교육의 현황과 대안모색: 사회과교육을 중심으로", 사회과교육연구, 20(2), 109-123.

정은홍(2014). "지속가능발전교육(ESD)에 대한 제안 및 수업 구성 사례 연구", 국제이해교육연구, 9(1), 55-80, 한국국제이해교육학회

정지현, 김영순, 장연연(2015). "다문화 리터러시 교육 참여 고등학생의 '세계시민 되기'의 의미", 학습자중심교과교육연구, 15(5), 323-350.

정창규, 이상원(2010). "지속가능발전교육 관점에 입각한 웹기반 기후변화 환경교육이 초등학생의 환경 인식 및 태도에 미치는 영향", 교과교육학연구, 14(3), 513-535.

정하림, 정남용(2010). "지속가능발전교육을 위한 e-PBL 수업이 초등학생의 환경소양에 미치는 영향", 한국실과교육학회지, 23(3), 149-170.

정혜연(2015). "지속가능발전을 향한 박물관/미술관 교육의 미래: 스미소니언 자연사 박물관과 뉴욕 현대미술관의 사례를 통한 지식 창조를 위한 학습 환경에 관한 연구", 미술과교육, 16(3), 115-136.

조경준, 아수연, 이재영(2017). "Q방법론을 통한 청소년수련원 지도자의 지속가능발전교육에 대한 인식 조사 연구", 環境敎育, 30(3), 278-291.

조광준(1998). 인간 형성의 사회과 교육. 서울: 집문당.

조성화, 장은경(2014). "고등학교 화학과 지속가능발전교육(ESD) 프로그램 개발", 교원교육, 30(4), 19-38.

조안나(2016). "지속가능발전을 위한 유아평화교육관련 활동 분석", 열린유아교육연구, 21(2), 517-539.

조윤주(2016). "예비 초등교사를 위한 지속가능발전교육에 기초한 의생활영역 교육 프로그램 개발 및 적용 효과", 한국실과교육학회지, 29(4), 43-62.

조의호(2012). "국내 지속가능발전교육(ESD) 연구 동향", 글로벌교육연구,

4(2), 83-95.

조혜연(2012). "초등학교 지속가능발전교육의 현황에 대한 교사의 인식", 한국초등교, 24(3), 177-193.

조혜연, 이상원(2013). "초등학교 지속가능발전교육의 현황과 장애요인 분석", 한국초등교육, 24(3), 177-193.

조희형, 최경희(2000). 과학 교수-학습과 수행평가. 서울: 교육문화사.

주수언(2016). "지속가능발전교육(ESD)을 위한 중학교 기술·가정 교과서 가정생활 영역 분석 연구", 한국가정과교육학회지, 28(2), 79-93.

주형선, 이선경(2011). "지속가능발전과 지속가능발전교육에 대한 초등 예비 교사들의 인식", 環境敎育, 24(1), 102-113.

주형선, 이선경(2013). "지속가능성 및 형평성 개념으로 살펴본 초등 예비교사의 지속가능한 발전에 대한 인식", 환경교육, 26(3), 397-409.

주형선, 이선경(2014). "초등 예비교사의 지속가능발전교육 수업 계획과 특성", 環境敎育, 27(3), 384-398.

지승현, 남영숙(2006). "지속가능발전 이해 교육프로그램 개발 연구", 環境敎育, 20(3), 76-88.

지승현, 남영숙(2007). "21세기 지식 기반 사회에서의 지속가능발전 교육 방향 탐색", 環境敎育, 20(1), 62-72.

지승현, 남영숙(2011). "교실 친화적 지속가능발전 교육 활동을 통해 살펴본 예비교사들의 지속가능발전 경험 분석", 環境敎育, 24(3), 78-88.

지옥정(2013). "지속가능발전교육을 위한 '공원 프로젝트' 중 유아들의 공원에 대한 인식 변화 분석", 어린이미디어연구, 12(3), 373-396.

지옥정(2014). "유아기 지속가능발전교육을 위한 '종이 프로젝트'에서 지역사회와의 연계가 연계 주체들에게 미친 영향", 어린이미디어연구, 13(3), 199-225.

지옥정, 김경숙(2017). "지속가능발전지향 자연친화교육에서 유아교사들이 경험한 어려움", 幼兒敎育硏究, 37(3), 435-459.

지옥정, 허미화, 백은주, 정미라(2012). "5세 누리과정 유치원 교사용 지도서와 어린이집 프로그램에 나타난 지속가능발전을 위한 물교육 활동내용 분석", 유아교육연구, 32(6), 489-507.

지옥정, 허미화, 백은주, 정미라(2015). "우리나라 유치원의 지속가능발전교육 관련 실태 조사", 한국영유아보육학, 90, 23-52.

지은림, 선광식(2007). "세계시민의식 구성요인 탐색 및 관련변인 분석", 시민교육연구. 39(4), 115-134.
지준호(2011). "지속가능발전을 위한 초등학교 환경교육 방향 모색: 초등학교 5, 6학년을 중심으로", 한국철학논집, 31, 113-141.
차경수, 모경환(2008). 사회과교육. 서울: 동문사.
차숙경(2016). "지속가능발전교육을 위한 유아 환경적 지속가능능력척도 개발 및 타당화", 경성대학교 일반대학원, 박사학위 논문.
채보미(2015). "초등 사회과에서의 지속가능발전교육 프로그램이 세계시민의식에 미치는 영향", 글로벌교육연구, 7(3), 111-132.
최돈형, 손연아, 이미옥, 이성희(2007). 환경교육 교수 학습론. 서울: 교육과학사.
최석진, 김영순 외(2013). 지속가능발전교육 수업모델 중등학교 교사용 지도서, 한국과학창의재단 연구보고서.
최석진, 김용근(2014). "기후변화 대응을 반영한 지속가능발전교육 교원연수 운영 결과에 관한 연구", 에너지기후변화교육, 4(2), 73-80.
최석진, 이용순, 박선미, 박종성, 심현민(2001). 환경교육 교수-학습 및 평가방법 연구개발. 서울: 한국교육과정평가원.
최은영, 나선엽, 임혜원, 공완옥, 이주연(2017). "미술교육에서 세계시민교육의 실천 방안 탐색", 조형교육, 64, 195-216.
최종민(2014). "한국경제의 지속가능한 발전과 새로운 경제교육과정", 시민교육연구, 46(3), 251-282.
최준호(2016). "세계시민교육을 위한 교수·학습 과정안 사례연구: 난민문제 수업을 중심으로", 교육혁신연구, 26(3), 239-266.
최지연, 이상원, 황동국, 이태석(2013). "초등학교 학부모를 위한 지속가능발전교육 프로그램 개발", 實科敎育硏究, 19(3), 143-165.
최지연, 황동국, 이태석, 유동현, 이상원(2017). "지속가능발전교육 수업 모형의 개발", 학습자중심교과교육연구, 17(13), 41-64.
최현정, 장석경(2014). "3-5세 누리과정 지도서에 나타난 지속가능발전교육 관련 내용 분석", 幼兒敎育學論集, 18(4), 251-270.
하선혜(2016). "지속가능발전교육에 기초한 유아 윤리적소비 실천교육 프로그램 개발", 경성대학교 일반대학원, 박사학위 논문.
하선혜, 서현아(2016). "지속가능발전을 위한 유아 윤리적 소비자교육 프로그램 개발", 幼兒敎育硏究, 36(6), 441-470.
하숙경(2016). "지속가능발전교육을 위한 유아 환경적 지속가능능력척도 개발 및 타당화", 경성대학교 일반대학원, 박사학위 논문.
한경구 외(2015). SDGs 시대의 세계시민교육 추진 방안, 유네스코 아시아태평양 국제이해교육원.
한상희, 이상원(2010). "로하스적 생활방식을 적용한 환경교육 프로그램이 초등학생의 지속가능발전에 대한 의식 변화에 미치는 영향", 실과교육연구, 16(2), 187-216.
한희경(2017). "예비유아교사의 지속가능발전교육 핵심내용을 주제로 한 유아미술활동 계획하기 경험", 육아지원연구, 12(4), 141-165.
허미화(2017). "R. Carson의 '경이감' 사상이 지속가능발전 지향 유아교육에 주는 함의", 어린이미디어연구, 16(2), 21-46.
허병기, 이정화(2016). "'지속가능한 교육발전'의 의미와 원리 탐색", 敎育行政學硏究, 34(5), 97-123.
허준, 윤창국(2015). "지속가능발전교육 담론의 평생교육적 함의", 평생교육학연구, 21(2), 23-44.
현지영(2017). "문제해결 활동에 기초한 지속가능발전교육 역량 신장", 글로벌교육연구, 9(3), 127-162.
황세영, 조성화(2017). "학교 밖 청소년을 위한 지속가능발전교육 프로그램 개발", 環境敎育, 30(2), 139-155.
황정욱(2013). "커뮤니티댄스 지속가능발전교육의 실천적 의미 연구", 韓國舞踊敎育學會誌, 24(1), 55-71.
황혜연(2014). "한국의 지속가능발전교육 확산을 위한 실천적 방안", 전북대학교 대학원, 박사학위 논문.

Aronson, A., Blaney, N., Stephan, C., Sikes, J., & Snapp, M.(1978). *The Jigsaw Classroom*. CA: Sage Publication.
Banks, J. A.(1999). *Teaching strategies for the social studies*(5th ed.). NY: Longman.
Buck Institute for Education(2003). *Project-based learning*(2nd ed.). BIE.
Dudziak, E. A.(2007). Information literacy and lifelong learning in Latin America: the challenge to build social sustainability. *Information*

Development, 23(1), pp. 43-47.

Habermas, J.(1969). Knowledge and Interest, Technology and Science as Ideology, Shapiro, J. J. (tr.) (1971), *Toward a Rational Society*, Beacon press. pp. 301-317.

Intel Education(2008). *Designing effective project: planning projects*. Intel.

Misiaszek, G. W.(2015). Ecopedagogy and Citizenship in the Age of Globalisation: connections between environmental and global citizenship education to save the planet. *European Journal of Education*, 50(3), pp. 280-292.

Oxfam(2015). *Global Citizenship in the Classroom-A Guide for teachers*. UK: Oxfam.

Pigozzi, M. J.(2010). Implementing the UN Decade of Education for Sustainable Development(DESD): Achievements, Open Questions and Strategies for the Way Forward. *International Review of Education*, 56(2-3), pp. 255-269.

Slavin, R. E.(1978). Student teams and achievement divisions. *Journal of Research and Development in Education*, 12, pp. 39-49.

Slavin, R. E.(1987). Cooperative learning and cooperative school. *Educational Leadership*, 45(3), pp. 7-13.

Solomon(1993). *Teaching science, technology and society*. Buckingham: Open University Press.

Trowbridge, L. W., Bybee, R. W., & Powell, J. C. (2000). *Teaching secondary school*.

UNESCO(2009). *Review of Contexts and Structures for Education for Sustainable Development*. http://unesdoc.unesco.org/images/0018/001849/184944e.pdf

UNESCO(2012). *Shaping the Education of Tomorrow: 2012 Report on the UN Decade of Education for Sustainable Development*. http://unesdoc.unesco.org/images/0021/002166/216606e.pdf

UNESCO(2014). Educational Strategy(2014-2021), UNESCO, p. 46.

UNESCO(2014). *Shaping the Future We Want: UN Decade of Education for Sustainable Development(2005-2014)*, Final Report. http://unesdoc.unesco.org /images/0023/002301/230171e.pdf

UNESCO(2015). Global Citizenship Education. TOPIC AND LEARNING OBJECTIVES, UNESCO.

Vladimirova, K.(2015). The Place of Concerns for Posterity in the Global Education for Sustainable Development Agenda: The Case of UNESCO. In *Promoting Climate Change Awareness through Environmental Education.*

Wade, R. & Parker, J.(2008). EFA-ESD Dialogue: Educating for a sustainable world. UNESCO.

Wals, A. & Sergio, C.(2009). *Immigrants' political suitcases: A theory of imported socialization.* University of Illinois at Urbana-Champaign.

■ 찾아보기

(ㄱ)

강의법 ·································· 84, 85
강의식 수업 ······························· 85
경험적 다문화학습 ······················· 33
공감 ······································ 58
공감 능력 ······························· 187
공동의 선 ································ 48
공동체 간 상호의존성 ················· 110
공동체 의식 ······························· 75
공유된 미래 ······························· 62
공존 ···································· 134
관계자 연수 ····························· 184
교사 연구회 ····························· 163
교사 연수 ···················· 156, 157, 161
교사동아리 ······························ 162
교사역량강화 ··························· 154
교육과정 재구성 ················· 118, 143
글로벌 교육의제 ························· 58
글로벌 시민성 ····························· 4
글로벌 이슈 ······················· 39, 186
글로벌교육우선구상 ···················· 54
기후 변화 ································ 82

(ㄴ)

내러티브 교수법 ·················· 31, 32

(ㄷ)

다문화교육 ·························· 29, 36
다문화주의적 시민교육 ················· 33
다양성 ·································· 134
대의민주주의 사회 ···················· 136

(ㄹ)

리우선언 ································· 45

(ㅁ)

면담 조사 방법 ·························· 87
문헌 조사 ································ 87
문화적 다양성 ························· 115
문화적 상호의존성 ······················ 66

(ㅂ)

범교과 학습 ··························· 119
범교과 활동 ····················· 119, 181
부룬틀란트 위원회 ······················ 44
브룬트란트 보고서 ················ 56, 57

(ㅅ)

사회문화적 패러다임 ················· 147
사회적 에토스 ····························· 7
사회참여학습 ···························· 99
사회참여학습 모형 ······················ 98

사회행동기술 교육 ·················· 33
상호문화적 의사소통 ················ 115
세계 공동선 ······························ 5
세계교육포럼 2015 ····················· 2
세계문제 ······························· 186
세계시민 ············ 36, 60, 64, 76, 122
  129, 187
세계시민교육 ······ 4, 5, 28, 37, 41, 61
  66, 68, 122, 138
세계시민교육 가이드북 ················ 60
세계시민교육의 학습 주제 ····· 67, 112
세계시민교육의 학습 콘텐츠 ········· 67
세계시민교육전문가 양성 프로그램 56
세계시민교육정책 ······················ 55
세계시민사회 ···························· 35
세계시민성 ········· 27, 40, 61, 65, 144
세계시민의식 ·························· 144
세계시민주의 ···························· 27
세계화 ···································· 65
세계화의 도전 ··························· 72
수행평가 채점 기준표 ················ 102
스토리텔링 방식 ······················· 150
시민단체 ······························· 165
심리적인 공감 ························· 187

(ㅇ)
역량강화 교수법 ······················· 182
역량강화연수 ··························· 162
역할놀이 ··························· 88, 89
융합 수업 ······························· 117
융합적 접근 ···························· 119
의사결정 모형 ······················ 92, 93

이주민 문제 ···························· 175
인천선언 ······························ 3, 53

(ㅈ)
자유주의적 세계시민주의 ·············· 58
장학자료 ································ 124
재량활동 ································ 103
전 지구적 문제 ························ 188
전 지구적 이슈 ························· 72
전문적 학습공동체 ···················· 163
전인교육 ································ 127
전인적 성장 ····························· 75
정의 ···································· 134
정체성 문제 ···························· 145
조사 학습 ································ 87
지구시민의식 ···························· 27
지구정상회의 ···························· 45
지속가능개발 ···························· 61
지속가능발전 ········· 5, 18, 45, 46, 47
지속가능발전 유아교육 ················ 19
지속가능발전교육 ······· 1, 2, 4, 37, 44
  47, 52, 77, 81, 179
지속가능발전교육 관련 자료 ········ 108
지속가능발전교육 모델학교 ·········· 172
지속가능발전교육 프로그램 개발 ··· 15
지속가능발전교육의 내용 ············ 83
지속가능발전교육의 주요 주제 ······ 62
지속가능발전교육의 평가 방법 ···· 100
지속가능발전목표 ··················· 6, 49
지속가능성 ······························ 81
지속가능한 마을 만들기 ··············· 25
지역교육발전 정책 ····················· 14

지역교육발전협의체 ·················· 14
직접적인 수업 시연 ················ 124
집단적인 상호작용 ·················· 85

(ㅊ)
창의적 체험활동 ············ 77, 78, 80
　103, 119, 181

(ㅌ)
탐구 학습 모형 ······················ 91
탐색적 정체성 교육 ················ 33
토론 ······································ 84
토의·토론 학습 ················ 85, 86
통합연구 방법 ························ 8

(ㅍ)
프로젝트학습 ························ 97
프로젝트학습 모형 ············ 96, 97

(ㅎ)
현장 견학 학습 ······················ 90
현장 조사 방법 ······················ 87
협동학습 ······························ 94
협동학습 모형 ················ 93, 95
환경문제 ····························· 117

(기타)
2009 개정교육과정 ················ 74
2015 개정교육과정 ······ 74, 76, 140

■ 부록

[별첨 1] 지속가능발전교육 초중고 교사 대상 설문지

ESD와 세계시민교육의 연계 방안 연구 조사

안녕하십니까? 우선 본 조사에 참여해 주신 데 대하여 진심으로 감사드립니다.

본 연구팀(책임자 김영순 교수, 인하대학교 사회교육과)은 한국과학창의재단으로부터 지속가능발전교육과 세계시민교육 연계 방안에 관한 연구 사업을 수행하고 있습니다. 이를 위해 본 질문지에서는 ESD에 대한 교사들의 인지도, 활용실태 및 학교 현장의 요구를 조사하고, 세계시민교육의 교육목표 및 요소와 ESD 간 연계성에 대한 인식을 파악하고자 합니다.

귀하께서 작성하신 내용은 학술연구 또는 공공적인 업무 이외의 다른 목적으로 절대로 사용되지 않을 것을 약속드립니다. 본 조사지의 질문에는 정답이 없습니다. 질문내용을 잘 읽으신 후에 해당 답변을 기입해 주시기 바랍니다. 바쁘신 중에도 시간을 내주심에 진심으로 감사드리며, 귀하와 귀하의 가정에 행복과 건강을 기원합니다.

2016년 2월
인하대학교 교육연구소 지속가능발전교육 연구팀 드림

문의: 인하대학교 교육연구소 (032-860-8855)

※ 지속가능발전교육과 세계시민교육을 연계하려는 국제사회의 움직임 ※

2015년에 열린 세계교육포럼(인천 송도)과 유엔회원국 정상회의의 핵심 의제 중 하나는 세계시민교육임. 밀레니엄 발전목표(MDGs)의 후속조치로 2016년부터 2030년까지 달성해야 할 새로운 목표로서 지속가능발전목표(SDGs)가 발표되었음. SDGs의 세부목표 4.7은 "2030년까지 모든 학습자들이 지속가능발전교육 및 지속가능생활방식, 인권, 성평등, 평화와 비폭력문화 증진, **세계시민의식**, 문화다양성 및 지속가능발전을 위한 문화의 기여에 대한 교육을 통해 **지속가능발전을 증진**하기 위해 필요한 지식과 기술을 습득하도록 보장한다"는 것임.

<설문지 작성 방법>

※ 설문지는 객관식 문항과 주관식 문항으로 구성되어 있습니다.
※ 객관식 문항의 '기타' 항목을 선택하신 경우 그 내용을 간략히 기술해 주십시오.
※ 주관식 문항에서는 최대한 자세하게 기술해 주십시오.

다음은 통계처리를 위한 귀교 및 선생님의 **일반사항** 부분입니다. 유용한 자료가 될 수 있도록 반드시 응답을 부탁드립니다. 귀교 또는 선생님께서 해당하시는 곳에 √ 표시하여 주시기 바랍니다.

Q1. 성별	□1) 남성 □2) 여성	Q2. 연령	□1) 20대 □2) 30대 □3) 40대 □4) 50대 □5) 60대 이상
Q3. 학교급	□1) 초등학교 □2) 중학교 □3) 일반계 고등학교 □4) 특성화 고등학교 □5) 특수목적 고등학교 □6) 대안학교	Q4. 교직경력	□1) 5년 미만 □2) 5~9년 □3) 10~14년 □4) 15~19년 □5) 20년 이상

Q5. 담당교과	( ) 교과		Q6. 학교규모	□1) 학년별 8학급 이상 □2) 학년별 4~7학급 □3) 학년별 1~3학급
Q7. 학교소재지	□1) 서울 □9) 강원 □2) 부산 □10) 충북 □3) 대구 □11) 충남 □4) 인천 □12) 경북 □5) 광주 □13) 경남 □6) 대전 □14) 전북 □7) 울산 □15) 전남 □8) 경기 □16) 제주		Q9. 학교유형	□1) 공립 □2) 사립
Q10. ESD 연수 참여 경험 여부	□1) 예(경험 있음) □2) 아니오(경험 없음)		Q11. ESD 교과연구회 참여 경험 여부	□1) 예(경험 있음) □2) 아니오(경험 없음)

다음은 선생님의 **지속가능발전교육(ESD)에 대한 인식과 교육실태** 부분입니다.
선생님께 해당하시는 곳에 번호 혹은 √를 표시하여 주시기 바랍니다.

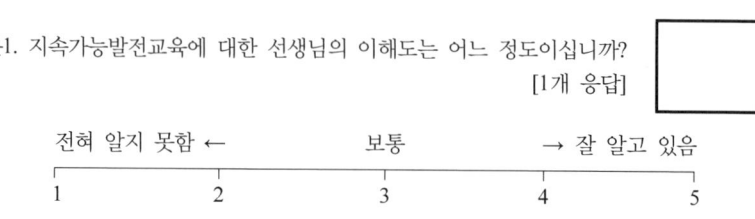

문1. 지속가능발전교육에 대한 선생님의 이해도는 어느 정도이십니까?
                                                            [1개 응답]

전혀 알지 못함 ←   보통   → 잘 알고 있음
      1   2   3   4   5

문2. 귀하께서는 지속가능발전교육이 학교 교육에서 필요하다고 생각하십니까? [1개 응답]

```
전혀 필요하지 않음 ←                        → 매우 필요함
   ├──────────┼──────────┼──────────┼──────────┤
   1          2          3          4          5
                        보통
```

문3. 지속가능발전교육의 가치와 내용을 수업에 얼마나 적용하고 계십니까? [1개 응답]

```
전혀 적용하지 않음 ←                        → 잘 적용함
   ├──────────┼──────────┼──────────┼──────────┤
   1          2          3          4          5
                        보통
```

문4. 귀하께서 지속가능발전교육을 지도할 때, 강조점은 무엇이었습니까? [해당하는 곳에 √ 응답]

지속가능발전교육의 강조점	전혀 강조 안함 ←→ 매우 강조함				
	1	2	3	4	5
1) 지속가능발전관련 사회 과학 현상 이해					
2) 지속가능발전 관련 개인 및 사회적 실천					
3) 지속가능발전 관련 기술					
4) 지속가능발전 관련 태도					
5) 기타(직접 서술:)					

문5. 귀하께서는 지속가능발전교육 관련 자료를 어떠한 경로를 통해 얻으십니까? [중복 응답가능]

1) 학교(예: 교내 연수, 학교로 오는 팜플렛·책자·CD 등)
2) 교육청 및 교육부(예: 교육청 및 교육부 주관 연수 등)
3) 동료교사(예: 교과연구회, 교사동호회, 개인적 교류 등)
4) ESD 관련 서적(예: 직접 구매한 도서 등)
5) ESD 관련 세미나 및 학회(예: 각종 단체 및 기관(교육청 및 교육부 제외)에서 실시하는 ESD 세미나 등)
6) 인터넷 사이트(예: 크레존넷, 유네스코 등의 사이트 등)

7) 기타(직접 서술:)

문6. 귀하께서는 기존에 개발된 지속가능발전교육 수업모델이나 교수학습
    지도안을 교과 지도에 어느 정도 사용하고 계십니까?   [1개 응답]

1) 많이 사용하고 있다. (→ 문6.1번 문항으로 이동)
2) 가끔씩 사용한다. (→ 문6.2번 문항으로 이동)
2) 거의 사용하지 않는다. (→ 문6.2번 문항으로 이동)

문6.1. 이미 개발된 지속가능발전교육 교수학습지도안을 **잘 활용하시는**
      이유는 무엇입니까?   [중복 응답가능]

1) 정규 교과에 지속가능발전교육 내용이 부족해서 이를 보완하기 위함
2) 다양하고 질 좋은 지속가능발전교육 자료가 풍부하게 정리되어 있음
3) 수업을 개발해야 하는 수고로움을 덜 수 있음
4) 나에게 지속가능발전교육 개념에 대한 이해가 부족해서 전문적인 자료가 필요함
5) 기타(직접 서술:)

문6.2. 이미 개발된 지속가능발전교육 교수학습지도안을 **잘 활용하시지**
      않는 이유는 무엇입니까?   [중복 응답가능]

1) 내가 가르치는 학생의 특성에 맞지 않음
2) 기존 수업지도안의 현장적용성이 떨어짐
3) 직접 활용하기에는 시간적 여유가 없음
4) 개발된 지속가능발전교육 수업지도안을 접할 수 없음
5) 기타(직접 서술:)

문7. 귀하께서 ESD를 실시하는 데 있어서 가장 어려운 점은 무엇입니까?
                                        [중복 응답가능]

1) 지속가능발전교육에 대한 나 자신의 인식 부족
2) 지속가능발전교육을 구체적인 수업으로 구현하기에 어려움
3) 지속가능발전교육 교재 및 교수학습자료의 부족
4) 업무 과다 등으로 인한 수업 연구 시간 부족
5) 학교의 행·재정적 지원 부족
6) 학생의 흥미와 관심 부족
7) 기타(직접 서술:)

다음은 선생님의 **세계시민교육에 대한 인식** 부분입니다. 선생님께 해당하시는 곳에 번호를 써주시기 바랍니다.

문8. 세계시민교육에 대한 선생님의 이해도는 어느 정도이십니까?
[1개 응답]

전혀 알지 못함 ←　　　　보통　　　　→ 잘 알고 있음
┟───────┟───────┟───────┟───────┟
1　　　　2　　　　3　　　　4　　　　5

문9. 귀하께서는 세계시민교육이 학교 교육에서 필요하다고 생각하십니까?
[1개 응답]

전혀 필요하지 않음 ←　　　　보통　　　　→ 매우 필요함
┟───────┟───────┟───────┟───────┟
1　　　　2　　　　3　　　　4　　　　5

문10. 귀하께서는 지속가능발전교육을 세계시민교육과 연계해야 한다고 생각하십니까?
[1개 응답]

전혀 그렇지 않음 ←　　　　보통　　　　→ 매우 그러함
┟───────┟───────┟───────┟───────┟
1　　　　2　　　　3　　　　4　　　　5

문11. 다음은 **세계시민교육의 주제와 ESD 간의 관련성에 관한 인식**과 관련한 질문입니다. 선생님께서 생각하시는 ESD 개념에 비추어 볼 때, 다음 각 교육주제가 어느 정도 ESD와 관련이 있다고 생각하시는지 해당 칸에 √표시해 주십시오.

영역	교육주제	전혀 관련 없음 ←→ 매우 관련 있음				
		1	2	3	4	5
인지적	a. 지역, 국가, 글로벌 시스템과 구조					
	b. 지역, 국가, 세계 수준의 공동체의 상호 의존성					
	c. 암묵적 가정과 권력의 역학 관계					

정서적	d. 정체성의 수준					
	e. 다양한 공동체와 이들 간의 연결성					
	f. 다양성에 대한 존중과 차이					
행동적	g. 개인적이고 집단적으로 행해질 수 있는 행동					
	h. 도덕적으로 책임감 있는 행동					
	i. 서로 도와 행동하기					

문12. 다음은 **세계시민교육의 목표와 ESD 간의 관련성에 관한 인식**과 관련한 질문입니다. 선생님께서 생각하시는 ESD 개념에 비추어 볼 때, 다음 각 교육목표가 어느 정도 ESD와 관련이 있다고 생각하시는지 해당 칸에 √표시해 주십시오.

영역	교육목표	전혀 관련 없음 ←→ 매우 관련 있음				
		1	2	3	4	5
인지적 영역	a. 지역의 환경이 어떻게 구성되고, 그것이 국가 및 세계와 어떤 관련을 갖는지를 이해할 수 있다.					
	b. 글로벌 거버넌스 구조를 이해할 수 있다.					
	c. 시민성의 개념과 다양한 측면을 이해할 수 있다.					
	d. 지역적, 국가적, 세계적 문제들이 서로 어떻게 연결되어 있는지를 이해할 수 있다.					
	e. 주요한 세계적 쟁점 뒤에 숨겨진 내용을 이해하고, 그것이 국가와 지역 수준에 미치는 영향에 대해 인식할 수 있다.					
	f. 사실과 의견, 진실과 픽션을 구분할 수 있다.					
	g. 어떤 문제에 대한 각기 다른 관점을 파악할 수 있다.					
정서적 영역	h. 우리가 가진 정체성은 우리를 둘러싼 세계와 상호작용하며 형성된 것이며, 자신에게 개인적 수준의 정체성부터 국가적, 세계적 수준의 정체성이 있음을					

	이해할 수 있다.					
	i. 다양한 수준의 정체성이 다른 사람과 관계를 맺는 데 어떤 영향을 미치는지 이해할 수 있다.					
	j. 다양한 사회 집단이 어떻게 다르고 어떻게 서로 연결되어 있는지를 이해할 수 있다.					
	k. 다양한 공동체의 사회적, 문화적, 법적인 규범 간 차이와 공통점을 비교할 수 있다.					
	l. 같음과 다름을 구별하고, 모든 사람이 권리와 의무를 가짐을 이해할 수 있다.					
	m. 다양한 개인 및 집단과 좋은 관계를 맺는 방법을 말할 수 있다.					
행동적 영역	n. 우리가 사는 세계가 나아지게 하기 위해 실천할 수 있는 일에 대해 탐색할 수 있다.					
	o. 개인적이고 집단적인 행동의 중요성을 토의하고, 지역의 일에 참여할 수 있다.					
	p. 우리의 선택과 행동이 다른 사람과 지구에 미치는 영향에 대해 이해하고, 책임감 있는 행동을 선택할 수 있다.					
	q. 사회 정의와 도덕적 책임에 대한 개념을 이해하고, 이러한 개념을 일상생활에 적용하는 방법을 알 수 있다.					
	r. 시민적 참여의 중요성과 좋은 점을 알 수 있다.					
	s. 시민적 참여를 위한 방법을 알고, 행동을 실천할 수 있다.					

문13. 다음은 **세계시민교육의 내용요소와 ESD 간의 관련성에 관한 인식**과 관련한 질문입니다. 선생님께서 생각하시는 ESD 개념에 비추어 볼 때, 다음 각 교육내용요소가 어느 정도 ESD와 관련이 있다고 생각하시는지 해당 칸에 √표시해 주십시오.

영역	요소	전혀 관련 없음 ⟵⟶ 매우 관련 있음				
		1	2	3	4	5
인지적	시민성					
	고용과 실업					
	세계화					
	이주					
	권력 관계					
	민주주의					
	민주적인 절차					
	식량 보안					
	거버넌스					
	성 평등					
	권리(문화권, 아동권, 인권, 여성권 등)					
	질병(에볼라, 에이즈)					
	아동 노동, 아동 병사					
	경제적 불평등,					
	대량 학살					
	지구적 빈곤					
	불평등					
	핵문제					
	난민					
	테러리즘					
	전쟁					
	시민사회					
	청소년					
	기후변화					
	식민주의의 잔재					
	미디어 리터러시					
	생물 종 다양성					
	재난 위험 감소					
	종교					
	개인과 집단의 웰빙					

정서적	자신과 타자, 세계					
	문화적 다양성					
	정체성					
	이중 언어/다중 언어					
	가치 체계					
	상호 문화적 의사소통					
	협상과 중재					
	차이를 조율하기					
	갈등과 폭력을 예방하기					
	동물 학대					
	차별					
	인종주의					
	관용					
	보살핌					
	연대					
행동적	소비 습관					
	도덕적 책임					
	공정 무역					
	인도주의적인 행동					
	사회정의					
	혁신					
	기업가 정신					

문14. 다음은 **지속가능발전교육과 세계시민교육의 연계**에 대한 질문입니다. 다음 질문에 대한 선생님의 고견을 부탁드립니다. (주관식 문항)

* 지속가능발전교육과 세계시민교육을 연계하려는 시도에 대하여, 귀하의 생각(의견)을 구체적으로 기술해 주십시오.

_____
_____
_____
_____
_____

♣ 끝까지 성의 있게 응답해 주셔서 진심으로 감사드립니다. ♣

[별첨 2] 지속가능발전교육 초중고 교사 FGI 프로토콜

인터뷰를 위한 선행지식 안내

※지속가능발전교육과 세계시민교육을 연계하려는 국제사회의 움직임※

2015년에 열린 세계교육포럼(인천 송도)과 유엔회원국 정상회의의 핵심 의제 중 하나는 세계시민교육임. 밀레니엄 발전목표(MDGs)의 후속조치로 2016년부터 2030년까지 달성해야 할 새로운 목표로서 지속가능발전목표 (SDGs)가 발표되었음. SDGs의 세부목표 4.7은 "2030년까지 모든 학습자들이 지속가능발전교육 및 지속가능생활방식, 인권, 성평등, 평화와 비폭력문화 증진, 세계시민의식, 문화다양성 및 지속가능발전을 위한 문화의 기여에 대한 교육을 통해 지속가능발전을 증진하기 위해 필요한 지식과 기술을 습득하도록 보장한다"는 것임.

이처럼 지속가능발전교육과 세계시민교육을 연계하려는 국제사회의 움직임이 있으며, 이러한 추세에 따라 이 연구가 진행되게 되었음.

1. 지속가능발전교육 경험
- 지속가능발전교육 관련한 수업 지도 경험
- 지속가능발전교육 관련 수업을 설계할 때 고려 사항
- 지속가능발전교육 수업을 실시함에 있어서 어려움
- 지속가능발전교육 수업에 관한 학생들의 반응
- 지속가능발전교육 수업에 있어 자신이 제일 중점에 두는 가치
- 기존에 교육부 등에서 개발한 지속가능발전교육 수업 자료에 대한 활용 정도

2. 지속가능발전교육의 관점에서 본 세계시민교육
- 귀하께서 이해하는 세계시민교육이란.
- 지속가능발전교육의 어떠한 측면이 세계시민교육과 연계될 수 있다고 생각하는가.
- 세계시민교육 관련 내용들이 지속가능발전교육의 관점에서 어떤 의미를 갖는다고 생각하는가.

3. 세계시민교육과 지속가능발전교육을 연계하기 위한 방안
- 현장에서 지속가능발전교육을 세계시민교육을 연계하여 지도하기 위해 필요한 것은 무엇이라고 생각하는가.